謹《つつし》んで母と父の霊前《れいぜん》にささげます。

삼가 어머니 아버지 영전에 바칩니다。

My Childhood in Japan

Text by Lee Sang Keum
Illustrations by Jiro Hoashi

Originally published by Fukuinkan Shoten Publishers, Inc., Tokyo, 1993
This paperback edition published by Fukuinkan Shoten Publishers, Inc., Tokyo, 2007

Printed in Japan

福音館文庫 N-18

半分のふるさと

私が日本にいたときのこと

イ サンクム　作
帆足次郎　画

福音館書店

半分のふるさと　目次

はじめに……9

私のルーツ……11

出生地……12

オモニ……25

アボジ……44

キマちゃんだったころ……59

キマちゃんの誕生《たんじょう》……60

下祇園《しもぎおん》のハラボジ……68

小山のアジメ……74

梅林《ばいりん》……88

新しい家……96

一年生……113

お正月……114
名付けの親……120
あほう、ばか、まぬけ……125
「支那人《しなじん》」と「朝鮮人《ちようせんじん》」……130
チマチョゴリ……134
孤児《こじ》だったオモニ……140
かんでやれ……146
たんこぶ……154
転校……159

岡広《おかひろ》先生 …… 163
宇品《うじな》四丁目 …… 164
李《り》さんになった …… 175
日記を書きなさい …… 183
春の風 …… 194
学級文庫 …… 202
ハンコ …… 212
日《ひ》の丸《まる》べんとう …… 221
学芸会 …… 227
岡広《おかひろ》先生、さようなら …… 235
桃《とう》源《げん》郷《きょう》 …… 241

イーグローの家……242
岡広《おかひろ》先生の広です……250
べんけいがにの錦《にしき》……256
小さな庭……263
ハッパのおじさん……272

江田島《えたじま》小学校……279

宮ノ原……280
オモニの期待……289
御殿山《ごてんやま》……304
金子さん……317
ミカンどろぼう……329

キムチ事件《じけん》……336
高潮《たかしお》……345
終戦と帰国……357
終戦の日まで……358
終戦の日……377
対立……404
証票《ジンピョ》……421
帰国船……430
ああ、祖国《そこく》よ……438
あとがき……446
文庫版《ばん》のためのあとがき……448

はじめに

このお話は、韓国《かんこく》が日本の植民地だったころ、日本に住んでいた私の家族の生活を語るものである。父と母は一九二〇年代の初め、それぞれ日本に渡《わた》っている。戦前、二百万人を越《こ》した日本在住朝鮮人《ざいじゅうちょうせんじん》のなかでも、両親はとても早い時期での移住者《いじゅうしゃ》であった。彼《かれ》らは、日本で結婚《けっこん》し、子どもを産み、終戦の年まで、二十数年をその地に住んでいた。

私たち一家を含《ふく》めて、当時、日本に住んだ朝鮮人《ちょうせんじん》の生活水準《すいじゅん》は一般的《いっぱんてき》に低かった。子どものころ、両親がよりよい生活を求めてしばしば引《ひ》っ越《こ》ししたので、私もそのたびに転校を重ねた。どこに行っても「朝鮮人《ちょうせんじん》」、または「半島人」と呼《よ》ばれながら大きくなった私の子ども時代は、心《こころ》痛《いた》めたことも多くあったが、まったく不幸だったともいえない。

私は、すでに還暦《かんれき》をむかえている。人生の締《し》めくくりを考えざるをえないこの年になって、私は、ときたま私の子ども時代に、切実な思いをはせることがある。考えてみると、私は、私の人生のうち、初期の四分の一を日本で過《す》ごしている。それは、私にとってかけがえのない歳月《さいげつ》であり、そこに、私の人生のルーツがある。韓国人《かんこくじん》でありながら、韓国《かんこく》内のどこに行っても、私の子ども時代は浮《う》かびあがらない。頑是《がんぜ》ない子どもだったころの私の姿《すがた》には、いつも日本の山河《さんが》が色《いろ》濃《こ》い背景《はいけい》になるからである。そして、そこには、若《わか》かりし父と母のおもかげがだぶって映《うつ》り出《で》てくる。

私が、今、私の幼時《ようじ》と両親の生活を語るには、ふたつの思いが込《こ》められている。ひとつは、私たち一家のお話をとおして、日韓間《にっかんかん》の歴史の一面を証《あか》せると思うからである。子どものころ、私の体験した事実を、すなおな子どもの目線で、真摯《しんし》に語りたいと願っている。ふたつめは、母のことを書きとめておきたいと思ったからである。母は、どんなときも民族の自尊心《じそんしん》を失わず、堂々と生きつづけた。娘《むすめ》の私にも、常《つね》に朝鮮人《ちょうせんじん》の誇《ほこ》りを教え、はげました。事の判断《はんだん》が明確《めいかく》で、万事に有能《ゆうのう》だった母。同胞《どうほう》を愛し、親身にめんどうを見た母。動物にもやさしい母だった。陽気でよく歌い、周囲の人を喜ばせた母。思うに、母は私の母であったばかりでなく、その時代の朝《ちょう》鮮《せん》民族の母だった。だからこそ、私は母を書く勇気を出したのである。母への敬愛《けいあい》を込《こ》めて語りたいと思う。

＊本文中の漢字につけた、カタカナのルビは漢字の韓国語《かんこくご》読み、ひらがなのルビは漢字の日本語読みを表しています。

私のルーツ

出生地

広島県安佐《あさ》郡《ぐん》可部町《かべちょう》六二〇番地。戸籍謄本《こせきとうほん》に記載《きさい》された、私の出生地である。現在《げんざい》は、広島市内にくりこまれて、安佐北区《あさきたく》可部《かべ》二丁目になっている。番地も新しく変更《へんこう》され、六二〇番地とは、旧《きゅう》番地だ。ここは、一九二九年（昭和四年）に父と母が結婚《けっこん》して、初めて世帯を持った場所である。ここで、私と妹が生まれた。いや、正確《せいかく》には、両親は、ここで娘《むすめ》三人をたてつづけにもうけたが、次女は生後まもなく、疫痢《えきり》にかかって、はかなく死んだ。家族が四人になってから、両親は、そこから近い六一四番地に、新しい家を建てた。ともかく、私はこの可部《かべ》で生まれ、人生の初めの八年余《あま》りをすごしたのだ。

韓国《かんこく》や日本では、履歴書《りれきしょ》や官公署《かんこうしょ》の書類に、本籍《ほんせき》と現住所を書くのがふつうであるが、アメリカなどでは、本籍《ほんせき》のかわりに、出生地（Birth Place）を書く。可部《かべ》で生まれた私の出生地は、Japan（日本）だ。最近は、海外旅行の機会が多くなったが、アメリカだけでなくほかの国でも、出入国の書類などに、出生地を書く場合がある。国籍欄《こくせきらん》にKorea（韓国《かんこく》）と明記してあるので、私が何国人かわかるはずだが、ときどき、係員に、

「アー・ユー・ア・ジャパニーズ？（あなたは日本人ですか？）」

と、きかれることがある。私は幼稚《ようち》なほどやっきになって、

「ノー。アイ・アム・ア・コリアン（違《ちが》います。私は韓国人《かんこくじん》です）」

と、断固《だんこ》とした口調で答える。こんなとき、なんともいえない、わずらわしい気分におちいる。

しかし、私の「Birth Place」が「Japan」であることは、一生、変わることはないのである。朝鮮人《ちょうせんじん》を両親とする私の血統《けっとう》のルーツは、韓国《かんこく》にあるが、生活のルーツは、日本にある。この事実が、私に、少なからず葛藤《かっとう》を与《あた》えつづけてきた。

終戦後、私たち一家は朝鮮《ちょうせん》に帰った。ところが、朝鮮《ちょうせん》に帰った私たちを、祖国《そこく》の同胞《どうほう》は「半チョッパリ」*といって軽蔑《けいべつ》した。日本帰りは、日本人の分身でもあるように思うのか、植民地時代の悪霊《あくりょう》を呼《よ》びおこすとでもいうのか、私たち日本からの帰還同胞《きかんどうほう》（他国から朝鮮《ちょうせん》へ帰ってきた朝鮮人《ちょうせんじん》）は、好《この》ましからざる存在《そんざい》であった。

終戦当時、日本国内にいた朝鮮人《ちょうせんじん》は、およそ二百万から二百二十万人だといわれている。それが、戦後一年以内に、百五十万人前後にいたる多くの人々が帰国することになった。

私たちは、一九四五年（昭和二十年）の十二月に釜山《プサン》の埠頭《ふとう》に着いた。釜山《プサン》は帰還同胞《きかんどうほう》でごった返していた。私たちは、釜山郵便局《プサンゆうびんきょく》の石畳《いしだたみ》の上で一夜を明かし、次の日、埠頭《ふとう》の倉庫に移《うつ》された。そこがいわゆる帰還同胞収容所《きかんどうほうしゅうようじょ》だったのである。始めの何日間かは、解放《かいほう》と独立《どくりつ》の興奮《こうふん》で祝祭的《しゅくさいてき》な雰囲気《ふんいき》の

うちにすごせた。そして朝鮮《ちょうせん》内に家や身寄《みよ》りのある人は、早々と立ち去った。日がたつにつれて、残された人たちの顔は暗くなった。

私たち一家は、父が父のふるさとである星州《ソンジュ》に行って農地を買い、先祖《せんぞ》代々の地に安定しようとするのに対し、母の、釜山《プサン》か大邱《テグ》、または京城《けいじょう》*の都市で、店を持ちたいという意見が対立し、しばらくのあいだ、収容所残留《しゅうようじょざんりゅう》グループに加わった。

収容所《しゅうようじょ》は、セメントの地面にむしろを敷《し》いただけで、なんの施設《しせつ》もなかった。病人が出だした。人々は大韓民国政府樹立《だいかんみんこくせいふじゅりつ》*前の弱体の釜山市庁舎《プサンしちょうしゃ》に、苦情《くじょう》を申《もう》し込《こ》み、対策《たいさく》を求めておしかけた。役人たちも、続発する問題《もんだい》を解決《かいけつ》するための妙案《みょうあん》が立たなく、頭を痛《いた》めていたらしいのである。当時私たちは、帰還同胞《キファンドンポ》の発音をもじって、憂患同胞《ウファンドンポ》とさえ、いわれた。

当時、アメリカ帰りや中国・満州帰りの人たちは、その地で日本帝国主義《にほんていこくしゅぎ》に対抗《たいこう》した独立闘士《どくりつとうし》や愛国《あいこく》の志士《しし》の血族ででもあるように、いばっていた。そのかげで、日本帰りの私たちは、長いあいだ、肩身《かたみ》のせまい思いをしたものだ。アメリカ帰りの人が英語をしゃべるのは、羨望《せんぼう》の目で見られ、日本帰りは、子どもですら日本語をしゃべると叱《しか》られた。そして、朝鮮語《ちょうせんご》を教えなかった親も非難《ひなん》された。

日本では「チョウセンジン」くさい、と差別されたのに、祖国《そこく》では「チョッパリ」くさい、とうとまれたのである。私の母が、長いあいだ、どれほど渇望《かつぼう》した祖国《そこく》への帰還《きかん》であったろうか。それを思うと、当時十五歳《さい》四カ月だった私は、このような不当な扱《あつか》いに、深く傷《きず》つけられた。そのときの気持ちは、悲哀《ひあい》というのが、いちばんふさわしい表現《ひょうげん》だと思う。私たちの血統《けっとう》のルーツへの帰還《きかん》は、虹色《にじいろ》でもバラ色でもない、イバラの道から始まった。そして私は、ずいぶん長いあいだ、祖国《そこく》、韓国《かんこく》で、自分が日本帰りであり、日本生まれであるということを明かすのが、おっくうであった。

戦後二十年目の一九六五年（昭和四十年）に、韓国《かんこく》と日本は国交正常化条約《せいじょうかじょうやく》（日韓基本条約《にっかんきほんじょうやく》）を締結《ていけつ》した。俗《ぞく》に、韓日会談《かんにち》というが、その政治的《せいじてき》、経済的成果《けいざいてき》については、今なお問題点が指摘《してき》されている。が、私にとって、両国の国交再開《こっこうさいかい》は、ひとつの息抜《いきぬ》きの契機《けいき》になった。なんだか胸《むね》につかえていたものが、すっと、おりたような気分がした。日本で生まれたことが、私の責任《せきにん》でもなく、罪《つみ》でもないはずであるが、やっと罪《つみ》がゆるされたような気もした。

一九六五年（昭和四十年）の秋、釜山《プサン》に住んでいた母が、ソウルの私の家に来た。あれこれ話しているうちに、韓日間《かんにち》の国交再開《さいかい》が話題になった。そのとき、母がいった。

「ウリ（わたしたち）、いっしょに日本に行ってみないか」

私は、驚《おどろ》いた。

「オモニ（お母さん）、だってオモニは日本を発《た》つとき、この国の土は二度と踏《ふ》まん、といっていたでしょう」

「それは、そうじゃ。あのときは、まだ若《わか》かったし、恨《うら》みもあったし」

「では、オモニ、今は恨《うら》んでいないの？」

「恨《うら》みつらみをいうときじゃないだろう。時代が変わっとる。ウリは、独立国《どくりつこく》の国民だからね。あんたら若《わか》い人たちは、堂々と胸《むね》を張《は》って日本人と肩《かた》を並《なら》べていくんだよ。あんたら、しっかりせんとね」

「オモニはまっ先にどこに行きたいの？」

「そりゃ、可部《かべ》じゃ」

「だってオモニ、可部《かべ》はつらかったじゃない」

「つらかっただけ思いも深いもんよ。そこで、あんたたちも生まれたし、赤ちゃんの墓《はか》もあるし……」

「赤ちゃんの墓《はか》？　オモニ、まだおぼえているの？」

「自分の子を忘《わす》れる親がいるかい」

私は、ふっと胸《むね》が熱くなった。

私のすぐ下にみっつ違《ちが》いの妹がいたが、五、六カ月になったころ、疫痢《えきり》で死んだ。そのときの情景《じょうけい》が、いくつか鮮明《せんめい》な映像《えいぞう》になって残っている。私が三歳《さい》のときだから、おそらくもっとも古い記憶《きおく》である。路地には通行止めのなわが張《は》られ、白い服を着た人たちが、大きな釜《かま》の中にふとんや着物をほうりこんで、ぐつぐつ煮《に》ていた。シュッシュッと霧吹《きりふ》きのようなポンプを押《お》す人もいる。すると、きつい消毒薬が、家中にプンプンにおった。

オモニは、土間に足を投げ出してすわりこみ、地面を手のひらでたたきながら、悲痛《ひつう》な声でアイゴー、アイゴー*と泣《な》いていた。オモニは声がかれて、しまいにはヒイヒイと風の吹《ふ》くような声しか出なくなった。

私はどこにいたのだろう。黄色いひまわりの花と、とうもろこしのやわらかいひげが、すぐそばにあった。

赤ちゃんの墓《はか》は、寺山という山の中腹《ちゅうふく》にある墓地《ぼち》のすみっこにあった。川原から拾ってきた、たまご形の石が墓石《はかいし》だった。お彼岸《ひがん》やお盆《ぼん》に、小さいぼんぼりを持って墓参《はかまい》りに行ったことが、思い出せる。

子を亡《な》くすという悲しみのあった、もっとも苦しかった可部《かべ》に、最初に行きたいといった母であった。しかし、私とそんな話を交わした三カ月後、母は、心臓《しんぞう》発作であっけなくこの世を去った。満《まん》五十五歳《さい》であった。

私たち家族にとって、可部《かべ》は、生活のルーツである。とくに、私はその地で生まれ育っている。私のふるさとである。ところが、国語辞典には、「ふるさと」とは①自分が生まれ育ったところ、②先祖《せんぞ》が長く住んでいたところ、と定義《ていぎ》されている。可部《かべ》は私にとって、ほんとうの「ふるさと」といえるだろうか。辞典の定義《ていぎ》では、半分しかあてはまらないのである。

韓国《かんこく》の人は、ふつう初対面のあいさつを交わすとき、姓氏《せいし》の本貫《ほんがん》*とふるさとを明らかにする習わしがある。そんなとき、私はなるべく「ふるさと」という単語をさけて、

「慶尚北道《キョンサンブクド》・星州《ソンジュ》の出身です」

とか、

「私の親庭《チンジョン》（結婚前の親元）は星州《ソンジュ》です」

と、いうことにしている。しかし、その実、私は星州《ソンジュ》に住んでいたこともなければ、地理もよく知らない。両親の墓参《はかまい》りのため、墓地《ぼち》に折々行くだけである。

私にとって、可部《かべ》も星州《ソンジュ》も、半分の意味での「ふるさと」でしかない。

でも、私は、「ふるさと」ということばがすきだ。それは、なんともいえない、甘美《かんび》な感慨《かんがい》を呼《よ》びおこす。かぎりなくなごやかで温かい。これは、おそらく人類に普遍《ふへん》の感慨《かんがい》だと思う。だから詩人も音楽家も、ふるさとをうたうのだろう。

韓国《かんこく》でもっとも愛好《あいこう》されている童謡《どうよう》と歌曲も、ふるさとの歌だ。童謡《どうよう》は、李元寿《イウォンス》作詞《さくし》、洪蘭坡《ホンナンパ》作曲《さっきょく》で、大人も子どももすきな、まさに民族愛唱歌ともいえる「ふるさとの春」である。その一節だけ紹介《しょうかい》してみよう。

ふるさとの春

わが生《お》いし　ふるさとは　花咲《さ》く山里
桃《もも》にあんず　つつじの花よ
色とりどりの　花やぐら
そこに遊びし　時なつかしや

歌曲は、「カゴパ」が、いつも「私のすきな歌」の上位に選ばれる。カゴパとは「行きたい」という意味の韓国語《かんこくご》である。作詞《さくし》は李殷相《イウンサン》、作曲は金東振《キムドンジン》であるが、ピアノの伴奏《ばんそう》が美しい。歌はこんなふうに始まっている。

カゴパ
我《わ》がふるさと　南の海
その蒼《あお》き水　まぶたに浮《う》かぶ
夢《ゆめ》にも忘《わす》れじ　波おだやかな　ふるさとの海
今も　水鳥　とび交うらん
行きたや　行きたし（カゴパラ　カゴパ）
幼《おさな》き日　共に集える　友恋《こい》し

これらの歌は、同窓会《どうそうかい》などで、よく合唱される。ふるさとをなつかしく思い、上気した人たちは、それぞれの胸《むね》に、ふるさとを思《おも》い描《えが》いていることだろう。

この歌をきいたりうたったりするたびに、いつも私の想《おも》いは、玄海灘《げんかいなだ》を越《こ》え、私の生まれ育った国、日本へ飛んでしまう。「ふるさとの春」にぴったりのイメージは可部《かべ》にある。「カゴパ」で描《えが》くイメージは、小学校四年から六年まで住んだ同じ広島の江田島《えたじま》の海である。

一九九一年（平成三年）一月十二日、くもった日に、私は、北極探険隊《たんけんたい》が北極点をさがしあてるように、可部町《かべちょう》の旧《きゅう》番地六二〇番地を正確《せいかく》につきとめた。もちろん、六十年前にすでに廃屋《はいおく》に近かった私の生家が、残っているはずはない。見なれない軒並《のきな》みと舗装《ほそう》された路地は、よそよそしく感じられさえする。人通りのない路地を行ったり来たりしていると、とある大きな鉄格子《てつごうし》の門につきあたった。

「ああ、そうそう、ここらに〝むろさんの庭〟と呼《よ》んでいた庭があったっけ。これだな」

ひとりごとをつぶやきながら、門の中をのぞいた。庭は荒《あ》れはて、あき家がひっそりとしている。昔、〝むろさんの庭〟は、手入れがゆきとどき、四季折々の花が咲《さ》きこぼれていた。小山のように土が盛《も》りあげられ、その上には、たしか銅像《どうぞう》が立っていたはずだ。家は、いつ建ったのかな。敷地《しきち》は、今もひろびろしているが、長らく放置されているらしい。あれはてたたずまいが、時の流れのはかなさを思わせる。

「ふうむ、浦島太郎《うらしまたろう》が竜宮城《りゅうぐうじょう》から帰ってきたときも、こんなふうだったのかな」

私はあたりを見まわした。

鉄格子《てつごうし》の前の石畳《いしだたみ》で、女の子たちはおはじきやお手玉をしたっけ。門の前には、ちょっとした広場があったはずだ。陣《じん》とり、なわとび、ゴムとびなど、いつも子どもたちがざわめく、たまり場だった。その向こうに、たしか大きななつめの木があったんじゃないかな。赤く熟《う》れていく実を、首が痛《いた》くなるほどあおむいて数えたおぼえがある。そうそう、ときどき自転車でやってくる飴屋《あめや》さんが、紙芝居《かみしばい》やあやつり人形も見せてくれた……。とりとめのない映像《えいぞう》が、かすれた古いフィルムのように、ちらちらする。

私はもとの路地にもどった。人気がないのを幸いに、持っていた新聞を敷《し》いて、地面に腰《こし》をおろした。そして静かに、六十年前の昔《むかし》をしのんだ。

父と母が新世帯を持った家は、古い農家であった。長いことふきかえなかったわらぶき屋根は、黒く、くさりかけていた。そういえば、屋根にペンペン草が生えていたっけ。玄関《げんかん》などなく、傾《かたむ》いた木の扉《とびら》をあけると、だだっぴろい土間があった。すみのほうに石のひきうすがひとつあった。奥《おく》まったところには、かまどがふたつ並《なら》んでいたが、私がはっきりおぼえているのは、背戸《せど》（裏《うら》口《ぐち》）の出口に近いところに、黒い風呂釜《ふろがま》がすえられていたことである。父が鋳物《いもの》工場で働いていたので、不良品を安く買ったのだそうだ。形はちょっとくずれているが水もれはしない、と父が話すのをきいた。

私が生家について描《えが》きうる絵は、この程度《ていど》しかない。なにしろ、六歳《さい》になる前のことだから、しかたがない。もっともはっきりおぼえているのは、イメージではなく、においである。家の中は、なんとなくカビくさかった。畳《たたみ》だって、くさりかけていたのではないだろうか。当然、非衛《ひえい》生的《せいてき》だったと思う。この家で、私が病弱だったり、妹が死んだりしたのも、衛生環境《えいせいかんきょう》のためではなかったろうか。

五、六歳《さい》の女の子がひとり、私の前を走っていった。その瞬間《しゅんかん》、ふっと、ひとつの光景が浮《う》かびあがった。ちょうど谷間の霧《きり》が晴《は》れたような鮮《あざ》やかさで。

ある冬の朝、顔を洗《あら》うために、母と背戸《せど》に出た。つららがいっぱいぶらさがっていた。朝日に映《は》えたつららは、プリズムのように、ピカッピカッと光る。私は思わず、嘆声《たんせい》をあげた。

「うわっ、オンマ(お母ちゃん)、つらら、とってちょうだい」

公害のなかったそのころ、子どもたちは、つららをとって食べた。母はどんぶりを持ってきて、隣《となり》のかわら屋根から、つららをポキンポキンと折って入れた。

「オンマ、それ、うちのつららじゃないよ」

「つららはね、だれのもんでもないよ。お天道さまのもんじゃけね。うちのつららは、ゴミがいっぱいあるから、食べられんよ」

と母はいったが、私はこの日、生まれて初めて罪《つみ》の意識《いしき》を体験した。つららは、その日、そのままどんぶりの中で、水に変わってしまった。

ああ、母といっしょに来ていたら、どんなにたくさんのことを話せただろう。うずくような悔恨《かいこん》の情《じょう》に、ひとりでに深いため息が出る。

ま冬というのに、雨がぱらつきはじめた。私は腰《こし》をあげて、駅に向かった。人影《ひとかげ》少ない可部《かべ》駅の構内《こうない》に、私は長いあいだ、ぼんやりすわっていた。雨は雪に変わっていったが、地面に落ちたとたんに解《と》けている。

私は、体内の血が熱くなってくるのをおぼえた。私は、今、私の半分のふるさとへ来ている。私も、可部《かべ》ではつらいことがたくさんあった。母がいったように、それだけに思いも深いものなのか。

そうだ。この次は、春に来よう。太田川や根ノ谷川の土手に桜《さくら》が咲《さ》き、寺山に花やぐらが立ち、むろさんの庭に山吹《やまぶき》が咲《さ》きみだれているころ。町はずれの田んぼに、れんげも咲《さ》いてくれるかな。

私は腰《こし》をあげた。ホームに電車が入ってきた。

可部《かべ》は、私の人生のルーツであり、発祥地《はっしょうち》である。

私の半分のふるさとなのだ。

13ページ　チョッパリ――もとは豚《ぶた》の足を調理した酒の肴《さかな》のことだが、日本人の蔑称《べっしょう》に用いる。足袋《たび》や下駄《げた》を使用する日本人の足先がふたまたになり、豚《ぶた》の足に似《に》ているところからいう。

14ページ　京城《けいじょう》――現在《げんざい》のソウル市。李朝時代《りちょうじだい》は漢城《ハンソン》または漢陽《ハニャン》と呼《よ》ばれていたが、一九一〇年の韓国併合《かんこくへいごう》で、日本はこれを京城《けいじょう》と改称《かいしょう》した。

〃　大韓民国政府樹立前《だいかんみんこくせいふじゅりつ》――終戦（解放《かいほう》）後、統一《とういつ》政府樹立《じゅりつ》の努力が続けられたが、一九四八年になって、南に大韓民国《だいかんみんこく》、北に朝鮮民主主義《ちょうせんみんしゅしゅぎ》人民共和国が成立した。

17ページ　アイゴー――感情《かんじょう》を瞬間的《しゅんかんてき》に表現《ひょうげん》することば。悲しいとき、うれしいとき、驚《おどろ》いたとき、あきれたときなど、さまざまな感情《かんじょう》をこめる。

18ページ　本貫《ほんがん》――一族の先祖《せんぞ》発祥《はっしょう》の地。姓氏《せいし》と組み合わせ、たとえば、韓国《かんこく》南部の金《キ》海《メ》を本貫《ほんがん》とする金氏《キムシ》は「金海金氏《キメキムシ》」という。日本の「本籍《ほんせき》」が戸籍《こせき》のある土地で、先祖《せんぞ》がいたとは限らないのと異《こと》なる。

オモニ

オモニ魯玉分《ノオクプン》は、旧暦《きゅうれき》の一九一〇年十二月一日に、慶尚北道星州郡船南面《キョンサンプクドソンジュグンソンナムミョン》で生まれた。一九一〇年（明治四十三年）は、日本が朝鮮《ちょうせん》を併合《へいごう》した年にあたり、朝鮮《ちょうせん》の全国土は、亡国《ぼうこく》の悲涙《ひるい》にくれていた。併合条約《へいごうじょうやく》が調印された八月には、母はまだ生まれていなかった。しかし、民族《みんぞく》の悲憤《ひふん》は、胎教《たいきょう》として伝わったのであろうか。二十年以上、日本で暮《く》らしながら、日本に敵愾心《てきがいしん》を燃《も》やしつづけた母の生涯《しょうがい》を思うたびに、一九一〇年という、歴史的時点の意味を、あらためて思い返すのである。

魯《ノ》という姓《せい》は、韓国《かんこく》における三百余《あま》りの姓氏《せいし》の中で、当時五千戸程度《こていど》しかなく、貴姓《きせい》といわれる。始祖《しそ》は、高麗仁宗時代《こうらいじんそうじだい》（一一二三―一一四六年）の中国帰化人である。最初、全羅南道咸平《チョルラナムドハムピョン》に定着したため、本貫《ほんがん》を咸平《ハムピョン》とする。その後、魯氏《ノし》は慶尚北道星州《キョンサンプクドソンジュ》にも集姓村《しゅうせいそん》*を作り、遠くは平安北道定州《ピョンアンブクドチョンジュ》にまで移住《いじゅう》している。高麗時代《こうらいじだい》には、文科と武科科挙《ぶかかきょ》*に及第《きゅうだい》した学者や軍人の人材が多く輩出《はいしゅつ》し、続いて、李朝時代《りちょうじだい》にも、多数の文科及第者《きゅうだいしゃ》を出している。

母の父、すなわち私の外祖父《がいそふ》魯相圭《ノサンギュ》は、腕利《うでき》きの商人である。もともと韓国《かんこく》の両班《ヤンバン》*は、商業にたずさわることをタブーとするが、魯相圭《ノサンギュ》は、職業《しょくぎょう》の貴賤意識《きせんいしき》は打破《だは》すべき悪習であるといい、みずから積極的に商売の道へ進んだ。しかし、まだ、流通制度《せいど》が前近代的であったため、彼《かれ》は店を構《かま》えて商うというのではなく、あちこちの市場に出向く商人であった。当時は、五日か七日ごとに地域別《ちいきべつ》の市が立ち、すべての商いは、その市で成り立った。魯相圭《ノサンギュ》は、服地、反物《たんもの》、針糸《はりいと》などの縫物用具《ぬいものようぐ》、染料《せんりょう》など、衣服地関係の材料商であった。彼《かれ》は、星州《ソンジュ》近くの大邱《テグ》、金泉《キムチョン》、善山《ソンサン》などの市はもちろん、他道《たどう》*にまで活動範囲《かつどうはんい》をひろめた。それに、品物の仕入れのため、仁川《インチョン》、京城《けいじょう》、釜山《プサン》などにも、しばしばおもむき、さまざまな情報《じょうほう》に明るかった。彼《かれ》は家をあける日が多かったという。

母は、魯相圭《ノサンギュ》の一人娘《ひとりむすめ》である。母の母、つまり私の祖母《そぼ》は、次女の出産のとき、赤子といっしょに死亡《しぼう》した。母には、自分の母親についての記憶《きおく》は、なにも残っていなかった。魯相圭《ノサンギュ》は、跡取《あとと》りの男の子がいないのがむなしかったのか、幼《おさな》い母に男装《だんそう》をさせた。また、母にも、男装《だんそう》がいろいろな意味で、にあっていた。負けずぎらいで、積極的な母は、遊びも勉強も、男の子に引けをとらなかった。チェギ（銅貨《どうか》に紙ふさをつけて、靴《くつ》の横腹《よこはら》ではねあげる男の子の遊び）は、母がもっとも得意《とくい》とするもので、年長の男の子も、母にはお手あげだったという。この話をするとき、母は愉快《ゆかい》そうに笑《わら》った。書堂《ソダン》*（日本の寺子屋にあたる）には、ふつう、女の子は行かないのだが、男装《だんそう》の母は、男の子にまじって、平気で通った。魯相圭《ノサンギュ》は、一人娘《ひとりむすめ》の才気はつらつたる成長に期待をかけ、最高の教育を受けさせるつもりだった。

HO

母をひとことで表現《ひょうげん》すれば、動的な人ということができる。小柄《こがら》な彼女《かのじょ》が静止している姿《すがた》は想《そう》像《ぞう》できない。いつも動き、考え、しゃべり、作っている母であった。また、感じやすく、激《げき》しやすく、涙《なみだ》もろい母でもあった。あるとき、

「オモニの血は、ふつうの人より温度が高くて熱すぎるんよ」

と、いったら、

「そうね。あんたのハラボジ（おじいさん）そっくりの血をゆずりうけたらしいよ。わたしも、もてあましとるんよ」

と、大きくため息をつきながら、笑《わら》った。

魯相圭《ノサンギュ》は熱血の志士《しし》であった。正統《せいとう》な学問を学んだとはきいていないが、全国各地を出歩いているので、見聞はひろかった。星州《ソンジュ》の田舎村《いなかむら》に、世の中の新しい動きを知らせるのも、彼《かれ》の役割《やくわり》であった。亡国《ぼうこく》の悲しみも、人一倍強く感じていた。

魯相圭《ノサンギュ》は一人娘《ひとりむすめ》を溺愛《できあい》し、惜《お》しみなく金を遣《つか》った。しかし、物質《ぶっしつ》的にはゆたかであっても、母の幼《おさな》い日は淋《さび》しかった。旅に出ている日が多い祖父《そふ》を、母はいつも待ちこがれていた。魯相圭《ノサンギュ》は一人娘《ひとりむすめ》に、着物や花靴《はなぐつ》や食べ物などのみやげを、どっさり持ちかえった。だが、その娘《むすめ》がもっとも喜んだのは、家にいるあいだ中、父の広い背中《せなか》におんぶしてもらったことであった。

魯相圭《ノサンギュ》は、妻《つま》と次女を亡《な》くしたあと、星州《ソンジュ》と隣《となり》あわせの金泉《キムチョン》に移《うつ》り住《す》んだ。家庭は、父と娘《むすめ》、お手伝いのばあやとの三人暮《さんにんぐ》らしで、わびしい世帯だった。再婚《さいこん》のすすめも、ずいぶん多かった

らしいが、そうこうするうち、〈運命の日〉が来た。

一九一九年（大正八年）三月一日、＊朝鮮《ちようせん》全土に、朝鮮独立《ちようせんどくりつ》運動の烽火《ほうか》があがった。そして、その後一年間、その火は燎原《りようげん》の火となり、燃《も》えつづけた。朝鮮《ちようせん》の人々は手に手に太極旗《たいきよくき》＊（朝鮮《ちようせん》の国旗）を持ち、「朝鮮独立万歳《ちようせんどくりつばんざい》」を叫《さけ》んだ。手には紙の旗しか持たない、この群集《ぐんしゆう》に、日本の官憲《かんけん》は銃剣《じゆうけん》による制裁《せいさい》を加え、流血は朝鮮《ちようせん》の山河《さんが》を染《そ》めた。

日本の官憲《かんけん》は、軍隊を動員して鎮圧《ちんあつ》にあたり、運動に参加したものは、老若男女《ろうにゃくなんにょ》を問わず、片《かた》っぱしから殺し、投獄《とうごく》した。ものほしざおをかけるように材木を組んで、それに針金《はりがね》やロープで、人間の首をつるして殺す場面が、宣教師《せんきようし》が撮《と》った写真に残っている。また、運動の指導者《しどうしや》に、キリスト教徒がいたということで、水原《スウオン》の堤岩里《チエアムリ》教会《きようかい》では、信徒を教会の中にとじ込《こ》め、油をぶちまけて焼き殺したりもした。三・一運動弾圧《うんどうだんあつ》の凄惨《せいさん》さは、筆舌《ひつぜつ》に尽《つ》くしがたい。

そんな日のある晩《ばん》、魯相圭《ノサンギユ》が突然《とつぜん》帰ってきた。白いパジチョゴリ（朝鮮服《ちようせんふく》）には、どっぷり血がにじんでいた。九歳《さい》の母には、祖父《そふ》の傷《きず》の重さもわからず、状況判断《じようきようはんだん》など、できるはずがない。あまりにも緊迫《きんぱく》した事態《じたい》に、なにも考えることすらできなかった。祖父《そふ》は、ふるえている娘《むすめ》を、しっかりだいて、何度もほおずりした。そして、口早にばあやにいった。

「玉分《オクプン》をたのむ。星州《ソンジユ》に帰りなさい」

そのひとことを残して、祖父《そふ》はあたふたととびだした。母は恐怖《きようふ》で気が動転し、声も涙《なみだ》も出なかったという。あとを追うように、日本人の巡査《じゆんさ》と刑事《けいじ》が来て家宅捜索《かたくそうさく》をした。

父と娘《むすめ》は、その夜以後、ふたたび会うことができなかった。人づてに、魯相圭《ノサンギュ》はすでに亡《な》くなったとき、ばあやは玉分《オクプン》を連れて星州《ソンジュ》に行った。家や財産《ざいさん》が、どのようになったか知るよしもない。ほどなく、ばあやも亡《な》くなった。孤児《こじ》になった母は、星州《ソンジュ》の親戚《しんせき》や知人の同情《どうじょう》をたよって、どうにか生きのびた。そして、一九二三年（大正十二年）前後、十三歳《さい》になった母は、また、だれかの情《なさ》けにすがって、日本に連れてこられたのである。

母は、自分の過去《かこ》について語ろうとしなかった。外祖父《がいそふ》のことを、母から直接《ちょくせつ》きいたのは、私が小学校一年のときと、終戦直後の二度しかない。その二度の記憶《きおく》は、私に強烈《きょうれつ》な印象として残っている。初めてそれを私に話した日、涙《なみだ》がいっぱいたまった母の目には、怒《いか》りと悲しみの炎《ほのお》が燃《も》えていた。体も声もふるえていた。そんな母を見て、私は恐怖《きょうふ》に近い緊張感《きんちょうかん》をおぼえた。物心ついてから、祖父《そふ》の死と母の運命の急転についてきいたときは、その痛《いた》ましさに、私も涙《なみだ》を流した。ああ、どうして日本人は、罪《つみ》のない私のお母さんを、不幸のどん底に突《つ》き落《お》としたのだろうか。母にとって日本人は怨敵《おんてき》であり、日本は敵国《てきこく》であるといっても、だれがとがめることができようか。感情《かんじょう》を持つ人間なら、あたり前のことであろう。

もちろん、三・一運動の被害《ひがい》は、母に限《かぎ》られたことではない。当然の結果《けっか》として、膨大《ぼうだい》な犠牲《ぎせい》者《しゃ》を出した。朝鮮総督府《ちょうせんそうとくふ》＊の統計《とうけい》では、死者・七千五百九人、被傷者《ひしょうしゃ》・一万五千八百五十人だと発表しているが、韓国側《かんこくがわ》では、殺害・一万七千六百四十五人、負傷《ふしょう》・四万五千五百六十二人だという。そして逮捕者《たいほしゃ》は、両方とも五万人近くの数字をあげている。

慶尚北道《キョンサンプクド》での三・一運動は、三月八日から五月七日まで、約六十日間、全道において展開《てんかい》され、集会・九十三回、参加人数・六万三千六百七十八人、死亡者《しぼうしゃ》・千二百六人、負傷者《ふしょうしゃ》・三千二百七十六人、逮捕者《たいほしゃ》・五千七十三人であった。

山辺健太郎によると、一年間を通じて、「独立万歳《どくりつばんざい》」を叫《さけ》んでこの運動に参加した者は、のべ約二千万人であり、砲火《ほうか》で殺された朝鮮人《ちょうせんじん》は、おそらく十万人以上になるだろうとのことである。問題は、死傷者《ししょうしゃ》の数より、そのやり方の残酷《ざんこく》さにあった。ある宣教師《せんきょうし》は、それは、人間が人間に対する行為《こうい》として、考えることが不可能《ふかのう》なほど、残酷《ざんこく》と野蛮《やばん》をきわめた蛮行《ばんこう》であったと語っている。

このような殺戮《さつりく》の渦中《かちゅう》で、魯相圭《ノサンギュ》はいとしい一人娘《ひとりむすめ》を残して、死んだのである。韓国《かんこく》には、数多くの独立闘争史《どくりつとうそうし》の文献《ぶんけん》があり、独立運動家《どくりつうんどうか》や闘士《とうし》の記録が残っているが、すべての人名が収録《しゅうろく》されてはいない。名もなく散った愛国者は、とうてい数えきれないだろう。魯相圭《ノサンギュ》の死は、歴史の中にこそ記名されてはいないが、朝鮮《ちょうせん》民族の精神《せいしん》を、血をもって証《あか》した勇気のある死であった。しかし、日本植民地統治《にほんしょくみんちとうち》への抵抗《ていこう》のために払《はら》われた犠牲《ぎせい》は、単に当人の死傷《ししょう》に終わらず、その家族に連鎖《れんさ》的《てき》な不幸をもたらした。私の母のように、九歳《さい》の少女が、ある日とつぜん孤児《こじ》となって、乞食同然《こじきどうぜん》の親戚《しんせき》めぐりから始まる苦難《くなん》の運命にさらされることもあったのである。

日本に来た母が、どのような生活をしたのか、さだかではない。母は絶対《ぜったい》に語らなかった。しかし、いつごろとなく、私には、母の生活が想像《そうぞう》されてきた。私が、可部町《かべちょう》に住んでいたころ、母は下祇園《しもぎおん》*というところに住む朝鮮人《ちょうせんじん》の老人を、たびたび訪《たず》ねた。母はその老人を「ハラボジ（おじいさん）」と呼《よ》んでいた。ハラボジと母は、朝鮮語《ちょうせんご》で話すので、話の内容《ないよう》はほとんどわからなかったが、漠然《ばくぜん》と伝わってきた感じから、母の生活歴に関して推測《すいそく》することができた。ハラボジと母は、ときどき「なごや」の話をした。一時期、私は、自分が名古屋に住んだことがあると思《おも》い込《こ》んでいた。

「広島生まれですか。それでずっと広島でしたか？」

などときかれると、

「小さいときは、名古屋にも住んだらしいのですが、おぼえていません」

と答えていた。これは、母の過去《かこ》が私の過去《かこ》に重なり合って記憶《きおく》されてしまった、勘違《かんちが》いである。

母が私を産む前、すなわち結婚《けっこん》する前のある期間、名古屋にいたことは、ほとんどたしかな事実だと思える。母のりゅうちょうな日本語は、広島なまりと違《ちが》うところがあった。では、名古屋でなにをしていたのか。いろいろなことを考え合わせると、日本人家庭に、住《す》み込《こ》みで働いたのではないかと思われる。というのは、母は、日本人家庭の生活にくわしかったからだ。食べ物、着る物、生活習慣《せいかつしゅうかん》など。そして、それらの仕事が、なんでもよくできた。でも、どんな家で、どんな仕事をしたのだろうか。

終戦の年、私は、大分県中津市《なかつし》の病院に、見習い看護婦《かんごふ》として、五カ月間、住み込《すこ》みで働いたことがある。十五歳《さい》まで、日本で育った私も、その五カ月間ほど、日本人の生活を、くまなく体験したことはなかった。私に与《あた》えられた仕事には、病院の用事のほかに、母屋《おもや》の掃除《そうじ》、台所の仕事、風呂焚《ふろた》き、子守り、縫《ぬ》い物《もの》など、ありとあらゆる家庭の雑事《ざつじ》があった。そのとき、私は母を思った。もしかしたら、母も、昔《むかし》、日本人の家庭で、このようにいろいろな仕事をしたのかもしれない、と。

私たちが可部《かべ》に住んでいたころ、父の収入《しゅうにゅう》では生活が苦しいので、母はいつも、働きに出た。今思うと、派出婦業《はしゅつふぎょう》であった。日本人家庭からたのまれる洗濯《せんたく》、掃除《そうじ》、看護《かんご》、店番などいろいろな仕事である。こまめでかしこい、この朝鮮人女性《ちょうせんじんじょせい》を一度使ってみた日本人は、ずっと母に依頼《いらい》した。なんでもよくできる母は、重宝《ちょうほう》がられ、得意先《とくいさき》が多かった。

母がもっとも腕前《うでまえ》を発揮《はっき》するのは、料理と編《あ》み物《もの》である。とくに、母の寿司《すし》は、素人《しろうと》ばなれした逸品《いっぴん》であった。朝鮮人《ちょうせんじん》にどうしてあんな寿司《すし》が作れるのか、ふしぎである。母の編《あ》み物《もの》もそうだった。母の指先からは、魔法《まほう》のようにすばらしい模様《もよう》が編《あ》み出《だ》された。私の家には、竹筒《たけづつ》の筆立てがいくつかあったが、筆のかわりに、編《あ》み針《ばり》が立ててあった。太さや長さの違《ちが》う竹の編《あ》み棒《ぼう》、片方《かたほう》のはしがまるい頭で止まった竹針《たけばり》、腹《はら》巻き用の金属製編《きんぞくせいあ》み棒《ぼう》、鉤針《かぎばり》、とじ針《ばり》。柳行李《やなぎごうり》には、極細《ごくぼそ》から極太《ごくぶと》まで、色とりどりの毛糸が、びっしり入っていた。おかげで、私と妹、そしてずっと後に生まれた弟は、毛糸にくるまれて育った。

母は、編《あ》み物《もの》を夜の副業にしていた。父も腹巻《はらま》きを編《あ》んだ。父の腹巻《はらま》きは、たんねんにひと針《はり》ひと針《はり》、固いゴム編《あ》みで編《あ》みあげるので、仕上がりまで長い時間がかかったが、評判《ひょうばん》がよかった。母はたのまれ物の合い間に、私の服や持ち物を編《あ》んだ。私と妹のブルーマーとソックスは、スコッチという毛糸で編《あ》んだ。このごろの日本人は、そんな糸は知らないという。スコッチは、たしかイギリス産で、つやつやしたとても丈夫《じょうぶ》な毛糸だった。このごろの日本人は、そんな糸は知らないという。私の記憶《きおく》が間違《まちが》っているのかもしれないが、母は、ブルーマーとソックスは、丈夫《じょうぶ》なスコッチでないとだめだ、といっていた。私たちは服のほかにも、べんとう袋《ぶくろ》、ぞうり袋《ぶくろ》、そろばん入れ、筆袋《ふでぶくろ》、腰《こし》かけのざぶとんなど、すべての小物まで毛糸ずくめにされた。ゴムマリも毛糸でカバーをした。

私は今もニットの服がすきである。ふかふかした毛糸のやさしい感触《かんしょく》は、悲しいほどなつかしい気持ちを呼《よ》びおこす。母がふたりの娘《むすめ》に、好《この》んで着せたセーターの色は、黄と赤の配色が多かった。胴体《どうたい》とそでを黄色で編《あ》みあげ、えりとそで先にちょっと赤いゴム編《あ》みをあしらうのである。あまり洗練《せんれん》された色合わせではないが、帰国後、韓国《かんこく》の子どもや新婦《しんぷ》のチョゴリ（朝鮮《ちょうせん》の上着）に使う伝統的《でんとうてき》な色調であることを知り、その時期の母の心情《しんじょう》が思いはかられた。

母は二十余年間《よねんかん》、日本で生活しながら、日本の着物を一度も着たことがない。下駄《げた》もはかなかった。そうかといって、日常《にちじょう》生活にチマ（朝鮮《ちょうせん》のスカート）とチョゴリを着たのでもない。母は自分で作った服を着た。そのころ、夏のワンピースを簡単服《かんたんふく》といったが、母は、独特《どくとく》なデザインで、簡単服《かんたんふく》を自分で縫《ぬ》った。ウエスト・ラインを、ちょっと高めにした、マタニティ・ドレスに似《に》た服である。ちょうど、チョゴリとチマが、一枚《まい》の服になった形であった。スカートのひだはチマより少なく、そでは夏には半そでにした。戦後、韓国《かんこく》のエリート女性《じょせい》は、夏になると、半そでにした改良チョゴリを着た。そのスタイルは、かつての母の自《じ》家《か》製簡単服《せいかんたんふく》に似《に》ていた。母はチョゴリとチマをミシンで縫《ぬ》い合《あ》わせて、ワンピースにしたのだから、もう一段《だん》、改良した活動服を考案したのである。

また、母はコムシン（ゴム靴《ぐつ》）を常用《じょうよう》した。舟《ふね》の形のとてもシンプルなはきものであるが、日本の店では売っていないので、広島や下関の朝鮮人店《ちょうせんじんてん》で、一度に十足くらい買ってきた。ふつうは、白い色か黒い色をはくが、水色やうす桃色《ももいろ》に白いふちどりがしてあるのもあった。私たちは、下駄《げた》やぞうりをはいたり、足を洗《あら》うときはゴムぞうりをはいたが、母は、かたくななまでに、日本のはきものをこばんだ。コムシンは、水にぬれてもふせておけば、水が切れるし、へチマにせっけんをつけてゴシゴシ洗《あら》うときれいになる。私の家の踏《ふ》み石《いし》には、いつも母のコムシンがふせてあった。特別《とくべつ》な外出のとき、母は白いソックスに黒い革靴《かわぐつ》をはいた。もっと特別《とくべつ》な外出のときは、チマチョゴリを着るので、ポソン（足袋《たび》）とコムシンをはくのである。今、思い返すと、母は、ひと目で日本人でないことがわかるような、形姿《なりかたち》をしていた。

母のもうひとつの特徴《とくちょう》は、髪形《かみがた》である。長い髪《かみ》をまん中から分けて、後ろにきりっとひきつめ、三《み》つ編《あ》みにする。それを、片方《かたほう》の手首にぐるっと巻《ま》いて輪をつくり、残りを根元にぐるぐる巻《ま》きつけて、太いモヤシの形をしたビニョ（髪《かみ》どめ）で輪の両脇《りょうわき》からすくいあげて、とめるのである。

小指ぐらいの太さで長さ十五センチくらいの母のビニョは銀製《ぎんせい》であった。それを、ときどき歯《は》みがき粉《こ》をつけて、ていねいにみがいた。

母は、ビニョをさした髪形《かみがた》、チマチョゴリに似《に》た簡単服《かんたんふく》、コムシンという、彼女独自《かのじょどくじ》のスタイルをけっして変えなかった。これは、母の個性《こせい》というより、民族のしるしとして、守りつづけたスタイルであった。

母は私たちにも、日本の着物を着せなかった。チマチョゴリこそ着せようとはしなかったが、洋服一点ばりだった。例外的に、寝巻《ねま》きとして、夏はゆかた、冬はネルの着物を着せた。しかし、それも筒《つつ》そでだった。そでがぶらぶら長いと、寝《ね》るときじゃまになるというのだった。

子どものころ、私と妹は、どんなに振《ふ》りそでの着物をほしがったことか。お正月の晴れ着に、振《ふ》りそでを着た女の子が、むしょうにうらやましかった。盆踊《ぼんおど》りのころになると、せめて元禄《げんろく》そでのゆかたでも着せてもらいたかったが、だめだった。妹は私と違《ちが》って、積極的にねだった。

「ねえ、ねえ、着物買ってよう」

「だめだよ」

「どうしてよう」

「あんな着物着たら、ホン（魂《たましい》）がくさるからね」

「ホンって、なんだよう」

「ホンは、人間の芯《しん》じゃ」

「シンて、なんじゃあ」

「それは、わたしたちの根っこだよ」

「うそうそ、わたしらに根っこなんか、はえていないよう。着物買ってよう」

妹の泣《な》き声《ごえ》は、どんどん大きくなって、とうとう、わめきだす。

「どうして、こんなにききわけが悪うて、強情《ごうじょ》っぱりなんかね」

「着物買ってよう。お母さん、いじわる。ケチンボウだあ」

「姉ちゃんを見んさい。あんたみたいに、あばれんじゃろう」

こんなときは、私は心の中で、妹のミエちゃんよりお母さんのほうが、よっぽど強情《ごうじょ》っぱりだと思っていた。私もほしかったから。

でも、このごろ、日本でホテルに泊《と》まるとき、ゆかたの寝巻《ねま》きを着て思うのである。やっぱり、寝《ね》るときは筒《つつ》そでのほうが便利かもね、と。

その反面、母は食べ物に関しては寛大《かんだい》であった。料理の上手《じょうず》な母に、父も娘《むすめ》もすばらしいものを食べさせてもらった。わが家の食卓《しょくたく》は、キムチ、ナムル（野菜のあえ物）、チゲ（汁《しる》のある煮《に》物《もの》）、ニンニクをたっぷりと入れた汁《しる》などの、朝鮮式《ちょうせんしき》の基本《きほん》メニューのほかに、寿司《すし》、日本式の煮《に》物《もの》、おはぎなど、四季折々に、実にゆたかであった。

いっぽう、母の日本語は抜群《ばつぐん》であった。十三歳《さい》の幼《おさな》い年で来日したことにもよろうが、なまりのない完全な日本語を遣《つか》いこなした。父が最後まで朝鮮《ちょうせん》なまりから抜《ぬ》けきれず、広島弁《ひろしまべん》しか遣《つか》えなかったのに対して、母は、広島弁《ひろしまべん》も遣《つか》ったが、標準語《ひょうじゅんご》できちんと話せた。むしろ私たちに、「どうせ日本語をしゃべるんなら、正しいことばを遣《つか》いなさい。田舎《いなか》ことばはやめて、学校の本に書いてある日本語にしなさい」

と注意した。

母の場合、日本語自体もうまかったが、話しぶりに筋《すじ》が通っていて、説得力《せっとくりょく》があった。父の仕事の交渉《こうしょう》や、役場や官庁《かんちょう》への出入りなど、外部のことはいっさい母の受け持ちだった。そればかりか、近所の同胞《どうほう》に困《こま》ったことがあると、通訳《つうやく》や代理として、警察署《けいさつしょ》などにも行った。

母は無学《むがく》である。学歴もない。長女の私が小学生になるまでは、日本語を読むことができなかった。小さいころ、書堂《ソダン》で読んだ朝鮮語《ちょうせんご》読みの漢字で、最低限《さいていげん》の意味を理《り》解《かい》することはできた。

母は、私がカタカナを習うときカタカナを、ひらがなを習うときひらがなをおぼえた。私が小学校を卒業するまでは、太平洋戦争も初期だったので、学校の授業《じゅぎょう》はまだ着実に行われていた。私は母のため、「国語読本」を何度も何度も朗読《ろうどく》したものである。そのほか、童話の本もたくさん読んだ。私の家では、親が子に読みきかせるのでなく、子が親に読みきかせる習慣《しゅうかん》が長く続いた。

とくに、母は計算の天才でもあった。外祖父《がいそふ》の商才を受《う》け継《つ》いだのかもしれない。日本語の読み方を娘《むすめ》に習った母であるが、算術《さんじゅつ》の実力はずば抜《ぬ》けていた。私の及《およ》ぶところではない。

江田島《えたじま》時代、私の家には人夫が五十人近くいた。山の石を切って運送する仕事を下請《したう》けしていたからである。月二回の勘定日《かんじょうび》（給料日）に、私は小学校四年生のときから同席した。検算《けんざん》するためである。母が読みあげる額《がく》を、かけたり、たしたり、引いたりして、給料を計算した。私のやり方は、ノートに書きあげるのだが、母はすべて暗算である。ときどきマッチ棒《ぼう》を使って、たてにおいたり、横にしたり、集めたりする。私はいつもおくれた。ソロバンがじょうずになったので、母に負けないように、いくら早くパチパチ玉をはじいても、私が答えを読みあげるとき、母はもうお金を数えていた。私が記憶《きおく》するかぎり、母の暗算がまちがったことはないのである。

「お母さんが学校に行ってたら、優等《ゆうとう》や級長は、だんぜんひとり占《じ》めにしたかもしれんね」

折につけ私が感嘆《かんたん》しながらいうと、

「もちろんだよ」

と、さりげなく答える母であった。才能《さいのう》が埋《う》もれるとは、母のような人のことをいうのであろう。

しかし、母の結婚生活《けっこんせいかつ》は、どう見ても満足されうるものではなかった。父と母の性格《せいかく》の相違《そうい》は、時がたつにつれて深まるばかりであった。与《あた》えられた仕事をコツコツとやりとげる父ではあったが、まじめ過《す》ぎるほどの誠実《せいじつ》さが、母にはもどかしくてやりきれないのである。

父と母は、一時期、離婚《りこん》したことさえある。私が小学校二年生のとき、私の学校のことが原因《げんいん》で、宇品《うじな》に引《ひ》っ越《こ》した。それまでの母の仕事や副業がなくなったので、一時、生活が不安定になった。両親の話し合いは、いつもいい争いに発展《はってん》した。父は十数年住みなれた可部《かべ》に未練《みれん》を持っていたが、母は、新しい冒険《ぼうけん》に賭《か》けるべきだといい、あともどりはしないといいはった。夫《ふう》婦《ふ》の葛藤《かっとう》は深まり、性格《せいかく》の溝《みぞ》はどうしようもないほど、ひろがった。

私が三年生になった夏休みころ、母は離《り》婚《こん》する決心をした。父も母の気《き》丈夫《じょうぶ》さに、ほとほと閉《へい》口《こう》していたので同意した。ふたりの結婚《けっこん》十年目である。問題は、子どもの養育権《よういくけん》であった。両親は、互《たが》いに長女である私の養育権《よういくけん》を譲《ゆず》ろうとしなかったので、裁判《さいばん》に訴《うった》えることになった。

むんむんするむし暑い日、広島裁判所《ひろしまさいばんしょ》のがらんとした部屋には、私たち家族四人と、裁判所《さいばんしょ》の人しかいなかった。裁判《さいばん》は、長女は父が、次女は母が養育せよという判決《はんけつ》で、簡単《かんたん》に終わった。母は泣《な》きくずれた。父は、電車に乗って帰るあいだ中、ずっと私の手をとっていた。私が泣《な》いたかどうか、おぼえていない。頭も胸《むね》も空白状態《じょうたい》であった。父の手がしめっぽかった感じだけが、はっきり記憶《きおく》に残っている。

それから二カ月間の父とふたりだけの生活は、悲しみそのものであった。母がいなくなったのは、もとをただせば私のためだという自責の念が、私の小さな胸《むね》を痛《いた》めつづけた。とうとう私は病気になって、熱を出し、昏睡状態《こんすいじょうたい》におちいった。高熱がさめたとき、母が帰っていた。父も私のために、百歩譲《ゆず》って、母を受け入れたのである。

我《わ》が家《や》の戸籍謄本《こせきとうほん》は、父が初婚《しょこん》の相手と同姓《どうせい》同名の女性《じょせい》と再婚《さいこん》したことになっている。私が結《けっ》婚《こん》したとき、夫側から説明を求められ、困惑《こんわく》し、思《おも》い悩《なや》んだことがある。そのとき、あらためて、遠い昔のあれこれを反すうして、父と母の生涯《しょうがい》を、心から気の毒に思った。

父と母は十三歳《さい》の年齢差《ねんれいさ》がある。十九歳《さい》の母は、仲人《なこうど》によって、三十二歳《さい》の老チョンガー*の新《しん》婦《ぷ》になった。ふたりは結婚式《けっこんしき》の日、初めて顔を合わせたそうだ。見合いもしなかったのである。まるで、動物の雄《おす》と雌《めす》の組み合せみたいなものだ。むちゃくちゃである。もちろん、当時日本の地で、同胞同士《どうほうどうし》の適齢男女《てきれいだんじょ》の選択《せんたく》は困難《こんなん》であったと思われる。また、本人の意思が問われない婚《こん》姻因習《いんいんしゅう》のせいにもよるのであろう。父と母は、お互《たが》いに時代の犠牲者《ぎせいしゃ》であった。

法的には再婚《さいこん》したことになった両親は、その後、待望の男児《だんじ》に恵《めぐ》まれ、生活もゆたかになった。しかし、ふたりの胸《むね》の中のむなしさは、埋《う》め合《あ》わせられなかったようである。結婚《けっこん》三十三年目に父が他界するまで、ふたりをつなぐものは、あきらめとあわれみであった。

それにしても、母から先に持ちだした離婚問題《りこんもんだい》は、五十年前の時代相を思うとき、一体、なにが母をそうさせたのか——勇気か、進取か、激情《げきじょう》か、理性《りせい》か、自己意識《じこいしき》か、いまだに断定《だんてい》しがたいのである。

もし、祖父《そふ》が死ななかったら、母はどんな人物になっていただろうか。今も、ときどき私は、母の奪《うば》われた生について、とりとめのない、もの思いにふけることがある。

25ページ　集姓村《しゅうせいそん》——朝鮮《ちょうせん》では、始祖《しそ》が発祥《はっしょう》した地を本貫《ほんがん》とし、その子孫は、長い間には各地に移住《いじゅう》するが、多数の同姓《どうせい》同族が、ある地域《ちいき》に集合している傾向《けいこう》が残っている。これを集姓村《しゅうせいそん》と呼《よ》ぶ。

25ページ　文科と武科《ぶか》科挙《かきょ》——官僚《かんりょう》の選抜試験《せんばつしけん》を科挙《かきょ》といい、文科と武科《ぶか》に分かれていた。文科は大科（中級文官試験）と小科（初級文官試験）に分かれ、中国の古典と儒学《じゅがく》の教養が求められた。

〃　両班《ヤンバン》——官僚《かんりょう》を出すことができた支配階級《しはいかいきゅう》。東班《トンバン》（文官）と西班《ソバン》（武官）の二つの系列《けいれつ》のあったことから両班《ヤンバン》と呼《よ》ぶ。中央では官職《かんしょく》につき、地方でも地主として大きな力を持った。一八九四年に制度《せいど》・身分としての両班《ヤンバン》は廃止《はいし》されたが、今でも畏敬《いけい》の念を持つ人が多い。

26ページ　道《どう》——朝鮮《ちょうせん》のいちばん大きく分けた行政区画。李朝《りちょう》時代に八道制《はちどうせい》が敷《し》かれ、一八九六年、十三道制《せい》（咸鏡北道《ハムギョンプクド》、咸鏡南道《ハムギョンナムド》、平安北道《ピョンアンプクド》、平安南道《ピョンアンナムド》、江原道《カンウォンド》、黄海道《ファンヘド》、京畿道《キョンギド》、忠清北道《チュンチョンプクド》、忠清南道《チュンチョンナムド》、慶尚北道《キョンサンプクド》、慶尚南道《キョンサンナムド》、全羅北道《チョルラプクド》、全《チョル》羅南道《ラナムド》）にあらためられた。南北分断後《なんぼくぶんだんご》、北に両江道《ヤンガンド》、慈江道《チャガンド》、南に済州道《チェジュド》が新設《しんせつ》された。

〃　書堂《ソダン》——漢籍《かんせき》の読み書きなど、初歩的な教育を行う私塾《しじゅく》。全国各地にあった。併合《へいごう》後は、抑圧《よくあつ》されながらも民族教育の地域《ちいき》センターとなって発展《はってん》した。

29ページ　一九一九年（大正八年）三月一日——この日、朝鮮《ちょうせん》を併合《へいごう》して植民地とした日本に対して、京城《けいじょう》のパゴダ公園で民族代表が独立宣言書《どくりつせんげんしょ》を読みあげ、集まった民衆《みんしゅう》が独立万歳《どくりつばんざい》を叫《さけ》んで市内をデモ行進した。これを期に朝鮮《ちょうせん》全土で集会がひらかれ、独立万歳《どくりつばんざい》の声が広がった。日本の官憲《かんけん》はただちに激《はげ》しく弾《だん》圧《あつ》したが、朝鮮人《ちょうせんじん》の独立《どくりつ》への強い意志が世界に示された。三・一運動と呼《よ》ばれて今日でも民族的誇《ほこ》りになっている。

29ページ　太極旗《たいきょくき》――一八八二年、通信使として日本に派遣《はけん》された朴泳孝《パクヨンヒョ》は、祖国《そこく》の主権《しゅけん》が外国に奪《うば》われていくのを心配し、船上で太極旗《たいきょくき》を創案《そうあん》し、一八八三年正式に国旗と定められた。

30ページ　朝鮮総督府《ちょうせんそうとくふ》――一九一〇年八月の韓国併合《かんこくへいごう》にともなって、日本が京城《けいじょう》に設置《せっち》した植民地統治《とうち》機関。朝鮮総督《ちょうせんそうとく》は現職《げんしょく》の陸海軍大将《たいしょう》から選ばれて天皇《てんのう》に直属《ちょくぞく》し、総督《そうとく》のもとに憲兵警察制度《けんぺいけいさつせいど》が敷《し》かれた。総督府庁舎《そうとくふちょうしゃ》（終戦後は国立中央博物館として利用されたが、一九九五年に解体）は王宮と正門の間に立ちはだかるように建てられ、国王の権威《けんい》と朝鮮人《ちょうせんじん》の民族的自尊心《じそんしん》を意図的にくじこうとした。

32ページ　下祇園《しもぎおん》――可部線《かべせん》の駅名。

41ページ　チョンガー――独身男性《どくしんだんせい》をチョンガー、婚期《こんき》を逸《いっ》した男性《だんせい》をノ（老）チョンガーと呼《よ》ぶ。

アボジ

韓国《かんこく》には、約《やく》二百余《あま》りの姓氏《せいし》がある。その中、人口百万人を越《こ》す姓氏《せいし》を大姓《たいせい》といい、その数は六本に及《およ》ぶ。百万人以下五万人以上は著姓《ちょせい》で六十本、五千人以上は貴姓《きせい》で六十三本、五百人以上の稀姓《きせい》は七十本、百人以上の僻姓《へきせい》が四十五本あり、百人以下の珍姓《ちんせい》も三十本ほどある。大姓《たいせい》の中でも「金《キム》」と「李《イ》」がもっとも多く、全人口の三四パーセントを占《し》めている。しかし、同じ姓氏《せいし》でも、始祖《しそ》を異《こと》にするいわゆる本貫《ほんがん》で分割《ぶんかつ》されている。金《キム》と李《イ》の姓《せい》は、それぞれ数百の本貫《ほんがん》に分かれているが、家系《かけい》を記録した「族譜《チョッポ》*」によって、祖先《そせん》からの明白な系譜《けいふ》を保存《ほぞん》している。

アボジ（父）、李成煥《イソンファン》の本貫《ほんがん》は星山《ソンサン》である。星山《ソンサン》は慶尚北道星州《キョンサンブクドソンジュ》の旧名《きゅうめい》で、父の家は、先祖《せんぞ》代々星州《だいだいソンジュ》の地に住み、父も星州《ソンジュ》で生まれた。

星山李氏《ソンサンイし》の家系《かけい》は、遠く千年の昔《むかし》にまでさかのぼる。その始祖《しそ》は、高麗太祖《こうらいたいそ》（在位《ざいい》九一八―九四三年）の娘《むすめ》むこ、李能一《イヌンイル》である。

彼《かれ》は政府の大臣という重任《じゅうにん》を果たした後、星山伯《ソンサンはく》に封《ほう》ぜられ、その地で新しく星山《ソンサン》を本貫《ほんがん》とする李氏《イし》の家系《かけい》を創始《そうし》した。星山李氏《ソンサンイし》家門は、高麗《こうらい》時代の繁栄《はんえい》に続いて、李朝《りちょう》時代にも科挙及第者《かきょきゅうだいしゃ》多数を出した名門である。父と直系《ちょっけい》の近い先祖《せんぞ》に、官職《かんしょく》についた人の名はきかないが、文科進士出身*が多いので、近郊地《きんこうち》域《いき》では李《イ》進士《しんし》家《か》として通った。

私の祖父《そふ》李斗甲《イトゥガプ》は二十七代で、致煥《チファン》と成煥《ソンファン》の二子をもうけた。つまり私の父成煥《ソンファン》は星山李《ソンサンイ》氏《し》家門の二十八代で、李斗甲《イトゥガプ》の次男である。父の生家は富農《ふのう》とまではいえないが、先祖《せんぞ》代々の耕作地《こうさくち》がある安定した農家であった。ところが、時代の激変《げきへん》によって、一家の安定は根こそぎくつがえされた。父は、子どものころから、国がほろび、家が没落《ぼつらく》する姿《すがた》をまざまざと体験している。

簡単《かんたん》に説明すれば、一九一〇年（明治四十三年）、朝鮮国《ちょうせんこく》はなくなった。*植民地統治《とうち》が着々と進展《しんてん》される中で、土地調査局《ちょうさきょく》が主管《しゅかん》する新しい土地制度《せいど》が敷《し》かれた。一九一一年（明治四十四年）から一九一二年（明治四十五年・大正元年）にかけて、森林令、不動産登記令、不動産証明《しょうめい》令《れい》、そして土地調査令《ちょうされい》があいついで公布《こうふ》され、近代的土地私有制度《しゆうせいど》の法的処置《しょち》がとられたのである。新しい土地制度《せいど》とは、土地所有について一定期間内に申告させ、未申告者《みしんこくしゃ》の土地は国有地に帰属《きぞく》させることである。王室、宮院、*官庁《かんちょう》などの公共所有地は、いちはやく総督府《そうとくふ》所有となった。民田とよばれる多くの私有地は、個人《こじん》・門閥《もんばつ》・部落共有などであったが、これらに多くの申告もれが生じた。農民の大部分が申告制度《しんこくせいど》に不慣《ふな》れであったこと、共有の民田の所有主があいまいなことや、総督府《そうとくふ》への不信や反抗心《はんこうしん》も手伝い、申告は遅《おく》れがちになり、進まなかった。一九一八年（大正七年）に、いちおう土地調査《ちょうさ》を終えたが、申告の不備《ふび》を理由に、農民たちがあれよあれよという間に、彼《かれ》ら先祖代々《せんぞだいだい》の耕作地《こうさくち》は総督府《そうとくふ》に剝奪《はくだつ》され、国有地にされていったのである。ちなみに、一九三〇年（昭和五年）の統計《とうけい》では、田畑、林野を合わせて、全国土の四〇パーセントが、国有地となっている。

これらの国有地は、東洋拓殖《とうようたくしょく》会社など日本の土地会社によって、日本人農業移住者《いじゅうしゃ》に安値《やすね》で払《はら》い下《さ》げられた。結果的《けっかてき》に、新しい土地制度《せいど》は、日本人地主を出現《しゅつげん》させたのである。日本から朝《ちょう》鮮《せん》へ農業移民《いみん》が増加《ぞうか》するなかで朝鮮《ちょうせん》農民は立《た》ち退《の》き通知書一枚《まい》で、住みなれた土地から追い立てられた。

生活の根拠《こんきょ》を失った、これらの農民は、北方の間島《カンド》*や満州の荒野《こうや》に、または日本の低賃金《ていちんぎん》労働市場へと流れていった。慶尚北道《キョンサンブクド》の大邱《テグ》周辺だけでも、幾《いく》十万の農民がふるさとを離《はな》れていったのである。

大邱《テグ》に近い星州《ソンジュ》の人も、多くの農地を失った。父の家も例外ではなく、わずかばかり残った農地では、兄家族の生活も苦しくなった。祖父《そふ》、祖母《そぼ》はすでに亡《な》くなっていた。そして独身《どくしん》で若《わか》かった父は、群《む》れをなして外地に向かう隊列に加わったのである。父が、いつごろ日本に渡航《とこう》したのか、その時期はさだかではないが、終戦のとき、父は二十五年間の日本での生活を清算する、といっていたから、逆算《ぎゃくさん》すると一九二〇年（大正九年）前後ではなかったかと思われる。

慶尚北道《キョンサンブクド》の農民たちは、大部分日本に向かった。距離的《きょりてき》な関係もあったと思う。北朝鮮《きたちょうせん》の人が、満州に向かったのに対して、日本には韓国《かんこく》（南朝鮮《みなみちょうせん》）の人が多い。ところで、父はどうして可部《かべ》まで来たのか。今こそ、可部《かべ》は広島市になっているが、そのころは、ただ平凡《へいぼん》な農村にすぎなかったはずである。炭鉱《たんこう》や、ダムや、鉄道などの大がかりな工事場もない可部《かべ》に、どのようにして来たのだろうか。可部町《かべちょう》に住んでいた朝鮮人《ちょうせんじん》は多くはないが、ほとんど慶尚北道《キョンサンブクド》の出身であった。おそらく人脈をたよって、ひとりふたりと集まってきたのだろう。だれが、いつ、この地に最初に住みついたのかは、よくわからない。

可部《かべ》にいたとき父は「瀬良《せら》工場」で、働いていた。瀬良《せら》工場は、鍋《なべ》、釜《かま》、風呂釜《ふろがま》を作る鋳物《いもの》工場である。瀬良《せら》とは、工場主の名だときいた。そこには、父のほかにも、何人かの朝鮮人《ちょうせんじん》が働いていた。今は、「大和重工」という、堂々たる大工場になっている。

幼《おさな》いころ、私は何回か、その鋳物《いもの》工場に行ったことがある。夜勤《やきん》の日だったのか、母がべんとうを持っていくとき、ついていった。可部《かべ》駅のふみきりを渡《わた》ったところに、黒々とした工場の建物があった。まっかな火がごうごうと燃《も》えている炉《ろ》が、入口からも見えた。鉄のハンマーで、不良品をたたきこわす音が、ガンガン鳴っている。なんだかおじけづいて、私はそばに近寄《ちかよ》れなかった。父が、門のところで、

「キマ（私の呼《よ》び名《な》）、おいで」

と手をふっても、私は、じっと動かなかった。赤くなった父の顔には汗《あせ》が水のように流れ、服は体にべっとりくっついていた。まるで、別人のようであった。

父は、瀬良《せら》工場で十年以上働いたと思う。私たちが生まれる前から、いや、母と結婚《けっこん》する前から、同じ場所でひたすらに、しんぼう強く働いた。べつに不平不満もいわなかった。むしろ、母が賃金《ちんぎん》が安いとこぼしていた。

父は変化を好《この》まなかった。私たち一家は、広島県内だけでも、可部《かべ》を始めとして、宇品《うじな》、江田《えた》島《じま》の鷲部《わしべ》、宮ノ原の四カ所に住み、山口県の小月《おづき》、大分県の中津《なかつ》へと引《ひ》っ越《こ》しを続けた。すべての場合、母が移《うつ》り先《さき》の下見をして父を説得《せっとく》するのだが、父は、なかなかうんといわなかった。ときどき両親は、いい争うこともあった。父は決まり文句の、「雌鶏《めんどり》歌えば家滅《ほろ》ぶ*」という古いことわざで、たてついたが、結局しぶしぶながら母に従《したが》った。それでも、我《わ》が家《や》の生活は引《ひ》っ越《こ》すたびによくなっていったのだから、ことわざは全然あたらなかったわけだ。

父は安定をのぞんだ。時代の流れに逆《さか》らうことをさけた。ある意味では、無抵抗主義者《むていこうしゅぎしゃ》である。収入《しゅうにゅう》が少なければ、それだけ窮乏《きゅうぼう》生活に耐《た》えていこうとした。そんな父に母は不満であり、いらいらしていた。子どもの私の目にも、父はあまりにも迫力《はくりょく》がなさすぎた。

父と母のあいだには、根本的な性格《せいかく》の相違《そうい》があった。積極的で性急《せいきゅう》な母は、思ったことをてきぱきと進めていくので、父は、とかく受《う》け太刀《だち》になりやすかった。そうかといって、父がなにからなにまで母の思いどおりになったのでもない。父には父なりの意地《いじ》がある。結果的《けっかてき》に、夫婦《ふうふ》の意見はよく衝突《しょうとつ》した。

ある日、父がどてらを買ってきた。風呂《ふろ》からあがって夕飯を待っている父のどてら姿《すがた》に、母はカンカンになって怒《おこ》った。

「ええじゃないか。風呂《ふろ》あがりには、これが便利じゃけ。わたが入ってぬくいし」

「なんです。みっともない。朝鮮《ちょうせん》のホン（魂《たましい》）は抜《ぬ》いてしまったんですか」

「わしもホンはちゃんと持っとる。チマチョゴリ、パジチョゴリが、飯くわせてくれるんかよ。きゅうくついうな。順理に従《したが》え」

大きな声のやりとりが続いた。父は「順理」をいいはった。「順理」とはなにか。父によると、空の雲は風の向きに従《したが》い、川の舟《ふね》は水の流れに従《したが》うのだそうだ。いわば、ローマではローマ法に従《したが》えという論理《ろんり》なのか。その後も、父はゆかたを着たり、西郷《さいごう》さんのような大きな下駄《げた》をはいたりして、母を怒《おこ》らせた。

母が社交的で外向的なのに反して、父は、無《む》口《くち》で人づきあいもせまかった。しかし、父とつきあってみた人は、父の正直で誠実《せいじつ》な人柄《ひとがら》を深く信頼《しんらい》した。思えば、ふたりの性格《せいかく》は極と極の違《ちが》いを持っていたにしても、生活の上では、だんだんそれなりに調和を生み出していった。母が、持ち前の活動性《かつどうせい》を発揮《はっき》して、よりよい条件《じょうけん》の仕事を交渉《こうしょう》してくると、父は誠実《せいじつ》にそれを成《な》し遂《と》げたのである。

父と母は、ほぼ同じく二十年以上の日本生活を送ったことになるが、日本語の実力において、天と地の差があった。母の日本語は、しゃきしゃきと歯切れがよく、よどみがなかった。父はとかくどもりがちで、発音上、正確《せいかく》な濁音《だくおん》が出しきれなかった。

可部《かべ》小学校二年生になったある日、家庭訪問《ほうもん》があって、受け持ちの先生が家に来た。どうしたわけか、家には父しかいなかった。玄関《げんかん》も縁側《えんがわ》もない小さな家だったので、先生は踏《ふ》み石《いし》の上に靴《くつ》をそろえて、六畳《じょう》の部屋にすわった。

「ヒロ子さん（私の日本名）は、日ごろどこで勉強しますか？」

机《つくえ》も本箱《ほんばこ》もない部屋を見回して、先生が口をひらいたとき、

「わしら、ちゅうっと、いっそけんめ、はたらいて、いえたてたけ、せもうても、はつかしくないてす」

父は、勉強部屋がないのをとがめられたと思ったらしい。少し、むっとして答えた。

「いいえ、いいえ、とてもきれいで清潔《せいけつ》ですね。ヒロ子さんの勉強が、どんどんのびてお楽しみですねえ」

「いや、またまたてす」

私は、赤くなった顔をうつむけて、はらはらしていた。そのほかにどんな話があったのか、思い出せないが、朝鮮語《ちょうせんご》なまり丸出《まるだ》しの父の話しぶりがはずかしかったことは、おぼえている。父の日本語は、それ以上、上達しないまま終戦をむかえた。

可部町《かべちょう》には、小さな競馬場まであった。根ノ谷川の橋を渡《わた》ると、寺山のすそから浅瀬《あさせ》に向かって広いあき地があり、そこが競馬場になるのであった。家から十分くらい歩く近距離《きんきより》である。父は競馬を楽しんだ。母はそれを好《この》ましく思わなかったらしく、競馬に行く父になにかと文句《もんく》をつけた。小学校にあがるころから、いつのまにか私は、父と母がなるべく衝突《しょうとつ》しないように、心をくだき、知恵《ちえ》をめぐらすようになっていた。

「お父さん。競馬に連れてってよう」

と、私がねだると、父は、

「いつあるんか？」

と、とぼけてきいた。

「あさっての日曜日よ。宿題は先にすませとくから、連れてってよう」

「ウム、ウム、つごうつけてみるけな」

こうなると、父は天下晴れて娘《むすめ》の保護者《ほごしゃ》として、行くことになるのである。

「キマ、あんたも競馬すきか？」

と、母がきいた。

「うん。おもしろいよ。馬が走るのを見ると、気持ちがすかっとするけね。ものすごくかっこいいもん。お母さんも、いっしょに行こう」

「わたしゃ、行かんよ。すきな人同士行きんさい。ほんとうに困《こま》ったお父さんじゃ。娘《むすめ》に競馬なんか慣《な》らして、どうするつもりかね」

母は、ぶつぶついいながらも、私のあめ代やわた菓子《がし》代をくれた。

父は、競馬に行っても、お金をかけたりはしなかった。ただ見物するだけである。ゴールデンバットの煙《けむり》を、空に向けてふうっと大きく吐《は》き出《だ》しながら、走る馬を見ていた。口数少なく、がまん強い父にとって、競馬というスポーツは、一種のカタルシスになっていたのかもしれない。

このごろの表現《ひょうげん》でいえば、ストレスの解消《かいしょう》を求めていたのかもしれない。

父の身長は中背《ちゅうぜい》で、あまり高くなかった。でも、骨格《こっかく》が、がっちりしているので、実際《じっさい》より大《おお》柄《がら》に見えた。肩《かた》が張《は》り、胸《むね》が鳩胸《はとむね》なので、上半身は堂々たるものだった。競馬場の土手にすわっている父は、そばの小柄《こがら》な日本人よりかなり大きく、ときには巨人《きょじん》のようにどっしりした風格《ふうかく》にさえ見えた。

競馬に連れていって、とねだった私は、初めから競馬が目的ではなかったから、ひとりで勝手に遊んだ。草花をつんだり、川原で小石を拾ったり、けっこう楽しい時間をすごした。ときどき、父がその場所にいるかどうかをたしかめた。父は、ときたま馬を見ないで、遠くの空をぼんやりながめていた。広い背中《せなか》が淋《さび》しそうだった。私は今も父を思うとき、顔の目鼻だちより淋《さび》しそうな背中《せなか》を思い浮《う》かべ、あわれみに近い、切ない気持ちにおちいる。

私の父と母は、なぜ、彼らのふるさと、朝鮮《ちょうせん》を離《はな》れて、可部町《かべちょう》まで来て住みついたのか。子どものころ、私は、つねづね、そのことが疑問《ぎもん》でもあり、不満でもあった。

幼《おさな》いころの抗議《こうぎ》のひとコマ。小学校一年くらいのときだと思う。私は、ある機会に、ハワイという夢《ゆめ》のような地があることを知った。

母が仕事に行く豪華《ごうか》な日本人の屋敷《やしき》に、どうしてか、私もついていったときのことである。母が裏《うら》のほうで仕事をしているあいだ、私は、きれいな庭に面した縁側《えんがわ》で遊んだ。私よりちょっと年上の女の子がいたが、とてもやさしかった。私も、すぐなついて、お姉ちゃんと呼《よ》んだ。お姉ちゃんは、幼年倶楽部《ようねんくらぶ》や講談社《こうだんしゃ》の絵本を見せてくれた。母は、たびたびその家から仕事をたのまれたらしい。私は、本が見たくて、その後も、二、三回母についていった。屋敷《やしき》のお姉ちゃんは、いつもきれいな服を着ていた。私の目をひいたのは、赤いリボンのついた、つばのひろい白い帽子《ぼうし》と、ふさふさしたレースがついたソックスだった。

ある日、お姉ちゃんは、茶色の小さい板切れをポキッと折って、そのかけらをひとつくれた。お姉ちゃんが口に入れたので、私も入れた。とろっととろける甘《あま》い味。こんなにおいしいものは、生まれて初めてだった。チョコレートである。私の表情《ひょうじょう》があまりにも感激《かんげき》をあらわしていたためだろうか、お姉ちゃんは、チョコレートも、帽子《ぼうし》も、ソックスも、洋服も、ハワイから送ってきたものだ、と説明した。ハワイ？　ハワイってどこだろう。どこらあたりに、そんな天国のような国があるんだろう。私は、相当の期間、寝《ね》てもさめても、ハワイにあこがれた。そのうち、ハワイは、海のかなたの、ずっと遠い南のほうにあることがわかった。

ある日、学校帰りに、ほかの子どもたちに朝鮮人《ちょうせんじん》、朝鮮人《ちょうせんじん》といじめられて家に逃《に》げかえったとき、父が家にいた。父は、ひとりでなにかを食べていた。

「キマ、早《はよ》うおいで。これ、うまいぞ。食べな」

「いや」

「なんじゃ。気分、悪いのか。けんかでもしたんか？」

「お父さんは、日本に来るとき、なにに乗ったんや？」

「船で来たよ。どうして？」

「なんで、日本で降《お》りたんよ。がまんして乗っておらんで」

「なにをいうとるんじゃ」

「じっとそのまま乗って、ハワイまで行かんで、なんで、日本で降《お》りたんよ。お父さんが、日本で降《お》りたから、チョウセンジンていわれとるんじゃないね」

幼《おさな》い論理《ろんり》でくってかかる娘《むすめ》を、父は悲しい目で見つめながら、絶句《ぜっく》した。

次のひとコマ。江田島《えたじま》の宮ノ原の家で、父と話をしていた。四年生になって、私も、ちょっとなまいきな口がきけるようになっていた。父はなにを思ったのか、その日、父と母のふるさとであり、私の本籍地《ほんせきち》である星州《ソンジュ》について語った。

「お父さん、星州《ソンジュ》ってどんなところ？　星がきれいだから、そんな名前つけたの？」

私がきくと、

「星ばかりじゃないよ。山も水も、なんもかもきれいで、平和なとこよ」

と、父が答えた。

「お父さん、星州《ソンジュ》に行くときは船に乗って、それから汽車に乗るの？」

「うん。それからバスにも乗らんとね」

「うわあ、ものすごい田舎《いなか》なんよね」

そのとき、父はこんな話をした。
一九〇一年（明治三十四年）から一九〇四年（明治三十七年）にいたる京釜線《けいふせん》*鉄道敷設《ふせつ》工事に際《さい》して、星州《ソンジュ》の人は鉄道通過《つうか》を反対したのである。当時、日本は、日清戦争以来、勢いに乗って、朝鮮《ちょうせん》内に港をひらき、鉄道線路を敷《し》いた。これを日本の朝鮮収奪《ちょうせんしゅうだつ》のきざしと見た星州《ソンジュ》の人々は、汽車をも侵入者《しんにゅうしゃ》としてこばんだのである。その結果《けっか》、京釜線《けいふせん》は星州《ソンジュ》をよけて、大邱《テグ》から倭館《ウェグワン》にのびたということだった。

「まあ、あきれた。汽車が通らないと、交通が不便だし、その土地が発達せんでしょう。その人たち、なにも知らんのよね。お父さん、そんな人をね、〝井の中の蛙《かわず》〟っていうんよ」

「そういわれても、しょうがないさ。〝手のひらで奔流《ほんりゅう》を防《ふせ》ぐ愚《おろ》かしさ〟じゃけのう。でもそんときは、それしかできんじゃった」

父はため息をついた。

「それで、日本人は、みんな追っぱらわれたん？」

「いんや、あとから、大きな顔して入ってきよった。地主になったり、警察《けいさつ》や官吏《かんり》になったりしてのう。反対に、朝鮮人《ちょうせんじん》が追い出されたんじゃ」

「なんだ、バカみたいに。朝鮮人《ちょうせんじん》はみんなバカと違《ちが》うん？　なんで追われたり、とられたりするの？」

「そういうな。戸じまりの悪い家のものは、だれでも盗《と》ってええちゅうんか。大人が子どものものを盗《と》ったら悪いじゃろ。弱いものいじめしたら、いけんじゃろ。同じことじゃ。道徳がなっとらんのじゃ」

ふだんにない父の厳《きび》しい声に、私は口をつぐんだ。

父の生年月日は、戸籍謄本《こせきとうほん》には一八九八年（明治三十一年）四月十日になっているが、実際《じっさい》には、一八九七年（明治三十年）の旧暦《きゅうれき》一月一日生まれである。父の生前、誕生日《たんじょうび》が旧《きゅう》正月の祝《いわ》いにだぶっているので、とかく、誕生祝《たんじょういわ》いは軽くなりがちであった。

「おれの不運は生まれつきさ。正月じゃけ、食うものはいっぱいあるが、どれも、おれのための膳《ぜん》じゃないけのう。三神*も正月のどさくさで、おれの分け前を用意するのを忘《わす》れたんよ」

父は、若《わか》いころは冗談《じょうだん》半分に、年をとるにつれてぐちっぽく、同じことをくりかえした。

先祖《せんぞ》代々、千年以上の歳月《さいげつ》に深い根をおろした大地が、突然《とつぜん》ぐらついて陥没《かんぼつ》したのである。父にはひとにぎりの土も残らなかった。国難《こくなん》とともに、父の身にふりかかった運命である。寡黙《かもく》で勤勉《きんべん》な父は、ただ黙々《もくもく》と忍従《にんじゅう》した。修行者《しゅぎょうしゃ》のごとく。

私が、父に対して理解《りかい》を深めるようになったのは、大人になってからも、ずっとずっとあとのことである。そのとき、父はもういなかった。

父を思うと悲しくなる。

44ページ　族譜《チョッポ》――始祖《しそ》から現世代《げんせだい》にいたるすべての成年男子の生没年《せいぼつねん》・官職《かんしょく》・墓所《ぼしょ》を記載《きさい》した一族の系図《けいず》。配偶者《はいぐうしゃ》は姓《せい》と本貫《ほんがん》などを記載《きさい》する。

45ページ　文科進士出身――科挙《かきょ》の試験は三年に一回行われ、小科の合格者《ごうかくしゃ》を進士と呼《よ》んだ。

〃　朝鮮国《ちょうせんこく》はなくなった――一九一〇年八月の日韓併合《にっかんへいごう》のこと。同月二十二日の「韓国併合《かんこくへいごう》に関する条約《じょうやく》」と同二十九日の「韓国併合《かんこくへいごう》に関する宣言《せんげん》」により朝鮮《ちょうせん》（当時の国号は大韓帝国《だいかんていこく》）は日本の植民地とされた。

〃　宮院――王室の経費《けいひ》をまかなう田畑を管理する機関。

46ページ　間島《カンド》――中国・豆満江《トマンガン》の朝鮮《ちょうせん》に隣接《りんせつ》する支流《しりゅう》の流域《りゅういき》。一九一〇年の韓国併合《かんこくへいごう》後《ご》、移住者《いじゅうしゃ》が激増《げきぞう》し、独立《どくりつ》運動の拠点《きょてん》となった。

48ページ　雌鶏《めんどり》歌えば家滅《ほろ》ぶ――妻《つま》が夫をさしおいて口出しすれば、家の中はうまく行かなくなる、の意味。

56ページ　京釜線《けいふせん》――京城《けいじょう》（ソウル）と釜山《プサン》を結ぶ約四百四十キロに敷《し》かれた鉄道。日本が利権《りけん》を手に入れ、日露《にちろ》戦争中に全線開通させた。

57ページ　三神――子どもをさずける出産の神。

キマちゃんだったころ

キマちゃんの誕生《たんじょう》

父と母が結婚《けっこん》して一年目、旧暦《きゅうれき》の一九三〇年（昭和五年）六月三十日（新暦《しんれき》の八月二十三日）に私が生まれた。父は晩婚《ばんこん》だったので、初子の誕生《たんじょう》を待ちこがれていた。身寄《みよ》りのない母も、新しい分身に多くの夢《ゆめ》と期待をかけて、待ちに待ったことであろう。

女の子と判明《はんめい》したとき、ふたりとも一瞬《いっしゅん》、がっかりしたようである。さいわいに、「女の子の初子は家財《かざい》のもと」という、朝鮮《ちょうせん》の古い言い伝えがあったので、めでたしめでたしとなった。名前は相琴《そうきん》とつけられたが、私の幼児名《ようじめい》は、キマちゃんである。それには、少し説明がいる。

相琴《そうきん》は、ハングル読みでサンクム（Sangkum）と発音される。ハングルは「子音＋母音」が基本構造《きほんこうぞう》であるが、それにパッチム（末音《まつおん》）とよばれる子音が加《くわ》わる字がある。その場合一字で「子音＋母音＋子音」の構造《こうぞう》になる。「サンクム」という名はハングルで書くと「상금」と二字になる。パッチムの子音は、次の字が母音のとき、その母音と自然にむすびついて発音される。いわゆる連音《れんおん》（リエゾン）現象《げんしょう》である。

いっぽう、子どもや友だちの名前を呼《よ》ぶとき、韓国語《かんこくご》では、日本語の〇〇さん、〇〇ちゃんにあたる「ヤ（야）」か「ア（아）」をつける。パッチムのない名前には「ヤ」を、パッチムのあ

る名前には「ア」をつける。

サンクムは、Mの音を出すパッチムがあるので、次音は「ア」になる。すると、実際《じっさい》に名前を呼《よ》ぶときは、連音によって「サンクマ」になるのである。

ところでもうひとつ、韓国《かんこく》では、幼児《ようじ》を呼《よ》ぶとき一種の愛称《あいしょう》として、名前の最終音だけ呼《よ》ぶ習《しゅう》慣《かん》がある。その場合、私の名前は「クマ」になるわけだ。ところが、慶尚道《キョンサンド》のなまりでは、これが「キマ」と発音されるのである。

以上のような由来で、私は両親から「キマ」と呼《よ》ばれた。それをよその人たちが、〇〇ちゃんと呼《よ》ぶ日本の習慣《しゅうかん》をたして「キマちゃん」と呼《よ》ぶようになった。可部町《かべちょう》にいたころの私の名前は、家では「キマ」、外では「キマちゃん」で通った。

ところが、私自身完全に忘《わす》れていた、もうひとつの別名があった。私は、一九九一年（平成三年）一月、可部《かべ》をおとずれた。そのとき、母と同年輩《どうねんぱい》の韓国人《かんこくじん》が老人病で病院に入院している、ときいたので、たずねていった。母についてなにかききたかったのだが、その目的は達せられなかった。ベッドに寝《ね》ている老婦人《ろうふじん》に、父と母の名を告げ、私がその娘《むすめ》であると、大きな声で話した。すると、しばらくのあいだじっと私の顔を凝視《ぎょうし》していた老人が、突然《とつぜん》、

「あんた、コㇰチじゃろ」

といった。驚《おどろ》いた。ほんとうに意外であった。コㇰチとは、韓国語《かんこくご》でくだものののへたを意味するが、女の子の次に男児《だんじ》の出産をねがって、へたがとれるように女の種を絶《た》やす、というまじな

いで、女の子に付ける別名である。ふたり目には男児《だんじ》の出産をねがって、付けられたのだろう。だが、私の次に、ふたりも女の子が生まれたから、まじないはきかなかった。コックチという私の別名を、忘却《ぼうきゃく》の世界から、この老人が呼《よ》び返《かえ》したのである。幼《おさな》友だちの岡山二郎《おかやまじろう》さんも、私の名をコックチとおぼえていた。そういわれてみると、コックチと呼《よ》ばれたことがあったように思う。朝鮮人同士《ちょうせんじんどうし》、私の母を呼《よ》ぶとき「コックチ　オンマ（コックチのお母さん）」といっていたことが、思い出された。私が五歳《さい》のとき、ふたり目の妹が生まれたから、そのときコックチ時代は終わったのである。しかし、その後も習慣的《しゅうかんてき》にコックチと呼《よ》ばれた可能性《かのうせい》は充分《じゅうぶん》ある。それにしても、私は、完全に忘《わす》れていた名前である。この老人に出会わなかったら、私自身永遠《えいえん》にけっして思い出すことはなかったであろう。

さて、そのコッチことキマちゃんの発育は、あまり順調ではなかったようである。母によると、歩き出す前には、たびたびひきつけを起こしたという。戸がガタンとしまる音や、父の大きなしゃみなどでけいれんを起こすので、しょっちゅう医者の世話になった。

その上、生後七、八カ月ごろ、キマちゃんは天然痘《てんねんとう》にかかった。手で顔をひっかくとあばたになるので、ネルで縫《ぬ》った手袋《てぶくろ》をはめて胴体《どうたい》にしばりつけたそうだ。母は、必死になってあれこれ手をつくしたが、とうとうキマちゃんは死んでしまった。死んだ赤子は、ソウメンの箱《はこ》の中に寝《ね》かされた。何人かの知人が集まった通夜の晩《ばん》、母は、アイゴー、アイゴー、と悲しく泣《な》いていた。と、ある人が戸をたたいて、

「こちらは、朝鮮人《ちょうせんじん》の家ですか？」

と、朝鮮語《ちょうせんご》できいた。家の中にむかえいれられたその男の人は、一部始終をきいて、

「じゃ、その赤ちゃんを見せてください」

と、いったそうだ。ソウメン箱《ばこ》のふたをとって、赤子のまぶたをひらき、じっと見ていた男の人は、ふところからチュモニ（お金や薬を入れる袋《ふくろ》）を出して、赤い粒薬《つぶぐすり》をつまみだした。それを母乳《ぼにゅう》でとかして、赤子の口にそそぎこんだ。唇《くちびる》からこぼれでる薬を、何度も指でかきあげながら、どうやら口に押《お》し込《こ》んだ。そして、母に子どもをだいて暖《あたた》めてやりなさい、といった。二十《はた》歳《ち》になったばかりの母は、死んだ子どもをだいた瞬間《しゅんかん》、ぞっとする気持ちだったそうだ。それでもしっかりだきしめて、ふとんをかぶった。父も知人の人たちも、狐《きつね》につままれた気分で、じっと待った。母が汗《あせ》びっしょりになったころ、男の人がふとんをはいで、私をだきあげた。なんと私の目が、パチッとあいていたのである。母と父は泣《な》いたり笑《わら》ったり、みんなもかわるがわるのぞきこんで喜んだ。ところで、気がついたときには、その男の人はいなかったということである。おとぎ話めいた話だが、実際《じっさい》に私の体には、いくつかの天然痘《てんねんとう》の跡《あと》が残っている。

母から、私は、この話を何度もきいた。

「ほんとうにすまんことをしたねえ。命の恩人《おんじん》の名前をたしかめなかったとはねえ。キマちゃん、しっかり勉強して、世の中のためにつくす人にならんとね、恩人《おんじん》に申《もう》し訳《わけ》がたたんよ」

とも、いいきかせるのだった。

このように、救い主によって魔法《まほう》のようにもう一度この世の人になれたが、依然《いぜん》として私は、ひよわな赤ちゃんだった。めったに泣《な》かない、おとなしい子であったが、はいはいもあんよも遅《おく》れ、ことばもおそかった。このごろの親なら、きっと気をもんだに違《ちが》いないが、幸い、そのころは幼児《ようじ》早教育で騒《さわ》ぐ風潮《ふうちょう》もなかったので、父と母は、このかんばしくない双葉《ふたば》を、根気よく大切に育ててくれた。

二度目の誕生日《たんじょうび》のころ、私はようやく歩き出したが、両親によると、足の裏《うら》で土を踏《ふ》むようになったときから、めきめき丈夫《じょうぶ》になったそうである。

赤子のとき私の発育がはかばかしくなかったことにもよるが、両親は私に特別《とくべつ》な関心を傾《かたむ》けた。消化しやすい食べ物、おなかが冷えないように腹巻《はらま》き、というように、相当過保護《かほご》にされたようである。

いっぽう、妹と弟は、とびきり健康で、よく食べ、よく眠《ねむ》り、よく遊んだので、両親は下の子らには安心していた。しかし弟妹には、それが差別待遇《たいぐう》に思えたのか、いささか不満でもあった。とくに妹などは、自分は拾い子か貰《もら》いっ子《こ》に違《ちが》いない、といいだして、実の親を探《さが》してくれと母を困《こま》らせたこともあった。

ともかく、私は両親に宝物《たからもの》のように大切にされた。小学生になってからは、私の知的成長にも大きな期待がかけられた。今になって思うと、両親の気持ちがわかるような気がする。日本の田舎《いなか》の可部《かべ》まで流れてきて、結婚《けっこん》はしたものの夫婦仲《ふうふなか》のあまりよくなかった彼《かれ》らの生活に、初子である私の出現《しゅつげん》は、活気を吹《ふ》き込《こ》んだことであろう。キマちゃんは、彼《かれ》らの希望であり、生きがいであった。私も成長しつつ、それを感知していた。

小学生になったキマちゃんに、学校の成績《せいせき》が優秀《ゆうしゅう》であることを、両親は強く期待した。とくに母がそうであった。ときどき、私が台所のかたづけや洗濯《せんたく》、編《あ》み物《もの》などをしたがると、母は、

「キマちゃん、そんなのやめときんさい。ごはん炊《た》いたり、洗濯《せんたく》するのは、だれでもできる仕事じゃけ、時が来たらすぐできるからね。学問はそうじゃないよ。みっちり時間かけてやらんとね。さあさあ、本を読みなさい」

と、催促《さいそく》した。

私は、すなおに教科書を読んだ。ほかの本がなかったから、いつも教科書を、始めから終わりまで読んだ。ああ、何十回、何百回読んだことであろうか。読んでいる私は、あきあきしているのに、父と母は感心したような顔できいているのが、ふしぎでしかたがなかった。あとでわかったことであるが、韓国《かんこく》の昔の書堂《ソダン》の勉強は、朗読《ろうどく》をくりかえし、本の内容《ないよう》を丸暗記《まるあんき》するのに重点を置いた。近代教育も学校教育も知らない両親が、教科書を読むのが勉強だと思ったのも無理《むり》はなかった。

両親は、ときたまいい争いをしたが、私が本を読み出すと、中断《ちゅうだん》した。だから、私は両親の仲《なか》をとりもつためにも、いっしょうけんめい読まなければならなかった。おかげで、私は小学校時代に、どの学年の先生からも、読み方がよくできる、とほめられていた。

HO

学校からいい成績《せいせき》をとって帰ると、母は涙《なみだ》が出るほど喜んでくれた。そして、

「キマちゃん、日本人に負けちゃいけんよ。もともと朝鮮《ちょうせん》は、学問の国だったんよ。あんたにも、ちゃんとその血が流れとる」

と、はげました。私も母が喜んでくれるのがうれしかった。正直いって、小学校時代は、母を喜ばすために勉強し、学校に通ったといってもいい。ようし、お母さんのためにがんばろう、と私ははけなげな誓《ちか》いを何度もたてたのである。


私のキマちゃん時代は、可部《かべ》から宇品《うじな》まで続いたが、四年生になって江田島《えたじま》に移《うつ》ったころからは、ほとんど、その姿《すがた》を消してしまう。いつのまにか私は、私の日本名で呼《よ》ばれるようになったからだ。

下祇園《しもぎおん》のハラボジ

私がキマちゃんだったころの、忘《わす》れられない人のひとりに、〝下祇園《しもぎおん》のハラボジ（おじいさん）〟がいる。

下祇園《しもぎおん》のハラボジと母が、血縁《けつえん》関係でないことは明らかである。にもかかわらず、実の父と娘《むすめ》のように温かい情《じょう》が行き交うのが、子どもの目から見ても、はっきり感じられた。母は食べ物などを用意して、ハラボジをたびたびたずねた。おそらく一カ月に一度くらいではなかったかと思われる。小学校に行く前は、私もたびたび、お供《とも》をした。

幼《おさな》いころ、私がもっとも朝鮮的《ちょうせんてき》な体験をしたのは、このハラボジを通してのことであった。ハラボジは、夏も冬も白い朝鮮服《ちょうせんふく》を着ていた。そして、部屋の中でも、つばの広い黒い帽子《ぼうし》をかぶり、けむりもでない長いキセルを唇《くちびる》から離《はな》さなかった。小柄《こがら》ではあるが、威厳《いげん》のある風格《ふうかく》と低い力のある声は、人を圧《あっ》するものがあった。ハラボジは話すとき、白く長い眉毛《まゆげ》をピクピク動かすのである。そんなハラボジが、幼《おさな》い目には、異様《いよう》に見えてしかたなかった。後日、どこかで、東洋画の仙境《せんきょう》に白ずくめの着物を着て杖《つえ》をついた老人が描《えが》かれているのを見たとき、私のまぶたには、ただちにハラボジが浮《う》かんだ。

母はハラボジを、アボニム（お父様）と呼《よ》んだ。下祇園《しもぎおん》に行く日には、母はきれいなチマチョゴリ、ポソン（足袋《たび》）、コムシン（ゴム靴《ぐつ》）という完璧《かんぺき》な正装《せいそう》であった。朝鮮式《ちょうせんしき》のあいさつの仕方を、私はハラボジの家で初めて見た。母は、長いチマ（スカート）を、ふんわりふくらませながら静かにすわり、両手の指先を後ろななめに両脇《りょうわき》について、おじぎをした。うっとりするほど優雅《ゆうが》なおじぎである。私は、母のそんな姿《すがた》がすきだった。

ハラボジと母は、いつも長い時間、話し合った。それでも、私はハラボジの家で、とくに退屈《たいくつ》を感じたとは思っていない。話が終わるまで、おとなしくすわっていた。ふたりの話は、朝鮮語《ちょうせんご》であるし、大人の話なので、私にはよくわからないが、耳をすましてききながら、ハラボジの一挙一動を見ることを楽しんだ。深刻《しんこく》な内容《ないよう》もあったのだろう。母はときどき涙《なみだ》をふき、ハラボジはため息をついた。

私は、下祇園《しもぎおん》のハラボジの家で、ほかの家族に会ったことがない。ハラボジは、いつも、ひっそりしたうす暗い部屋にひとりでいた。黄ばんだ綴本《とじほん》の漢籍《かんせき》を読んだり、墨《すみ》をすって字を書いたりしているのだろう。私たちが行くと、漢籍《かんせき》や硯《すずり》のある机《つくえ》を横に押《お》しやって、むかえてくれた。ハラボジの息子《むすこ》は、可部町《かべちょう》の私の家にときどき来たが、仙人《せんにん》のようなハラボジとは似《に》ていない、ただのふつうのおじさんだった。そのことも私には、ふしぎに思えてしかたなかった。

一九九一年（平成三年）一月、可部町《かべちょう》に行ったとき、私は幼《おさな》なじみの岡山《おかやま》さんや角山さんに、

下祇園《しもぎおん》に住んでいたハラボジについてきいてみたが、全然おぼえがないとのことであった。私にしても、小学校以前の幼《おさな》い記憶《きおく》の中に夢《ゆめ》のように残っているハラボジなので、名前も番地も知らないままである。確認《かくにん》のしようがなかった。

しかし、このハラボジが、私たち一家に落とした影《かげ》は大きい。まず、ハラボジは母のアボニムである。どのような関係で、アボニムと呼《よ》ぶようになったかは、よくわからないが、孤児《こじ》の母に、アボニムと呼《よ》べる人がいたのは、重要なことである。ハラボジが、十三歳《さい》の孤児《こじ》を日本までつれてきた当人なのか、母と父の結婚《けっこん》の仲人《なこうど》なのか、または、日本に来たあとの知り合いで、親子の義縁《ぎえん》を結《むす》んだ仲《なか》なのか、いくつかの推測《すいそく》はできる。だが、より大切なのは、母にとってハラボジが、絶対《ぜったい》に頼《たよ》りがいのある存在《そんざい》であったことである。ハラボジと母の人間関係から、私は私の幼《よう》児期《じき》に、人づきあいの貴重《きちょう》な原型を体験している。人をうやまうということは、どんな気持ちで、どんな態度《たいど》をとるものか、人を信じるということは、どんなに絶対的《ぜったいてき》な関係であるか、そして、温かい思いやりの心がどんなに美しいものかを、私は体で学びとった。下祇園《しもぎおん》のハラボジは、そんなものを感じとらせる人であった。

ハラボジは、私にとっても、忘《わす》れがたい大切な人である。「相琴《サンクム》」という私の名前は、ハラボジが付けてくれたのだ。ハラボジは、妹にも「相林《サンイム》」という名前を付けてくれた。私が小学校五年生のとき、弟が生まれたが、ハラボジはそのとき、もういなかった。亡《な》くなられたのか、帰国されたのか、そのあたりの事情《じじょう》はまったく思い出せない。弟の名前は、私が「勇三」と命名した。そのころ、私は山本有三の「路傍《ろぼう》の石」を読んで、ものすごく感激《かんげき》していたので、〝有〟を〝勇〟と変えて弟の名前にした。私は母に、「勇三」は、勇気の勇が三つもあるから、とても男らしい意味があるんだ〟と説明した。母は、

「そうね。男の子の名前だから、それがよさそうよね。ハラボジが付けた、あんたの名前には〝琴《こと》相鳴りて和を成す〟という意味があるんよ。ハラボジは、女の子にはとくに〝和〟が大切じゃというとられたけね」

といった。ああそうか。私の名前は、和を意味しているのか。あらためて私は、自分の名前に愛着を感じた。私は、六十歳《さい》になる今日まで、相琴《サンクム》という字を、何十万べん書いたことか。このころ、ときどき「琴《こと》相鳴りて和を成す」という意味を、かみしめている。

父にとって、ハラボジはどんな人であったのか。父とハラボジがいっしょにいる場面は、私の記《き》憶《おく》の中には残っていない。しかし、母がハラボジを訪問《ほうもん》することに、父も気をよくしていたことは思い出せる。

私が物心ついたころから、我《わ》が家《や》の壁《かべ》には、漢字の額《がく》がひとつ、少し低めにかかっていた。りっぱな筆跡《ひっせき》で「忍《にん》」と書いてあった。ハラボジの字である。その額《がく》は、父のものだった。引《ひ》っ越《こ》しのたびに、父は、ガラスが割《わ》れないように荷作りし、新しい家に着くと、まっ先に一番いい壁面《へきめん》に、ていねいにかけた。「忍《にん》」は終戦当時に住んだ中津《なかつ》の家でも、奥《おく》ざしきにかかっていた。

「忍《にん》」という字の意味がわかったとき、私は父の生きる姿《すがた》と一致《いっち》していると思った。ひたすらに耐《た》え、もくもくと働くばかりで、口数少ない父を表現《ひょうげん》できる字は「忍《にん》」である。父は、よくひとりでたばこを吸《す》いながら、その字を見ていた。にらんでいるときも、見とれているときも、ぼんやりと焦点《しょうてん》の合わないときもあった。私はそんなときの、淋《さび》しそうな父の背中《せなか》を忘《わす》れていない。

下祇園《しもぎおん》のハラボジは、ある時期、私たち家族と親しかった人でもあるが、私の精神的《せいしんてき》ささえであった人として、忘《わす》れがたい人物である。

小山のアジメ

アジメとは、アジュモニ（おばさん）という呼称《こしよう》の慶尚道《キョンサンド》なまりである。「おばさん」より「おばちゃん」に近い親しみが込《こ》もっている。可部町《かべちよう》六二〇番地の私の家から、二百メートルくらいのところに、朝鮮人《ちようせんじん》三世帯《せたい》が住んでいた。二軒《けん》長屋に小山と青山一家、その裏《うら》がわに朴山《ぼくやま》さんがよりそうように暮《く》らしていた。二軒《けん》長屋の前には、庭というより、ちょっとしたあき地があって、子どもたちが遊ぶのに都合がよかった。すぐ隣《となり》は、白い壁《かべ》の大きな蔵《くら》で、その蔵《くら》と長屋のあいだにある木戸を押《お》すと朴山《ぼくやま》さんの家に入れる。蔵《くら》の前には、低い土管囲いの井戸《いど》があった。小山の長屋の前の路地にそって幅《はば》五、六十センチの小さな川があり、きれいな水が流れていた。アジメは、この川で野菜を洗《あら》ったり、食器なども洗《あら》った。

長屋前のあき地のすみっこには、畑というほどもない一坪《ひとつぼ》足らずの囲いの中に、野菜が植わっていた。畑は石で囲まれ、四方に棒《ぼう》くいを立て、なわがはりめぐらされているので、子どもたちも、そこが入ってはいけないところであることを知っていた。それにしても、かぼちゃの黄色い花が咲《さ》いたり、うす紫色《むらさきいろ》の花から、つやつやしたかわいいなすびがむすばれたり、青いとうがらしが赤く熟《う》れていくようすは、子どもたちの目をじゅうぶん楽しませてくれたし、ゆたかな季節感も味わわせてくれた。

私がキマちゃんだったころ、可部町《かべちょう》に住んでいる朝鮮人《ちょうせんじん》は十世帯足らずだった。それぞれあちこちに散らばっていたが、小山のアジメの家は、三世帯が同じ場所に住んでいたので、なんとなく同胞《どうほう》たちの中心地をなしていた。当時小山の家は、同胞《どうほう》家庭のチビたちをあずかる託児所《たくじしょ》になっていた。というのは、朝鮮人《ちょうせんじん》の母親は、わずかばかりの収入《しゅうにゅう》でも家計のたしにするため、働きに出るほかなく、育児《いくじ》や家事に専念《せんねん》できなかったのである。そこで乳幼児《にゅうようじ》の世話を分担《ぶんたん》する知恵《ちえ》をしぼりだしたのであろう。だれかが、幼児《ようじ》をまとめて世話をした。たいてい、外での仕事が無理《むり》になった妊婦《にんぷ》が、かわり番こに子守役をした。私の母も、ひととき小山さんの家で子どもたちの世話をした。今思うと、私より五つ年下の妹が生まれるころだった。

朝、仕事に出かける母に連れられてくると、昼食、昼寝《ひるね》、おやつ、ときにはお風呂《ふろ》まで、お世話になる。早朝や夜おそく、眠《ねむ》っている子どもがおんぶされて運ばれたり、連れ帰られることもある。幼児《ようじ》ばかりでなく、学校に行っている子どもも、午後はここに集まる。てんでに自分たちの遊びもくりひろげるが、弟妹のめんどうもよく見た。私も妹のミエちゃんも、この家庭託児所《たくじしょ》にあずけられた。

小山のアジメは、とてもやさしかった。正確《せいかく》には、青山や朴山《ぼくやま》のアジメ、もしくはほかのアジメだったのかもしれない。アジメたちは、親身になってめんどうを見たし、親を離《はな》れたチビたちをいとおしんだ。私もミエちゃんも、小山のアジメの家に行くとき、ぐずったりてこずらせたりしたおぼえはない。また、そこにはいつでも遊び友だちがいたから、子どもを強くひきよせた。

私が、小学校にあがる前は、小山さんの家の小さな川が流れる前庭で、日がな一日、遊びほうけた。草花の葉っぱや花びらを水に流したり、色紙で折ったボートを浮《う》かばせたり、ハンカチや人形の服を洗濯《せんたく》したり、入れ物ごとに水を満たしたり、泥《どろ》と水をこねまぜたり、はてしなく遊びが続いた。

ある日、暖《あたた》かい日差しの下で、一日中泥《どろ》まんじゅう作りをしたことがある。川べりに何十、いや何百個《なんびゃっこ》ではなかったかと思うが、まんじゅうを並《なら》べていった。夕方、父と母がむかえにきたとき、

「アッパ（お父ちゃん）、オンマ（お母ちゃん）、これ見て。みんな、みんな、あたいたちが作ったんよ」

と、晴れがましく、両親の手をとって、はしからはしまで見てもらった。

「ぎょうさん作ったのう」

と、父にほめられ、

「よかった、よかった。いい子だったね」

と、母にだきよせられ、私は、すっかり満ち足りた気持ちになった。

小山のアジメは、私たちがどんなに服をよごしても叱《しか》らなかった。水にぬれたり、泥《どろ》まみれになると、日に何回も着替《きが》えさせ、顔や手を洗《あら》ってくれた。縁側《えんがわ》には、子どもたちの柳行李《やなぎごうり》に下着

や服が入っていた。毎朝、お母さんたちがさっぱりしたものを詰《つ》め、夕方、よごした服を持ちかえった。

小山のアジメは、ときどき八百屋《やおや》さんにもなってくれた。私たちがままごとを始めると、アジメを大声で呼《よ》びだすからである。アジメは大きなおなかを突《つ》き出《だ》して、畑の中に入っていく。かぼちゃの葉っぱ、しぼんだ黄色い花、なすびの葉がどっさり入ったかごは、すぐ売り切れて、からっぽになった。チビたちは、喜々としてままごと遊びをもりあげていく。

ある夏、この小さい畑のすみに、見なれない、かれんな花が咲《さ》いた。丈《たけ》は五十センチほどにもなろうか。みずみずしくのびた茎《くき》には、根元から向かい合わせに、やわらかい葉が出ている。その葉っぱの付け根からぶらさがるように、たくさんの紅《あか》い花が咲《さ》いた。ふつうの花は、茎《くき》のてっぺんに、ほこらしく、はなやかに咲《さ》くのだが、この花は、葉かげにそっとかくれるように咲《さ》くのである。なんとしおらしく素朴《そぼく》な姿《すがた》であろうか。それにしても、小さな畑には初めて咲《さ》いた、紅《あか》い色の花である。はじらうような初々しい紅色《べにいろ》は、目を見はるほどのあでやかな美しさであった。私たちチビ連中も、花のそばにしゃがんで観賞《かんしょう》した。殊勝《しゅしょう》にも、だれも手をのばして花をとらなかった。

すべてのつぼみが満開になったころ、小山のアジメは、小さい花びらをていねいにつみとった。その日、子どもらはすべての過程《かてい》を見逃《みのが》さないように、アジメにぴったりくっついていた。縁側《えんがわ》にすわっていたアジメは、花びらをすり鉢《ばち》に入れ、こぶしほどの石をすりこぎにして、花びらをついた。塩と白い粉も入れた。花びらはたちまちぐしゃぐしゃになり、色も紫色《むらさきいろ》に変わった。

「さあ、みんなお手々出しんさい。つめをきれいに染《そ》めてあげるけね」

アジメは、チビたちひとりひとりの手をとって、薬指と小指のつめに、ぐしゃぐしゃの花びらを少しずつのせた。そして、油紙でていねいに指を包み、糸をぐるぐる巻《ま》いて、動かないようにとめた。私たちは、この儀式《ぎしき》に神妙《しんみょう》に従《したが》った。最後にアジメは、自分の片方《かたほう》の手の指にも花びらを巻《ま》きつけた。

「あしたの朝まで、そのまま置いとき。ほどいたらいけんよ」

チビたちは、両手が使えないので、急に口までおとなしくなっている。

夕方、むかえにきた母は、小山のアジメと楽しそうに話しながら、子どもたちが胸《むね》の高さに手をあげたまま、マネキンみたいに固くなっているようすを見て笑《わら》った。

「よかったね。キマちゃん。ボンスンアでつめを染《そ》めるときれいだよ」

帰り道、母はほおえみながら、いった。

「ボンスンアってなあに？」

「うん、昔《むかし》から朝鮮《ちょうせん》の女の子が、大切に育てた花よ。ボンスンアは、朝鮮《ちょうせん》の花じゃけね」

晩《ばん》ごはんも、赤ちゃんのときのように、母が食べさせてくれた。服をぬぐときも、指にさわらないように、用心した。寝床《ねどこ》に入ると、母は両手の手首に、タオルをたたんで作った小さなまくらをあてがった。

あくる朝、油紙をとってみると、両手の薬指と小指が赤だいだい色に染《そ》まっていた。せっけんをつけて、ごしごし洗《あら》っても色が落ちない。花びらは紅色《べにいろ》であったが、つめは朱色《しゅいろ》をおびた赤い色になっている。けばけばしくない、しっとり落ちついた赤い色の天然マニキュアである。

母は、キマちゃんの手をとって、やさしくさすったり、そっとほおにあてたり、赤い小さな貝がらのようなつめに唇《くちびる》をあてたりした。つめがのびると、赤い貝がらの形も変わる。根元から新しいつめが、そっと押《お》しあげると、だんだんかけて、半月になり、三日月の形になっていく。色が完全に消えるまで、三カ月くらいかかったろうか。母は、そのあいだ中、特別《とくべつ》な感情《かんじょう》で、キマちゃんの手をいとおしんだ。うっとりした母の顔が、ほんとうにいい顔だったことを、よくおぼえている。

後日、韓国《かんこく》に帰ってから、ボンスンアの意味を知った。そして、母がこよなく愛した幼《おさな》い日の赤いつめを、思いかえした。ボンスンアの漢字の表記は鳳仙花――ほうせんか、である。ボンスンアは、韓国《かんこく》の農家の垣根《かきね》や背戸《せど》に、ざらに咲《さ》いている平凡《へいぼん》で素朴《そぼく》な花である。ちょっと前までは、都会の家でも、庭のすみや背戸《せど》に植えたり、鉢植《はちう》えにしていた。ちょうど日本人家庭の朝顔くらい、親しみのある花である。

昔《むかし》から、夏になると、その花びらで少女たちがつめを染《そ》めた。花は、白、桃《もも》、紅《べに》、赤など多彩《たさい》で、濃度《のうど》も少しずつ違《ちが》う。花の色によって、染《そ》まるつめの色も変わる。家ごとのボンスンアを見てまわったり、とりかえっこするのも、少女たちの大きな楽しみであった。みょうばんを入れてついた花びらを、つめからはみでないようにしばって、一晩《ばん》すごすと染《そ》まりあがるのである。少女たちにとっては、友だち同士染《そ》め合《あ》ったり、妹や母のつめにも染《そ》めてあげる、楽しい年中行事でもあった。ボンスンアで染《そ》めた色は、おちついた、ちょっとしぶみのある赤色で、見あきることがない。どぎつく塗《ぬ》りつぶす舶来《はくらい》のマニキュアとは趣《おもむき》が違《ちが》う。またボンスンアは、十本の指の全部を染《そ》めることはない。子どもたちは両手の薬指と小指に染《そ》めたが、大きくなると、左手の小指か、多くても薬指まで止める。韓国女性《かんこくじょせい》のつつましいおしゃれ心がしのばれる。

韓国人《かんこくじん》に鳳仙花《ほうせんか》が、深い意義《いぎ》を持つのは、歌曲「鳳仙花《ほうせんか》」による。一九二〇年（大正九年）に、金享俊《キムヒョンジュン》の詩に洪蘭坡《ホンナンパ》が作曲した「鳳仙花《ほうせんか》」は、たちまちのうちに民族愛唱歌となった。詩は三節になっている。

一、垣根《かきね》の下に咲《さ》く鳳仙花《ほうせんか》よ
　お前の姿《すがた》がいじらしい
　長い夏の日、美しく花咲《さ》くころ
　きれいな乙女《おとめ》らが
　お前を愛し遊んだものだ
二、いつの間にか夏は去り

秋風ひややかに吹《ふ》き
うるわしい花びら無残《むざん》にむしばむ
花朽《く》ち枯《か》れはてた
お前の姿《すがた》は哀《かな》しい

三、北風寒風、冷たい風に
お前の姿《すがた》見えずとも
平和を夢《ゆめ》みる想《おも》いを籠《こ》めて
のどかな春の日
甦《よみが》えることを祈《いの》ろう

鳳仙花《ほうせんか》を祖国《そこく》にたとえたこの歌は、抗日歌《こうにちか》であり、抵抗《ていこう》の歌でもあった。一節は、日韓併合《にっかんへいごう》以前、二節は亡国《ぼうこく》の悲しみ、三節は植民地支配《しはい》のきびしさを、それぞれ、夏、秋、冬の鳳仙花《ほうせんか》に象徴《しょうちょう》させている。切々たる哀調《あいちょう》のメロディーは、断腸《だんちょう》の悲しみにくれる人々の胸《むね》をかきむしり、涙《なみだ》をさそう。甦《よみが》える春に、わずかばかりの希望を託《たく》した「鳳仙花《ほうせんか》」は、当時の朝鮮《ちょうせん》民族の心情《しんじょう》にぴったりの歌であった。一九四〇年代に入り、朝鮮人《ちょうせんじん》の皇民化《こうみんか》*が強化されるなかで、朝鮮総督府《ちょうせんそうとくふ》は、「鳳仙花《ほうせんか》」のレコード販売禁止《はんばいきんし》、歌唱禁止令《きんしれい》を出した。

歌のすきな母が、「鳳仙花《ほうせんか》」を歌ったかどうかは、おぼえていない。母が亡《な》くなった翌夏《よくなつ》、私は鳳仙花《ほうせんか》のつめ染《ぞ》めを思いたった。子どもは男の子ばかりで娘《むすめ》がいない私は、私の教える大学の大学院生にボンスンアでつめを染《そ》めようと呼《よ》びかけて、花びらを持ってきてもらった。何人かの学生とワイワイ騒《さわ》ぎながら、研究室で花びらをついた。最近は、油紙を使わないで、セロハンテープとばんそうこうでとめる。学生に左手をまかせながら、母の生前、なぜ、母娘《ははこ》でボンスンアをしんみり楽しまなかったのか、悔《く》やんでいた。涙《なみだ》がポロッと落ちた。

「わあっ。先生のセンチメンタルだ」

と、学生たちは、明るく喜んだ。

小山のアジメの家は、私の家と近かったので、なにくれとなく行き来が多かった。旧《きゅう》正月のごちそうや餅《もち》は、小山さんの家でいっしょに作ったりした。

母からきいた井戸事件《いどじけん》がある。私が三歳《さい》のとき、お正月の準備《じゅんび》で、大ぜいのお母さんたちが小山さんの家の土間でごちそうを作っていたという。四、五人の子どもが表で遊んでいた。けんかもしないで仲《なか》よく遊んでいた子どもたちが、蔵《くら》の前の井戸《いど》に行ったのだろう。井戸《いど》は、のぞきこむと顔がうつったり、声を出すとこだましたりするので、禁止《きんし》されていても、チビたちは日ごろからそっとのぞいていた。突然《とつぜん》、子どもたちがいっせいに泣《な》き出《だ》したので、お母さんたちが外に走り出た。キマちゃんが井戸《いど》に落ちたのであった。母はとっさに、両足をふんばっておりていった。土管は地上に出ている部分だけで、下のほうは石で組まれていた。母はそれを足がかりにしたのである。キマちゃんは水面に顔を出して、アップアップしている。お母さんたちの助けで、母と娘《むすめ》は、無事《ぶじ》に引き上げられた。私自身は、これについてなにも記憶《きおく》していない。

母が私にセーターを着せるとき、首がかゆいとか、チクチクさすからいやだとかいって、私がぐずっていると、必ずといっていいほど、井戸《いど》に落っこちた話が出た。

「キマちゃんは、セーターをたくさん着ていたから命びろいしたんよ。沈《しず》まないで、アップアップしたのも、毛糸がウキになったおかげよ。あのとき、着物ぬがせてみたら、肌着《はだぎ》まで水がしみとらんかったけね。毛糸は、すぐに水を吸《す》いこまんけね。ありがたいことじゃった」

といってるうちに、いつもキマちゃんは、ちゃんとセーターを着せられていた。

小山のアジメの家は、いつもにぎやかであった。どんなチビ仲間《なかま》がいたのだろうか。小山さんの息子《むすこ》に「テグナ」という男の子がいたことは、思い出せる。もっともはっきりおぼえているのは、一郎《いちろう》兄さんである。一郎《いちろう》兄さんはチビ仲間《なかま》ではない。そのころ、小学校四、五年生ではなかったかと思う。日本名を岡山《おかやま》と呼《よ》び、朝鮮人《ちょうせんじん》の子どもたちの中では、最年長児《さいねんちょうじ》である。一郎《いちろう》兄さんもときどき小山さんの家に来て、ささ舟《ぶね》を作ったり、おもしろいお話をしてくれたりした。勉強もよくでき、けんかも強いという一郎《いちろう》兄さんを、チビたちは無上《むじょう》の尊敬《そんけい》の目で見、慕《した》った。実際《じっさい》に、本ずきでものすごく物知りな一郎《いちろう》兄さんは、私たちの好奇心《こうきしん》を満たし、知恵《ちえ》の世界をひろげてくれた。東京や大阪、空や海、動物や植物など、いろんなお話をきいたものである。東京女高師《じょこうし》という学校に行くと先生になれることも、一郎《いちろう》兄さんが教えてくれた。

ところで、小山のアジメの家で、このチビたちはどんなことばでしゃべっていたのだろうか。たぶん、朝鮮語《ちょうせんご》と日本語がごちゃまぜになっていたろうと思う。今、アメリカに住んでいる私の姪《めい》たちが、両親と話すとき、韓国語《かんこくご》と英語をまぜて話す。

「マミー、おなかがフルよ。このカルビは、トゥモローのランチまでセイブしてね」

「アンティ、L.A.(ロサンゼルス)にはいつまでステイするの?」

と、私にも話しかける。こんなとき、キマちゃんだったころの無国籍語《むこくせきご》を、あらためて想像《そうぞう》したりするのである。

ともかく、小山のアジメの家は、朝鮮人《ちょうせんじん》チビたちの楽園であった。私は、小山のアジメとその環境《かんきょう》に、かぎりない感謝《かんしゃ》をおぼえる。まず、水と泥《どろ》という、幼児期《ようじき》における、最高の遊具で心ゆくまで遊ばせてもらった点である。私は今、大学で幼児《ようじ》教育学を教えているが、第一に、教育の原理としては、じゅうぶん遊ばせること、第二に、教育環境《かんきょう》として、豊富《ほうふ》な自然素材《そざい》(水や砂《すな》)を与《あた》えることを、強調している。私は幼稚園《ようちえん》には行っていないが、それにひけをとらない、りっぱな成長環境《かんきょう》を与《あた》えられたと思う。たっぷりとした自然に、たくさんの遊び友だちがいた。

ふたつには、少なくともこの時期には、朝鮮人《ちょうせんじん》という異邦人意識《いほうじんいしき》に、悩《なや》まされなかった点である。人格《じんかく》形成期のもっとも柔軟《じゅうなん》な時代に、私はすべてを受け入れてくれる人たちに見守られて、安定し信頼《しんらい》に満ちた自我《じが》をのばすことができた。

三つめに、小山のアジメの家は、我《わ》が家《や》の延長《えんちょう》であったことである。そこには、家庭の温かさと安らぎがあった。もともと朝鮮人《ちょうせんじん》は、民族関係、血縁《けつえん》関係による連帯感が強く、親類づきあいや大家族生活に慣《な》れている。とくに、当時の可部町《かべちょう》に住んでいた少数のよるべない同胞《どうほう》は、小さなことにもお互《たが》いに助け合い、いたわりあった。

小学校にあがる前、キマちゃんだったころ、私の人生は、明るく幸せだった。

現在《げんざい》、小山さんの長屋も、白い壁《かべ》の蔵《くら》も、あるはずはなく、それらしい場所に、見慣《みな》れない家が建っている。

「もしもし、この近所の方ですか？」

一九九一年（平成三年）、可部《かべ》をおとずれた私は、通りがかりのおじいさんに、声をかけた。

「あの、このあたりに、小さい川が流れていたとおぼえているんですが、その川、なくなりましたか？」

「いんや、この道の下が川じゃけな」

おじいさんは、そういって、足元を指さした。

「ああ、そうですか。今も、水がきれいですかねえ」

「そうや。これは農業水じゃけ、どぶ水とは違《ちが》うけな」

老人は、急ぎ足で去った。腰《こし》をかがめて、耳をすました。なにもきこえない。でもたしかに水は流れているのだ。五十数年前、無心《むしん》に遊んだ清らかな水脈が、この地下で、ひそかに流れつづけている。

セメントで固められた地面を見つめていると、ふっと浮《う》かびあがった昔《むかし》のある日。大雨のあがった夏の朝、小さい川の表情《ひょうじょう》は、すっかり変わっていた。土色ににごった水は、地面まであふれ、怒《おこ》ったようにあばれながら流れた。下駄《げた》や棒《ぼう》きれをのんだり吐《は》いたりしている。腹《はら》をひっくりかえした蛙《かえる》もいた。川は、浮《う》いたり沈《しず》んだりするがらくたを、ひっきりなしに流した。その朝、チビたちは、しゃべることを忘《わす》れて、いつまでも川べりに立っていた。川水は、ときどき、ゴボゴボ、ゴックン、ゴックン、音を出した。遠い日のことである。

このセメントの下の川に、私が過《す》ぎてきた幼《おさな》い姿《すがた》の幾《いく》コマかが、秘《ひ》められている。頑是《がんぜ》ないその映像《えいぞう》が、夢《ゆめ》のように遠いところから、ひしひしと身近にせまってきたとき、私はいいしれない感動に包まれた。それは、永遠《えいえん》なる母性《ぼせい》の地に対して抱《いだ》く、温かくて甘美《かんび》な感動であった。

82ページ　皇民化《こうみんか》――日本が植民地の人々を支配《しはい》する際《さい》にとった、民族独自《どくじ》の言語や宗《しゅう》教《きょう》、風俗《ふうぞく》などを否定《ひてい》して、天皇《てんのう》のもとにある日本臣民にしようとする政策《せいさく》。

梅林《ばいりん》

梅林《ばいりん》は、可部線《かべせん》の横川と可部《かべ》駅の中ほどにある。読んで字のごとく、そのころは、梅《うめ》の木《き》がたくさんあったところだったのだと思う。私は、そこに、小学校一年生のとき、たった一度行ったことがある。

私が小学校に入学したばかりのある日、母は梅林《ばいりん》に行く、といいだした。梅《うめ》はとっくに過《す》ぎたし、桜《さくら》も終わったころだった。梅林《ばいりん》に行って、〝フェチ〟をするそうだ。フェチがなになのか知らないが、うきうきしている母のようすは、なにかいいことを期待させるものがあった。

「お母さん、わたしも行くう」

「そうやね。日曜日だし、小山さんちも行くからね。キマちゃん、いっしょに行って、ミエちゃん見てや」

「うん」

案外、簡単《かんたん》に同行がゆるされた。

その朝、いろんなごちそうを重箱《じゅうばこ》に詰《つ》めて、母と私とミエちゃんは、電車に乗って梅林《ばいりん》に行った。小山のアジメも、可部町《かべちょう》のおばさんたちも、晴れやかななりをして先に来ていた。女の人ばかりである。子ども連れも多かった。女の人たちは、きれいなチマチョゴリを着ている。駅の待合室は、ときならぬ朝鮮人《ちょうせんじん》で、たちまち満員になった。しばらくして、男の人が、四、五人来た。その人たちは、タイコみたいなものを肩《かた》にしょっていた。男の人を先頭に、みんな三々五々歩き出した。朝鮮語《ちょうせんご》で、ワイワイ騒《さわ》ぎながら歩くので、行きがかりの人が、立ち止まったりふりかえったりする。私は、ミエちゃんの手をとって、この行列の後ろのほうからついていった。

フェチの場所は、私の記憶《きおく》では、駅からそんなに遠くなかったようである。だから、ミエちゃんが、おんぶをねだらないで歩いたと思える。そこは、林の中ではなかった。おべんとうは、明るい太陽がふりそそぐ、なんのかげりもない大地の上で、くりひろげられた。私の脳裏《のうり》には、その日の記憶《きおく》が、カラー写真のような鮮明《せんめい》さで、焼きついている。

さて、フェチとはなんであるか。このごろになって、私は、思い出したように、人にきいてみた。ソウルの人たちは、ほとんどきいたことがないといった。母が慶尚北道《キョンサンプクド》の出身だから、地方なまりか、もしくは、地方行事や祭りみたいなものかもしれないと思って、慶尚道《キョンサンド》の人たちにもきいてみた。やはり、たしかめられなかった。慶尚道《キョンサンド》農村出身の年寄《としよ》りにきいてみたら、農家の女性《じょせい》が、一年に一度、踊《おど》りや歌で気ばらしをするのがフェチだ、と答えてくれた。

私は、民俗学《みんぞくがく》の事典を引いてみた。フェチは「集まって遊びに行くこと」だと書いてある。解説《かいせつ》には「春、苗代《なわしろ》を作ったあと、農繁期《のうはんき》までのあいだ、ちょっとひまを作って、小作人たちが遊び集うこと」また、「婦人《ふじん》たちが、景色のいいところで、野遊びをすること。花見遊びの一種」と書いてある。このとき、仮面舞《かめんま》いや、農楽*（チャング、太鼓《たいこ》、銅鑼《どら》、鉦《かね》）の歌舞《かぶ》で興《きょう》ずることもあるという。

私には、場所や食べ物の記憶《きおく》は、ほとんど残っていない。というのは、フェチが、あまりにも強烈《きょうれつ》な印象を与《あた》えたからだと思う。ただ、水が近くにあったから、太田川の川べりではなかったか、と思うだけである。

男の人たちは、楽士として呼《よ》ばれたのであった。チャング、太鼓《たいこ》、銅鑼《どら》、鉦《かね》がそろった。鉦《かね》が、けたたましくなりひびき、チャングのはずんだ音が応《こた》えた。太鼓《たいこ》も銅鑼《どら》も相興《あいきょう》じた。

女の人たちは、踊《おど》り出《だ》した。私の知らない人もたくさんいる。両手を横にひろげて、肩《かた》をうきうきさせながら踊《おど》る。歌もうたった。ひとりが先唱すると、あとはみんなで「ケジナ　チンチング　ナアネ*」と、合唱するのである。風が吹《ふ》くと、色とりどりのチョゴリのひもが、天女の羽衣《はごろも》のようにひらひらなびいた。子どもたちは、ひとりでに見物人になった。飴《あめ》をしゃぶったり、お菓子《かし》を食べたりしながら見ていた。人通りの少ない場所だったが、ときどき、日本人も足を止めて見物した。

声のよく通る女声が音頭をとりはじめた。おや、と思ったら、やっぱり母だった。母の先唱に応《こた》えて、「ケジナ　ナンチング　ナアネ」がくりかえしくりかえし唱和された。母が歌がすきな

HD

のは、知っていたが、子ども心にも、その日の母の歌はうまいと思った。心の琴線《きんせん》をふるわせるような歌い方であった。母は声がかれるほど歌いまくった。「アリラン」*も「トラジ」*も。男の人たちも、チャングや太鼓《たいこ》をくるったようにたたいた。吐《は》き出《だ》すような熱情《ねつじょう》が、晴れた天空に果《は》てしなくひろがった。

目をつぶって、踊《おど》っている人もいた。なんと真摯《しんし》な無我《むが》の境《きょう》なのか。子どもの私たちにまで、魂《たましい》が乗りうつってくるようだった。そうぞうしいまでに、にぎやかな囃子《はやし》。チョッタ、チョッタ（楽しい、楽しい）。でも、なぜか、私は、楽しいというより悲しい気持ちを味わった。母は、絶叫《ぜっきょう》に近い声で歌った。私には、母の悲しい気持ちが、伝わってくるようで、胸《むね》が熱くなった。母の顔は、ぼうっと上気していたが、その顔は、けっしてうれしいときの顔ではなかったことを、私ははっきりおぼえている。

三歳《さい》の妹も、よっぽど印象的だったらしく、家に帰ってからもずっと、ケジナ　チンチング　ケジナ　チンチング、といって、両手をひろげ、踊《おど》るまねをした。そんなある日、

「お母さん、いつ、また、フェチするの？」

ときいたら、

「もうせんよ。警察《けいさつ》から、文句いうてきたからね」

と、淋《さび》しそうに答えた。

フェチについて調べていたとき、図書館で、金素雲《キムソウン》訳編《やくへん》の『朝鮮童謡選《ちようせんどうようせん》』(岩波書店)を発見し、私は、ケジナ　チンチングの慶尚北道篇《キヨンサンブクドへん》を書きとった。

夜空にゃ　星の数
　ケジラング　チングチ　ノーネ。
海辺にゃ　砂《すな》の数
　ケジラング　チングチ　ノーネ。
松原《まつばら》にゃ　松毬《かさ》の数
　ケジラング　チングチ　ノーネ。
竹叢《たけむら》にゃ　節の数
　ケジラング　チングチ　ノーネ。
モスム(作男)たちの　遊んだあと
草履《ぞうり》落ちてないか
　ケジラング　チングチ　ノーネ。
娘《むすめ》たちの　遊んだあと
テンギ(髪先《かみさき》の飾《かざ》りリボン)落ちてないか
　ケジラング　チングチ　ノーネ。

爺《じい》さんの　休んだあと
煙管《きせる》落ちてないか
　ケジラング　チングチ　ノーネ。
婆《ばあ》さんの　休んだあと
目拭《めふ》き落ちてないか
　ケジラング　チングチ　ノーネ。

幼《おさな》いころ、ただ一度行ったことのある梅林《ばいりん》に、なぜ私は、かくも強く惹《ひ》かれるのか。梅林《ばいりん》。そこは、私にとって、ケジナ　チンチングの町である。その昔《むかし》、私の母が、朝鮮人《ちょうせんじん》の熱い魂《たましい》を、歌と踊《おど》りに発散させた町である。最近も韓国《かんこく》では、豊年祭《ほうねんまつ》りや四季折々の祝祭《しゅくさい》に、ケジナ　チンチングが舞《ま》われる。チャング、太鼓《たいこ》、銅鑼《どら》、鉦《かね》の音が鳴りひびくと、私の胸《むね》はいいしれない感激《かんげき》におおわれ、かすかに血が湧《わ》きたつのをおぼえる。そして、肺腑《はいふ》をつらぬくような母の歌声が、よみがえるのである。

ああ、ケジナ　チンチング　ナアネ。
ああ、アリラン、アリラン、アラリヨ。

一九九一年（平成三年）、可部《かべ》をふたたび訪《たず》ねたときの帰り、私は、可部線《かべせん》の梅林《ばいりん》駅で降《お》りた。

駅の待合室で、とある男の人にきくと、今は梅《うめ》の花見をするような梅林《ばいりん》など、なくなったそうである。

90ページ　農楽——村の祭りや農耕儀礼《のうこうぎれい》の際《さい》に行う踊《おど》りと音楽。農楽隊は二十名ほどで編成《へんせい》され、農村娯楽《ごらく》の中心である。地方出身者の多いソウルにはノリマダンとよばれる施設《しせつ》があり、いろいろなグループが農楽を演《えん》ずるが、見物の老人がつられて農楽に入《はい》り込《こ》んで踊《おど》り興《きょう》じたりするなど、韓国人《かんこくじん》の心を心底からゆさぶる。チャングは日本の鼓《つづみ》を大型にした形をした太鼓《たいこ》で、左右の太鼓《たいこ》をたくみに踊《おど》り打《う》ち、農楽をもりたてる。

〃　ケジナ　チンチング　ナアネ——音頭につれて、にぎやかに唱和するはやしことば。「ケジラング　チングチ　ノーネ」「カジヤングア　チングチ　ナンへ」等がある。

92ページ　「アリラン」「トラジ」——世界的に知られた韓国《かんこく》の二大民謡《みんよう》。アリランの意味は不明だが、韓国各地《かんこくかくち》にいろいろなアリランの歌があり、民族と民衆《みんしゅう》の生活感情《かんじょう》を表現《ひょうげん》している。トラジは明快な三拍子《びょうし》のリズムが感情《かんじょう》をかきたてる民謡《みんよう》で、トラジとはキキョウを意味する。秋に白い花を咲《さ》かせ、ゴボウのようなその根は韓国人《かんこくじん》のすきな食べ物のひとつである。

新しい家

　父と母は、私が小学校にあがる前の一九三六年（昭和十一年）、可部町《かべちょう》六一四番地に新しい家を建て、引《ひ》っ越《こ》しをした。実は、この新しい家を建てたところを私は二度も訪《たず》ねている。一度目は一九八三年（昭和五十八年）十月、たまたま広島大学教育研究会のセミナーに参加した折、日曜日、観光スケジュールをはずれて、私は、ひとり可部《かべ》に行った。

　広島の横川駅から可部線《かべせん》の電車に乗った。電車は、がたがたで古ぼけている。床《ゆか》は板敷《いたじ》きで、その床《ゆか》の前部と後部のまん中に、二本の柱のようなつかまり棒《ぼう》が立っている。これは昔《むかし》のままでなつかしい。席はたくさんあいていたが、私は、棒《ぼう》につかまって立った。駅員が車内を通りすぎるとき、

「古い電車ですねえ」

　といったら、

「もうじき、廃車《はいしゃ》になりますよ」

　と行きすぎた。ガタンと発車。床板《ゆかいた》のすきまから、線路のまくら木が飛び去るのを見ていると、めまいがする。三滝《みたき》、最初の駅に止まった。おぼえのある駅名だ。次々と駅が来る。下祇園《しもぎおん》、古《ふる》

市橋《いちばし》、ああ梅林《ばいりん》か。なつかしさがこみあげてくる。しかし、車窓《しゃそう》から見える風景は、まったく知らない土地だ。二十分ほどで可部《かべ》駅下車。

駅前の広場には、自転車がびっしり並《なら》んでいる。ここが可部《かべ》駅だろうか。ぜんぜん見おぼえがない。途方《とほう》にくれて目を上げると、低い山の稜線《りょうせん》が、前方にひろがった。後ろをふりむくと、駅の裏側《うらがわ》には、おむすびのような三角形の山がどっしりすわっている。ああ、阿武山《あぶやま》だ。あの山には、たしかな見おぼえがある。ここが可部《かべ》にまちがいない。ほっと安堵《あんど》の息を吐《は》く。

空車のタクシーが一台、広場にすべりこんできた。

「すみませんが、お寺まで行ってください」

「お寺？　どこのお寺ですか？」

「えっ、お寺がいくつもあるんですか？」

「可部町内《かべちょうない》に、三つもあるけね」

「じゃ、私の行きたいお寺に着くまで、どこからでもいいから、とにかくお寺に行ってください」

「かしこまりました。お墓参《はかまい》りですか？」

運転手さんは、バックミラーをちらっと見ながら、ハンドルを回した。

「ええ」

あいまいな返事をして、車外の家並《やな》みを見る。最近は、わらぶき屋根などないらしい。一軒《けん》も見あたらない。

「着きましたよ」

「ちょっと待ってくださいね。すぐ見てきますから」

急いで境内《けいだい》をのぞいたが、違《ちが》う。

「すみません。ほかのお寺に行ってください」

次のお寺も見おぼえがない。幼《おさな》いころ、可部町《かべちょう》の私の家の近くに、お寺があったという記憶《きおく》から、とにかくお寺さがしを始めたのである。

「はい、ここが最後のお寺じゃけね」

「そうですか。ありがとうございます」

いちおう、タクシー代を払《はら》って降《お》りた。境内《けいだい》にひと足踏《ふ》み入《い》れるや、思わず声を出した。

「ここだ」

本堂の左前に、梵鐘《ぼんしょう》がある。古い鐘楼《しょうろう》は、すこし傾《かたむ》いて、柱も朽《く》ちている。右側には、柵《さく》をめぐらした池の中の石をつみあげた所に、親鸞上人《しんらんしょうにん》が昔《むかし》ながらの姿《すがた》で立っている。ぐるっと境内《けいだい》を見回す。なんとせまいことか。イギリスの詩人ワーズワースのことばが思い出される。子どものころ、ひろびろとしていた野原が、大人になって行ってみると、ちっぽけなあき地だったという。境内《けいだい》に乗用車が三台も駐車《ちゅうしゃ》しているので、もっとせまく見える。五、六人の男の子が、サッカーボールをけっている。

「この境内《けいだい》に、ギンナンの木があったのに、なくなったんよねえ」

と、ひとりごとのようにつぶやいたら、すぐそばにいた男の子が、

「あれだよ」

と、指さした。太い幹《みき》だけを残して、枝《えだ》は切りはらわれている。

親鸞上人《しんらんしょうにん》のそばを通って、北側の門から出た。「品窮寺《ほんぐうじ》」という、看板《かんばん》が目についた。ああ、そうだ。そうそう、ほんぐうじだったっけ。どうして、こんなにきれいに忘《わす》れていたんだろう。

北門からは、磁石《じしゃく》に引かれるように、足が進んだ。右手に精米所《せいまいじょ》があって、左手には棺屋《かんや》、精米《せいまい》所《じょ》の続きは砂原《すなはら》さんの家、その向かい側は桑畑《くわばたけ》、桑畑《くわばたけ》の奥《おく》に私の家。頭の中の地図をたどって、足早に歩いた。だが、精米所《せいまいじょ》も棺屋《かんや》もない。もちろん桑畑《くわばたけ》などない。見知らぬ家の軒《のき》が続いている。

しかし、ようやく見つかった。砂原《すなはら》さんの家があった。大きな二階建ての家。子どものころ、お城《しろ》のような家だと思ったが、それほどでもない。でも、旧家《きゅうか》らしく、どっしりした構《かま》えだ。二階の前と横に窓《まど》がある。どの窓《まど》が親しかった明子さんの部屋だったのかな。表札《ひょうさつ》には、「砂原進《すなはらすすむ》」と書いてある。やっぱり今も砂原《すなはら》さんのお宅《たく》らしい。バッグからカメラを出して、シャッターを押《お》した。パチッ、パチッ。そのとき、玄関《げんかん》があいた。

「だれですか？　なぜ、人の家の写真をとるんですか？」

太った男の人が、とがめるようにいった。

「あのう、この家に明子さんという人は、いませんか？」

「僕《ぼく》の妹ですよ。お嫁《よめ》に行ったから、ここにはいないけど。ところで、あなたは？」

「昔、この前のほうに、金村という韓国人《かんこくじん》が、住んでいましたが、おぼえていらっしゃいますか？　私は、そこに住んでいた者ですが」

私は、向かい側のほうを指さしながら話した。

「さあ、知らんね。韓国《かんこく》の人だったら、今もそこに住んでいますよ」

「ああ、そうですか」

砂原《すなはら》さんは、前に立って、路地のほうに歩き出した。

「ほら、ここですよ」

「ありがとうございました」

私は、モダンな二階建てのその家を、しげしげ見入った。そして、「岡山貞雄《おかやまさだお》」という表札を、何度も読みかえした。岡山《おかやま》？　私は、日本名を岡山《おかやま》と名乗った同胞《どうほう》を知っている。岡山《おかやま》さんには、子どもが三人いて、その名前を、一郎《いちろう》、二郎《じろう》、花子といった。一郎《いちろう》さんと二郎《じろう》さんは、年上で、花子さんは私より年下だった。岡山《おかやま》さんの家のお父さんと私の父は、慶尚北道星州《キョンサンブクドソンジュ》の同郷人《どうきょうじん》で、職場《しょくば》もいっしょだった。母親同士も親しかった。幼《おさな》いころ、私は、一郎《いちろう》兄さんを「おおきいオッパ（兄さん）」、二郎《じろう》兄さんを「コマい（小さい）オッパ」と呼《よ》んだ。可部《かべ》を発《た》ったあと五十年近くずっと会っていない人たち。しばらくのあいだ、あれこれ思いをはせて、玄関《げんかん》のベルを押《お》した。

「はあい」

若《わか》い女性《じょせい》が出てきた。

「突然《とつぜん》失礼ですが、韓国人《かんこくじん》のお宅《たく》ときいたので。実は、私も韓国人《かんこくじん》で、もと、この場所に住んでいた者です。お宅《たく》は、いつごろから、この家にお住まいですか？」

目をまるくしていた娘《むすめ》さんが、いった。

「私ら父の世代からずっとですが」

「それでは、岡山一郎《おかやまいちろう》、二郎《じろう》、花子という、兄弟のいる岡山《おかやま》さんとは、親戚《しんせき》でしょうか？」

「私の父が二郎《じろう》ですが、今は、貞雄《さだお》と改名しています」

「やっぱり、そうですか。私はあなたのお父さんを、知っています。今、どこにおいでですか？」

「母といっしょに、東京に行っていますが、今日は、帰りますので、ともかく、どうぞおあがりください」

家の内部は、きれいで、念の入った内装《ないそう》がしてあった。家族は、娘《むすめ》ふたりと息子《むすこ》ひとりで、合わせて五人だそうだ。しばらくしてもうひとりの娘《むすめ》さんが帰宅《きたく》した。私はふたりの娘《むすめ》さんと話し込《こ》んだ。

娘《むすめ》さんたちの話によると、私たちが可部《かべ》を発《た》ったとき、ボロ買いをしていた朝鮮人《ちょうせんじん》の吉田《よしだ》さんにゆずったこの家を、戦後岡山《おかやま》さんが買いとって、新しい家に建て直したということになる。

私の父が、可部町《かべちょう》六一四番地のこの土地に初めて家を建てたのは、もう半世紀も前のことだ。二間だけの小さな家であった。

ある日、父と私は、裏《うら》の井戸《いど》のそばに立っていた。

「キマ、この裏庭《うらにわ》に部屋を二間ほど建《た》て増《ま》ししたら、ひとつはキマの勉強部屋にするけな。そんとき、屋根もかわらにふきかえんとなあ」

口数の少ない父が、この日は、とてもたくさん話したように思う。建《た》て増《ま》しをするため、しんぼうするけな、なんども誓《ちか》うようにいった。しかし、私たちは、その地を去った。父の果《は》たせぬ夢《ゆめ》に心残りを置いたまま。

その小さな家が、五十年の歳月《さいげつ》を通して、同胞《どうほう》に受《う》け継《つ》がれ、父と同郷人《どうきょうじん》の息子《むすこ》によって、りっぱに新築《しんちく》されたことは、大きな感激《かんげき》であった。

一九九一年（平成三年）に可部《かべ》を再訪《さいほう》したときは、駅からまっすぐ新しい家のほうに行ってみたが、岡山《おかやま》さんは転居《てんきょ》していた。路地で会った隣家《りんか》の奥《おく》さんによると、今は、日本人のある大学教授《きょうじゅ》が、住んでいるとのことである。

さて、小学校にあがる前の幼児《ようじ》であったが、私は、この新しい家に引《ひ》っ越《こ》した日のことを、とてもよくおぼえている。畳《たたみ》のにおいが強かった。前の家のかびくささとは違《ちが》う、いかにも新しいにおいだった。

母は、小走りに走りまわって、家財《かざい》道具をふいたり洗《あら》ったりしている。父は、金づちで棚《たな》の釘《くぎ》を打ったり、木の扉《とびら》に錠前《じょうまえ》をとりつけたりした。父も母も、晴ればれとした顔で、いそいそしていた。六畳《じょう》と四畳半《じょうはん》の二間しかないちっぽけな家。屋根は塗装《とそう》もしていないピカピカのトタン張《ば》り、玄関《げんかん》もない家。しかし、父と母にとっては、かけがえのない宝《たから》のような家だった。彼《かれ》らが初めて持った自分の家である。

父と母が結婚《けっこん》したのは、一九二九年（昭和四年）である。折から世界は経済恐慌《けいざいきょうこう》のまっただ中にあり、日本国内も失業者があふれ、不景気にあえいでいた。そんな時期に、父は鋳物《いもの》工場で、幸いくびにもならず働けたし、母も手あたりしだい、どんな仕事もいとわなかった。衣食生活を最低限《さいていげん》にきりつめて、ふたりは、建築費《けんちくひ》を貯《た》めたのである。太平洋戦争中、私たち子どもらは「欲《ほ》しがりません、勝つまでは」というスローガンで、禁欲《きんよく》を強要されたおぼえがあるが、当時の父と母も、家を持つまで、すべての欲望《よくぼう》をおさえたのであろう。ようやく、ささやかな土地を買い、家を建てたときの感激《かんげき》は、どれほど大きかったことか。子どもの私にも、新しい家に移《うつ》った日の満ちたりた両親の興奮《こうふん》が、はっきり感じられた。

その日、父は玄関《げんかん》がわりの木の扉《とびら》の鴨居《かもい》に、「李成煥《イソンファン》」と書いた表札《ひょうさつ》をとりつけた。下祇園《しもぎおん》のハラボジが、新居祝《しんきょいわ》いに贈《おく》ってくれたものである。小さい家には過分《かぶん》なほど、達筆でりっぱな表《ひょう》札《さつ》だった。ところが数日後、この表札《ひょうさつ》は、鴨居《かもい》の外側から内側につけかえられた。私たちは、その後もいろんな家に住むことになったが、この表札《ひょうさつ》は、ずっと玄関《げんかん》の内側にとりつけられた。父は「金村一郎《いちろう》」という日本名を持っていたが、その名前で表札《ひょうさつ》がつけられたことは一度もなかった。私の家の表玄関《おもてげんかん》には、いつも、所番地を書いただけのそまつな木札《きふだ》が、ひとつぶらさがっていた。

新しい家に移《うつ》って、私がもっとも大きな変化を感じたのは、屋根であった。薄《うす》っぺらのトタン屋根だったので、夏は一段《いちだん》と暑く、冬は寒かったと思うが、その点はあまり気にならなかった。私の関心を引きよせたのは、トタンにひびく雨の音であった。六二〇番地の前の家では、雨が降《ふ》り出《だ》してもよっぽど大雨でないと、家の中ではよくわからない。くさりかけたわら屋根にしみこんだ雨がしずくになって軒《のき》からしたたるころ、ようやく雨の気配が伝わる。ところがトタン屋根は、ぱらぱら落ちはじめたときから、降《ふ》りあしの変わりようまで、手にとるようにわかるのである。小降《こぶ》り、大降《おおぶ》り、細い雨、太い雨、みぞれ、あられなどが、弱く、強く、楽しく、おもしろく、いろいろな音できききわけられる。トタン屋根を激《はげ》しくたたく雨の音で、夜中に目がさめたこともある。あられのときは、小人がダンスをしてるようで楽しかった。人目には安っぽくみすぼらしかったかもしれないが、子どもの私には、トタン屋根はとても楽しい音の魔術師《まじゅつし》だった。

家の中の家具も、その貧弱《ひんじゃく》さはトタン屋根とあまり変わらない。六畳《じょう》には、タンスと鏡台、四畳半《じょうはん》には、火鉢《ひばち》と飯台しかなかった。おしいれには、ふとんといくつかの行李《こうり》が収《おさ》めてあるだけ。

土間がせまいので、風呂釜《ふろがま》は外の納屋《なや》にすえた。父は、この納屋《なや》のある裏《うら》のあき地の場所に、建《た》て増《ま》しするつもりだった。

ところで、その貧弱《ひんじゃく》な家具に、私は一種の強い愛着を持っている。私が大きくなるにつれ、我《わ》が家《や》の家具調度もいろいろととのえられ、体裁《ていさい》もよくなったが、どういうわけか、可部町《かべちょう》の新居《しんきょ》のそまつな家具への親しみが、忘《わす》れられないのである。

引き出しの多いタンスは、小学校一年生の私が背《せ》のびして一番上の小さい引き出しをあけることができたから、あまり大きいタンスではなかったように思う。その小さい引き出しには、母の宝物《たからもの》が入っていた。よれよれに古びた朝鮮紙《ちょうせんし》*に包まれた小さい花靴《はなぐつ》である。コムシンと同じように舟《ふね》の形をしたはきものであるが、底が皮で打たれた、花ししゅうのある絹《きぬ》ばりの靴《くつ》である。人形の靴《くつ》かと思われるほど小さく、三歳《さい》ごろのミエちゃんにそっとはかせてみたら、足がはみでてだめだった。絹《きぬ》の色はあせていたが、花ししゅうは美しかった。母が小さいときはいた靴《くつ》だときいたように思う。十三歳《さい》の少女が、日本に来るとき、小さい包みの中にそっと入れてきたのであろう。ときどき母は、花靴《はなぐつ》をとりだしてやさしい目で見入っていた。私と妹は、母の留守《るす》にそれをそっと出して鑑賞《かんしょう》し、もとどおりに入れておく秘密《ひみつ》を楽しんだ。背《せ》のびして、手さぐりで朝鮮《ちょうせん》紙《し》の包みをさがした、甘《あま》い感触《かんしょく》を忘《わす》れることができない。

母の鏡台には、のれんに似《に》た、ししゅうのある鏡かけがかけてあった。母は髪《かみ》をとくとき、その鏡かけをパッと後ろのほうにめくった。ふたつの引き出しには、くしが入っているだけ。私た

クラブ
クリーム
CLUB CREAM
HO

ちが新しい家に住んだころ、母はまだ三十前だった。若《わか》かった母に、どうして化粧品《けしょうひん》がひとつもなかったのか。それは、お金の問題ではなかったように思う。

新しい家に引《ひ》っ越《こ》してまもないある日の夕方、父の前に妹がひとつのびんをさしだした。半透明《はんとうめい》のたまご型のガラスびんには、牛乳色《ぎゅうにゅういろ》の液体《えきたい》が入っていた。ふたのつまみが、うさぎの耳のように長い、かわいい入れ物だった。母がどこかにかくしておいた水おしろいを、妹が持ち出したのだ。その日、父と母は争った。父はびんを庭に投げつけた。白いどろっとした液体《えきたい》がこぼれ、ガラスびんは無残《むざん》にこわれた。それまで母は、ときどき薄化粧《うすげしょう》をしたが、その日以来、化粧《けしょう》をしたことがない。鏡台の上には、女の人の顔が描いてあるクラブクリームというクリームがひとつだけ置いてあった。風呂《ふろ》からあがったとき、母と私と妹が共同で使う、我《わ》が家《や》の唯一《ゆいいつ》の化粧品《けしょうひん》である。

私の家には、家の大きさににあわないほど大きな火鉢《ひばち》があった。茶色の瀬戸物製《せともせい》である。この火鉢《ひばち》は、暖房《だんぼう》、調理、作業用にと、重宝《ちょうほう》に使われた。

母が働いているので、夕飯は夏も冬もおそくなりがちであった。早寝《はやね》のミエちゃんは、待ちきれないで眠《ねむ》ってしまうか、箸《はし》をにぎったままコロン、と横になって眠《ねむ》るときもあった。私はせわしく動く母のそばにくっついて、ごはんのできあがりをよく見ていた。燃《も》えかけの薪《まき》を水がめにさしこんで、ジュジュジュッと消すのもなかなかおもしろい。夏は、ふたのある壺《つぼ》に、消し炭をたくさん作った。冬になると、かまどの火の中にボールのような夕ドンを入れる。我《わ》が家《や》のこたつは、五十センチぐらいの高さの黒い焼き物で、石灯籠《いしどうろう》の燭台《しょくだい》の形をしていた。箱型《はこがた》のこたつの外面はつるつるで、いっぽうの口から重箱《じゅうばこ》のような火箱《ひばこ》が出入りするようになっている。まっかに燃《も》えついたタドンを重箱《じゅうばこ》の灰《はい》の中に埋《う》めて、灯籠《とうろう》の入口から収《おさ》める。そのこたつは、敷《し》きぶとんの上のざぶとんにのせて、上からかけぶとんをかぶせるのである。

母は、かまどの火を大きな十能《じゅうのう》で灰《はい》ごとすくって火鉢《ひばち》に移《うつ》す。火の上に五徳《ごとく》をかけて、煮物《にもの》の鍋《なべ》をかけたり、やかんをかけたりする。父は火鉢《ひばち》の上でぐつぐつ煮《に》えるチゲ（汁《しる》のある煮物《にもの》）がすきだった。のりや餅《もち》を焼いたり、栗《くり》や芋《いも》も焼く。

母は夜おそくまで、編《あ》み物《もの》をしていたが、古い服を編《あ》みかえる仕事もした。そんなとき、ラーメンのようにちぢれた毛糸をのばさないといけない。シュンシュンと沸《わ》いているやかんのふたをとって、その湯気の上を通過《つうか》させると、ちぢれた毛糸はすんなりのびてくれるのである。父と私は糸をのばすのを手伝った。片方《かたほう》から糸がもつれないように送り、反対側では、ゆっくりたぐりよせる作業である。母は、早く寝《ね》なさい、とせかしたが、そんなお手伝いができるのが、私にはとてもうれしかった。

長方形の飯台は、食卓《しょくたく》、作業台、勉強机《づくえ》など便利に使われた。子どものころの私には、その飯台に特別《とくべつ》な思い出がある。

家の前の路地を出たところに、砂原《すなはら》さんの家があった。そこに明子ちゃんという私よりちょっと年下の女の子がいた。明子ちゃんは、可部《かべ》小学校のそばにある幼稚園《ようちえん》に行っていたが、登校の

ときいっしょに行くこともあって、親しくなった。ある日、明子ちゃんが、

「うちに遊びにおいで」

と呼《よ》んだ。そのころは、砂原《すなはら》さんの家が、近所で一ばん大きい家ではなかったかと思う。明子ちゃんは、二階の部屋に案内した。その部屋には大きな窓《まど》があった。窓《まど》からながめる空の色や雲のようすが、私にはものすごく新鮮《しんせん》にうつった。その日、私はつくづくと窓《まど》のある家をうらやましいと思った。

梅雨《つゆ》になって、毎日のようにじめじめした雨が降《ふ》った。家の中でたいくつしきっていた私は、ふと思いついて、飯台を六畳《じょう》の部屋にひっぱってきた。そして裏庭《うらにわ》に面した障子《しょうじ》を半分くらいあけて、横にたおした飯台をもたせかけた。飯台のへりにあごをのせてながめた庭は、すっかり新しく見えた。

「ミエちゃん。こっちおいで。窓《まど》よ窓《まど》。見せてあげるけ、おいで」

飯台のせまい脚《あし》と脚《あし》のあいだに、ふたりはぴったりくっついて、あきもせず、雨景色をながめた。私たちは、雨の降《ふ》る日は、いつも飯台で窓《まど》を作った。天気のいい日には作らなかったように思う。ともかく、その不細工な飯台が、私たち姉妹には、臨時《りんじ》の窓《まど》として、ひそかな喜びを味わわせてくれたのである。

夕食のかたづけがすむと、飯台は、私の勉強机《づくえ》になった。まず、ランドセルの中身をすっぽり飯台の上に引き出す。父は筆箱《ふでばこ》からちびた鉛筆《えんぴつ》をとりだして、ぶきっちょな手つきでけずってく

れる。私の家には、本というものがなかった。だから、教科書が唯一《ゆいいつ》の本である。母に催促《さいそく》されて「国語」の教科書の一ページから読みはじめる。

サイタ　サイタ　サクラガ　サイタ
コイコイ　シロ　コイ
ススメ　ススメ　ヘイタイ　ススメ
オヒサマ　アカイ　アサヒガ　アカイ

「国語」の本は、巻《まき》一と巻《まき》二の二冊《さつ》があって、その中には、シタキリスズメ、ウサギトカメ、シシトネズミ、モモタロウ、サルトカニ、コブトリ、花サカジジイなどのおもしろい話があった。修身《しゅうしん》の本も読んだ。センセイ、トモダチ、ケンカヲスルナ、ウソヲイウナ、オヤヲタイセツニ、キョウダイなどの内容《ないよう》が含《ふく》まれていた。父は、

「日本の学校も、ええことを教えとるのう。三綱五倫《サムカンオリュン》*が、みんな入っとるじゃないか」

と、満足げにたばこをふかした。

毎晩《まいばん》、毎晩《まいばん》、私は同じ教科書を朗々《ろうろう》と読みつづけ、父と母はあきもせず、ほんとうによくきいてくれた。母はときどき編《あ》み針《ばり》の手をやすめて、私の書き取りをのぞいた。

可部町《かべちょう》六一四番地の新しい家は、人目にみすぼらしく、いかにも貧《まず》しげな小さい家だった。し

かし、父と母は、はりきっていた。父は、仕事に行く前、毎朝のように家のまわりを竹ぼうきではき、水をまいた。踏《ふ》み石《いし》も、水を流してきれいに洗《あら》った。そして、口ぐせのように、

「もうちょっと、しんぼう、しんぼうじゃ」

と、くりかえした。

母は、もともとこまめできれいずきなので、部屋と台所のすみずみまで、ピカピカにふきあげた。子どもの私たちも、ふすまや障子《しょうじ》を破《やぶ》かないように用心した。李成煥《イソンファン》と魯玉分《ノオクプン》が築《きず》きあげた家庭に、ようやく安定した生活の根がおりるように見えた。そこには、せまいながらも楽しい我《わ》が家《や》の実感があった。

しかし、私たちはこの家に、二年余《ねんあま》りしか住めなかった。小学校に入学した私の頑固《がんこ》な登校拒《とうこうきょ》否《ひ》のため、両親は、可部《かべ》を去る決心をしたのである。

105ページ

朝鮮紙《ちょうせんし》——楮《こうぞ》は忠清道《チュンチョンド》・全羅道《チョルラド》・慶尚道《キョンサンド》が主産地で、南原《ナムウォン》がとくに有名。朝《ちょう》鮮紙《せんし》は韓紙《かんし》とも呼《よ》ばれ、中国や日本へさかんに輸出《ゆしゅつ》された。生産工程《せいさんこうてい》は和紙に同じ。

110ページ

三綱五倫《サムカンオリュン》——君臣・父子・夫婦《ふうふ》のあいだの上下の秩序《ちつじょ》を三綱《サムカン》という。五倫《オリュン》は父子の親、君臣の義《ぎ》、夫婦《ふうふ》の別、長幼《ちょうよう》の序《じょ》、朋友《ほうゆう》の信の五つ。儒教《じゅきょう》で尊《たっと》ぶ人

の守るべき根本の道。

一年生

お正月

私がキマちゃんだったころ、私には、二通りのお正月があった。ひとつは陽暦《ようれき》のお正月で、学校でもお店でも、このお正月をすごした。だが、私の家を含《ふく》めて朝鮮人《ちょうせんじん》の家庭では、陽暦《ようれき》の正月は日本人の正月だといってかたくこばみ、陰暦《いんれき》の旧《きゅう》正月をすごした。

陽暦《ようれき》の年の暮《く》れになると、可部町《かべちょう》の家々に門松《かどまつ》が立ち、玄関《げんかん》の鴨居《かもい》にはしめかざりがつけられる。大通りの店前には、大きな門松《かどまつ》がどんと据《す》えられた。町中どことなく活気づいてくる。家ごとに餅《もち》つきも始まる。子どもたちは、門松《かどまつ》を見てあるいたり、餅《もち》つきを見まわったりして、せわしくなる。

私も、あちこちの路地を歩きまわったものだ。農家が多い可部町《かべちょう》では、餅《もち》つきが道から見える家が多かった。男の人が威勢《いせい》よく打ちおろす杵《きね》の下で、餅米《もちごめ》のおこわがだんだんきめこまかくやわらかになってくると、縁側《えんがわ》の広い板の上でおばさんたちがまるめる。あんこ餅《もち》を作るおばさん、豆《まめ》をまぜてこねた餅《もち》をひらたくのばしてかき餅《もち》を作るおばさん、紅《あか》と白の大きなそなえ餅《もち》を作って三方《さんぼう》にのせるおばさんもいる。みんな楽しそうに笑《わら》ったり話したりしている。幼《おさな》いころ、こんな餅《もち》つきをあきずにながめたものだ。

夕方、家に帰ってみると、私の家はひっそりしていた。門松《かどまつ》もしめかざりもなく、寒々としている。大海原にポツンと残された小舟《こぶね》のようだった。

お正月の午後になると、学校の新年式から帰ってきた子どもたちが、晴れ着に着替《きが》えて外に出てくる。色あでやかな振《ふ》りそでで、歩くたびにポコポコ鳴るぽっくり、鈴《すず》をつけた下駄《げた》をはいた子もいる。羽子板《はごいた》を大事そうにだきかかえている子もいる。みんな顔も声も、ふだんと違《ちが》ってよそ行きになっている。歩き方だってしとやかだ。だれもかれも、ちょっと気どった幸せな顔をしている。

オモニ（お母さん）も私に、お正月の晴れ着を作ってくれた。毛糸で編《あ》んだうす桃色《ももいろ》のワンピース、同色のパンツ、濃《こ》い桃色《ももいろ》のカーディガン。カーディガンのポケットは花かごのようになっていて、きれいな花がいっぱい編《あ》み込《こ》んである。オモニ自慢《じまん》のデザインだ。

でも、陽暦《ようれき》のお正月は、私にとって淋《さび》しい日だった。振《ふ》りそでやぽっくりがほしくて、みじめな思いだった。オモニは、いくらねだっても買ってくれない。泣《な》いてもだめだった。ポケットに手をつっこんだまま、広場のかたすみに、しょんぼりたたずんでいた幼《おさな》い日の私の姿《すがた》が思《おも》い浮《う》かぶ。

陽暦《ようれき》のお正月が過《す》ぎ、新年らしさがすっかりおさまったころ、旧《きゅう》正月はやってくる。

私が小学校に入る前の旧《きゅう》正月だった。お正月と私の入学祝《にゅうがくいわ》いをかねたパーティーが、私の家でひらかれることになった。人が集まったのは夜で、男のお客さんだけである。可部町《かべちょう》の知り合い

HO

だけでなく、古市橋《ふるいちばし》や下祇園《しもぎおん》からもお客さんが来た。みんな四角ばったあいさつを交わしている。

「過歳《カセ》アンニョンハシムニカ（お正月おめでとうございます）」

「セヘ所願成就《ソウオンソンチ》ハシブシヨ（新年には、願いがすべてかなえられますように）」

お互《たが》いに手をとりあったり、おじぎをしたり、うれしそうな顔である。

「さあさあ、こちらへどうぞ」

アボジ（お父さん）は、上きげんだ。お客さんで部屋がいっぱいになった。こんなことは、めったにない。

「久しぶりじゃのう。お互《たが》い忙《いそが》しいけ、たびたび会われんけなあ。みんな元気か」

部屋のすみに立っていた私にアボジは、

「キマ、早う来て歳拝《セベ》（正月のあいさつ）しんさい」

と、うながした。

みんながいっせいに見ているので、ちょっとはずかしいと思ったが、この日のためにひそかに準備《じゅんび》したおじぎを披露《ひろう》した。オモニが下祇園《しもぎおん》のハラボジにしたように、右の片《かた》ひざを立てながら静かにすわり、両手の指先をななめ後ろ向きにして、両脇《りょうわき》で軽くつき、頭を下げた。チマチョゴリこそ着ていなかったが、優雅《ゆうが》なおじぎができたので、ちょっと得意《とくい》だった。

「いよー、すごいね。どこで習ったんか」

「キマちゃん、もう処女《チョニョ》（娘《むすめ》）じゃないか。お嫁《よめ》に行かせてもええよ」

おじさんたちは手をたたいて笑《わら》った。私は顔を赤くしながら、ひとりひとりのおじさんに歳拝《セベ》をした。そして歳拝《セベ》トン（お年玉）も、たくさんもらった。

「よう大きゅうなったのう。いっぺん死んだ子じゃったけなあ。このごろ、病気せんですか？」

古市橋《ふるいちばし》のおじさんがアボジにきいた。

「幸いに歩き出してからは、丈夫《じょうぶ》になりました」

「もう一年生かよ。よかった、よかった。キマちゃん、よく勉強せえよ。大きくなったらなんになるんか？」

私のほうを向いて、下祇園《しもぎおん》のおじさんがきいた。

「学校の先生」

「そりゃ、けっこうじゃ。でも、うんと勉強せにゃならんよ」

「うん、東京に行く。わたし、東京女高師《じょこうし》に行くんよ」

「やあ、目が高いぞ、李《イ》さん、お金もうけ、しっかりせんといかんですな」

アボジは、自慢《じまん》そうに笑《わら》っている。

おぜんが運ばれた。にんにくがぷうんとにおう汁《しる》、焼き肉、ナムル、キムチ、朝鮮餅《ちょうせんもち》。お酒がつがれた。

「さあさあ、どうぞ」

お互《たが》いにすすめあいながら、楽しい食事だ。

「ところで、アジュモニ（奥《おく》さん）、今年はアドル（男の子）ひとり産んでくださいよ。アジュモニは若《わか》いけど、李《イ》さんは、もう、白髪《しらが》が出始めとりまさあ。ひとつ、がんばってくんさい」

じょうだんずきの朴《パク》さんが、オモニに向かってひょこっと頭を下げたので、みんながどっと笑《わら》いこけた。同胞同士《どうほうどうし》、よもやま話がはずみ、にぎやかな旧《きゅう》正月だった。

名付けの親

私の小学校の入学式まではまだしばらくだったが、その日、おじさんたちから入学祝《いわ》いのプレゼントもたくさんもらった。

食事が終わったころ、オモニがミカンをすすめながら、話を切り出した。

「キマちゃんの入学のことで、この前、役場に行ったら、名前を日本名にするよう、いわれとりますんよ。ハンコもほらんといけん、いいましたよ」

「しょうがないですな。日本の学校にあがらせる以上、いわれるとおりにするほうがええでしょう」

「どういう名にすればいいのか、ちょっと知恵《ちえ》を貸《か》してくんさい。ハンコもいるしねえ」

「ああ、心配せんでええよ。わしんとこ、ハンコがふたつもあるけ、ひとつあげますよ」

すみのほうにいた金村のおじさんがいった。

そのころ、日本に住んでいた朝鮮《ちょうせん》の人たちは、ぼつぼつ日本名に改名しはじめていた。創氏改《そうしかい》名令《めいれい》*は一九三九年（昭和十四年）十一月に発令され、強制的《きょうせいてき》な実施《じっし》は、一九四〇年（昭和十五年）二月十一日を期して強行されたのだから、私が小学校に入る一九三七年（昭和十二年）だと、まだそんなにやかましくない時期だった。でも、日本にいる朝鮮人《ちょうせんじん》は、仕事にありつくため、日本人の気に入るように、早々と改名しだしたのである。

一般《いっぱん》に、金《キム》の姓《せい》は、金村、金本、金田、金城《かねしろ》など、金という字を入れて日本名にする。このように、ふつうは朝鮮姓《ちょうせんせい》を含《ふく》めて改名する傾向《けいこう》があった。たとえば、安《アン》は安田に、高《コウ》は高木に、田《チヨン》は田村に、秋《チュ》は秋山に、というふうに。字を入れない場合、なんらかのかかわりがあるようくふうした。尹《ユン》を伊藤にするとか、朴《パク》を木下にするとか。また、ときには発音をもじって郭《カク》を角山にした人もいる。南《ナム》、林《イム》、柳《ユ》の姓《せい》は、そのまま日本語読みにすることで通れたから運がよかった。

しかし、李《イ》が金村になるのは、よっぽど例外のことである。

「ええじゃないですか。どうせ、わしらのほんまの名前じゃないですけ」

という意見に傾《かたむ》いた。

「ちょうどポケットにハンコが入っとりましたけ、今あげますよ」

金村さんが、木ぼりのハンコをオモニに渡《わた》した。

「やあ、金村さん、そいじゃキマちゃんを養女にしたのとおんなじじゃ。正月早々大吉《だいきち》じゃないか」

と、だれかがいったので、金村のおじさんがうれしそうに私の頭をなでた。とにかく、こんないきさつで、我《わ》が家《や》の日本名は金村になった。

「名字だけじゃ困《こま》りますけ、ついでに名も付けたほうが、ええじゃないですか?」

金村さんの提案《ていあん》にみんな賛成《さんせい》した。

「花子にしとけ」

と、だれかがいった。

「本人が決めたら、いちばんええんじゃないですか？」

また、金村さんの提案《ていあん》だ。

「そうじゃのう。キマちゃん、こっちへ来んさい」

アボジが呼《よ》んだ。

「今、きいたじゃろう。金村の下に付ける名は、自分ですきなように付けんさい」

私はめんくらった。急にそういわれても、どうしていいかわからない。ひょうきん者の朴《パク》さんが手を上げた。

「いいかい。キマちゃん、今から日本の名を呼《よ》んであげるけ、すきなのをとりんさい。はい、ハナコ、キミコ、サダコ、ハルコ、ナツコ、アキコ。さあさあ、よりどりじゃ。お金はとらん。ただじゃ、ただ。次、行くよ」

朴《パク》さんは、夜店の売り子さんのように、手を打って拍子《ひょうし》をとりながら、ありったけの名を呼《よ》びあげた。その晩《ばん》、私が選んだのは、ヒロコだった。

金村ヒロコ。これが、私の日本名になった。

「李《イ》さん、キマちゃんだけ日本名じゃ、キマちゃんがかわいそうですな。親なし子でもあるまいし」
そこで家族みんなの名を付けることになった。おじさんたちのすすめで私が名付け親になった。
「お父さんは、一郎《いちろう》」
「いよう！　李《イ》さん、孝行娘《こうこうむすめ》をおいたもんですな。あんたは次男じゃったけ、本来なら二郎《じろう》になる番よ。娘《むすめ》のおかげで長男の名前がお授《さず》かりだ。めでたし、めでたし」
どっと笑《わら》い声《ごえ》があがった。
「お母さんは、静《しず》」
「やあ、よういうたもんよ。これで李《イ》さんの家も静かにおさまるよ」
朴《パク》さんのことばに拍手《はくしゅ》かっさいだ。妹はとっくに眠《ねむ》っていたが、ミエコというかわいい名にしてあげた。
和気あいあい。旧《きゅう》正月の夜はふけた。
金村一郎《いちろう》
金村静《しず》
金村ヒロコ
金村ミエコ
このようにして、金村一家が誕生《たんじょう》したのである。

120ページ

創氏改名令《そうしかいめいれい》——朝鮮総督府制令《ちようせんそうとくふせいれい》第十九号による朝鮮民事令《ちようせんみんじれい》十一条《じよう》の改正、および制令《せいれい》第二十号「朝鮮人《ちようせんじん》ノ氏名ニ関スル件《けん》」のこと。朝鮮固有《ちようせんこゆう》の姓《せい》を日本式の名字に変えさせ、天皇《てんのう》を頂点《ちようてん》とした家父長制《かふちようせい》に組《く》み込《こ》もうとした政策《せいさく》をいう。それまでは夫婦別姓《ふうふべっせい》であったが、日本式に妻《つま》も夫の日本名を使うこととなった。

あほう、ばか、まぬけ

四月。とうとう入学式の日が来た。私の胸《むね》は、もう何日も前からわくわくしていた。こわい先生だったら、どうしよう。勉強はむつかしいかな？　ちゃんとできるかしら？　不安と期待が交《こう》錯《さく》する日々であった。

入学式の日、学校まで、だれと行ったのだろうか。全然おぼえがない。オモニは、その日も朝早くから仕事に行った。私は、オモニがいっしょに行けないことを苦にはしなかった。そのころは、親が学校に行くことはめったにないことだったからだ。とくに、朝鮮人《ちょうせんじん》の親はことばもよくしゃべれないから、学校から呼《よ》びつけられないかぎり、入学も卒業も子どもにまかせきりだった。

学校に着いてみると、案外、親たちもたくさん来ていた。一年生はすぐわかる。どの子も左側の胸《むね》に、白いハンカチをピンでとめていた。べつに、ハナたれでない子も、当時は胸《むね》にハンカチをつける習わしがあった。私も、ちゃんと新しいハンカチをつけていた。

まず、運動場で並《なら》んだ。女の先生が来た。先生は、背《せ》の順に並《なら》ばせるため、後ろの子を前に立たせたり、前の子をずっと後ろに連れていったりした。何度も後ろに行ったり、前に行ったりして、ようやく列ができた。男一列女一列の長い二列である。私はずっと後ろのほうに立たせられた。

先生は帳簿《ちょうぼ》をひらいて、名前を呼《よ》びはじめた。

「〇〇〇さん」

「はい」

「〇〇〇〇さん」

「はあい」

私の胸《むね》がどきどきしはじめた。先生は私の名前を知ってるのかな？　オモニも来ていないし、だれも先生に名前を教えてあげていなかったから、どうしよう。学校では、キマちゃんとは呼《よ》ばないだろう。なんて呼《よ》ぶのかな？

「金村ヒロコさん」

「……」

「金村ヒロコさん」

「……」

「金村さん。いませんか？」

先生は、前から順に女の子の頭を軽くおさえながら、後ろのほうに来た。そして首をかしげた。

「金村さん。だれですか？　返事をしてください。金村さん」

そのときになって、私は電気にかけられたようにびっくりした。もしか、あれは私の名前かも知れん。あのとき、お母さんがハンコを持って役場に行ったから、役場から先生に教えてあげたのかも知れん。私のことかなあ。どうしよう。

「金村さん。いませんか？」

「はあい」

私は、自信のない小さい声を出した。みんなの顔がさっとこちらを向いた。お母さんたちも見ている。私の顔がまっかになった。

「金村さん。よそ見しないで、先生を見て、よくきいてくださいね」

あちこちで、くすくす笑《わら》いがきこえた。

そうか、私が金村ヒロコか。信じられなかった。なんとよそよそしい名前だろう。旧《きゅう》正月の夜、日本名を作ったことを思い出した。あれから二カ月もたっている。その後、どうしてか一度もそのことについて話したことがなかった。すっかり忘《わす》れていた。私はそのとき、その名前は役場用だけだと思ったのである。

私の両親も、子どもの新しい学校生活にそなえて、適切《てきせつ》なオリエンテーションをするすべを知らなかったのである。

教室に入って席が決められた。男女が組み合わせられ、二人用の机《つくえ》といすにすわらされた。そばに男の子がすわった。先生が見ていないとき、

「あほう」

といって、舌《した》をペロリと出した。後ろの男の子が、

「ばか」

といって、背中《せなか》を押《お》した。

入学式の日、学校でなにをしたのか、ほかのことはおぼえていない。帰るとき、下駄箱《げたばこ》から靴《くつ》をとりだしていたら、だれかが背中《せなか》をどんと押《お》した。私がよろめくと、そばにいた子どもたちがいっせいに笑《わら》った。急いで靴《くつ》をはいてかけだした。みんなが後ろで声を合わせてからかった。

「あほう、ばか、まぬけ」

「あほう、ばか、まぬけ」

「支那人《しなじん》」と「朝鮮人《ちょうせんじん》」

私が一年生になった一九三七年(昭和十二年)七月に、日本は中国(当時、日本では支那《しな》と呼《よ》んだ)と戦争を始めた。日本国内では、戦火が切られる前から支那人《しなじん》(中国人)を悪宣伝《あくせんでん》していた。子どもたちも、よくわからないまま敵愾心《てきがいしん》を燃《も》やし、支那人《しなじん》を憎《にく》んだ。そのころ、「シナ人」「チャンコロ」は、軽蔑《けいべつ》と敵意《てきい》に満ちた最悪の悪口だった。

男の子は、学校の運動場や広場で戦争ごっこをした。ジャンケンで日本軍と支那軍《しなぐん》に分かれ、支那軍《しなぐん》を攻《せ》めおとす遊びである。日本軍は、ラッパ手を先頭に突撃《とつげき》した。ラッパ手は、一方のこぶしを唇《くちびる》にあて、もう一方のこぶしを出したりひっこめたりして、進撃《しんげき》ラッパの曲で歌う。

「出てくる敵《てき》は、みなみな殺せ——」

すると棒切《ぼうき》れの鉄砲《てっぽう》や銃剣《じゅうけん》を持った突撃隊《とつげきたい》がワアワア叫《さけ》びながら、攻《せ》めこむのである。支那軍《しなぐん》になった子は、泥《どろ》の上や草の上にごろごろ倒《たお》れて、みんな殺される、という遊びだった。

一年生の授業《じゅぎょう》が始まって、私は、もうひとつの困難《こんなん》に出会った。名前が書けないのである。文字について、私は白紙の状態《じょうたい》で学校にあがった。新聞も雑誌《ざっし》もとらない家庭。日本文字の読めない両親。朝鮮人《ちょうせんじん》の子ども同士遊びほうけていた小山さんの家庭託児所《たくじしょ》。このような環境《かんきょう》だから、準備《じゅんび》教育は全然なされていない。

「金村さん、名前が書けないんですか？」

先生は私の描《か》いた絵を裏返《うらがえ》して、黒いクレヨンで「カネムラ　ヒロコ」と書いてくれた。

「家に帰って、ひとりで書けるように練習しなさい。宿題ですよ」

ともいわれた。

返事のできなかった子。名前も書けない子。子どもらは私をばかにして、さんざんはやしたてた。

「あほう、ばか、まぬけ。おまえの父さん、シナ人じゃ」

私は、胸《むね》が痛《いた》いほど悲しかった。うそ、うそ。私のお父さんシナ人じゃないよ。心の中で、どんなに叫《さけ》んだことか。でも、声になって出ることはなかった。

学校に行くようになって、私は、父も母も私も、そして私たちと親しい近所づきあいの人たちがみんな、日本人でないことに気がついた。私たちは、日本人とどことなく違《ちが》う。お正月も違《ちが》う。食べ物も違《ちが》う。ことばだって日本人が遣《つか》わないことばでしゃべる。そして、なによりも日本人より貧《まず》しいのが、はっきり見えてきた。古ぼけた長屋、安っぽいトタン屋根、そまつな家具、汗《あせ》ばんだ労働服。ひかえ目で、うかがうような目つきをしたその人たちは、日本人に遠慮《えんりょ》しながら生きていた。こんな異文化《いぶんか》の集団《しゅうだん》に属《ぞく》していることは、子どもの感覚にもなんとなくひけ目を感じさせるものがあった。

子どもたちはあきもせず、はやしたてた。

「あほう、ばか、まぬけ。おまえの父さん、シナ人じゃ」

うちはシナ人じゃないよ。絶対《ぜったい》にシナ人じゃない。私の胸《むね》には、声の出ない叫《さけ》びが渦《うず》をまいた。うちはね、悪いシナ人とは違《ちが》うよ。うちは朝鮮人《ちょうせんじん》よ。でも、朝鮮人《ちょうせんじん》というのも、いやだった。私は、首をたれてだまっていた。ただ、何度も何度も、唇《くちびる》をかんだ。

チマチョゴリ

名前も書けなかった子であったが、私は一年のあいだに、すばらしい進歩を遂《と》げた。カタカナは全部読んだり書いたりすることができる。算術《さんじゅつ》もまちがえないでできる。私は、学校で勉強するのがおもしろかった。知らないことが、たくさんわかるようになるのが楽しかった。よくできました、と先生にほめられるのもうれしい。家に帰ってからも、私は勉強にはげんだ。

二学期になって、習字を習うようになったが、私は墨《すみ》のにおいがとてもすきだった。家に帰って、ひとりでていねいに墨《すみ》をすって練習した。ふつう、習字の練習は黄色い半紙を使うか、新聞紙を半紙の大きさに切って使う。私の家では、新聞をとっていないから、吉田《よしだ》さんにもらった古新聞を使った。吉田《よしだ》さんは、ボロ買い屋さんで、朝鮮人《ちょうせんじん》である。少し足をひきずりながら、リヤカーを押《お》してボロを買ったり、朝鮮飴《ちょうせんあめ》を売ったりした。ひょろながい、どことなくあわれに見える人だった。オモニは吉田《よしだ》さんにごはんやお酒をあげた。吉田《よしだ》さんも、私の習字の練習帳がきれないように、新聞紙を運んだ。半紙の大きさに切った新聞紙をそろえて、片《かた》はしをとじたのが練習帳である。少し上手《じょうず》になると黄色い半紙に書く。もっと上手《じょうず》になると白い半紙に練習した。

夕ごはんがすむと、飯台を奥《おく》の部屋に移《うつ》して、また勉強した。おもに読み方と書き取りである。

「国語」の教科書を読んだあと、ノートに写し書きをするのが、くりかえされた。副業の編《あ》み物《もの》をしながら、私の朗読《ろうどく》をきくのがすきだったオモニが、ある晩《ばん》、私のノートを見て、

「キマちゃん、どんどん字が上手《じょうず》になるね」

といったので、びっくりした。オモニは学校に行っていないし、字が読めなかったのだから。

「お母さん、この字、読めるん？」

オモニは、国語の本をあけて読んだ。どこをひらいてもすらすら読める。修身《しゅうしん》の本も、算術《さんじゅつ》の本も、みんな読めた。

「お母さん、どうして字がわかった？」

「キマちゃんが、いっしょうけんめい勉強するけ、そばにいたら、ひとりでにおぼえられるんよ」

ほんとうに、オモニは、その先もずっと私の習う字や知識《ちしき》を、そっくりとりいれた。そしていつも、私より優秀《ゆうしゅう》だった。

白紙の状態《じょうたい》で一年生になった私は、勉強の楽しみをおぼえ、先生にほめられ、母にはげまされて、日に日にのびていった。

一年生もあといくらも残っていないある日、先生が私を呼《よ》んだ。

「金村さん、おめでとう。修了式《しゅうりょうしき》のとき、あんたが賞状《しょうじょう》をもらうことになりました。よかったですね。お母さんに来てもらいなさい」

私はうれしかった。ピョンピョンとびながら、家に帰った。

「お母さん、わたし、勉強がよくできたという賞状《しょうじょう》もらえるんよ。先生がね、お母さんも学校の式に来んさいっていわれたよ」

「そうか、そうか。よかったね。お母さんも行くよ」

そのころは、学校の行事が町中の行事でもあった。運動会、学芸会もそうだが、卒業式も大切な行事だ。先生によると、お客さんや父兄が、たくさん来られるそうだ。

式場として、教室と教室のあいだにある大きな戸をはずして、いくつかの教室がつなげられた。上級生が掃除《そうじ》をして、いすを並《なら》べた。

一年生の教室では、みんなうきうきしている。二年生になるときいただけで、イヒヒと笑《わら》い声《ごえ》をたてた。私は、皆勤賞《かいきんしょう》をもらう子たちといっしょに賞状《しょうじょう》を受けとる練習をした。

ところで、そばで子どもたちが話しているのをきくと、卒業式に、父兄は〝もんつき〟を着るそうだ。はて、〝もんつき〟とはなんだろう。よくわからない。

「お母さん、うちにも〝もんつき〟あるん？　みんなのお母さんたちは、もんつき着る、いうとったよ」

「ああ、そんなの、心配せんでええよ」

母の答えで安心した。

いよいよ式の日が来た。私は紺色《こんいろ》のセーラー服に白いひらひらするネクタイをむすんだ。生徒は式が始まる前に式場に入るので、私は母より先に学校に行った。

賞状《しょうじょう》をもらう子は、一番前の列にすわった。お客さんや父兄もぞくぞく入ってくる。洋服も着物もみんな黒だ。お母さんたちも黒い着物を着ている。女の子もほとんどがセーラー服なので、式場全部がくろぐろとしている。よく見ると、お母さんたちの着物のそでに白い丸があって、その中にいろんなもようが描《か》いてある。ああ、あれが〝もんつき（紋付）〟か。ようやくわかった。

校長先生をはじめ、先生方も席に着いた。式が始まるのだ。なんで、お母さん、おそいんだろう？　首をのばしてさがす。そのとき、突然《とつぜん》、オモニがあらわれた。瞬間《しゅんかん》、私は、息が止まりそうになった。オモニは朝鮮服《ちょうせんふく》を着ている。白いチョゴリ（上着）に黒いチマ（スカート）を着ている。くろぐろとした着物のあいだに、白いチョゴリがくっきり浮《う》かんで見えた。私の顔がかあっと熱くなった。口がかわく。唇《くちびる》にいくらつばをつけても、かわいてしまう。お母さん、なんであんな服を着たんだろう？　後ろのほうで「チョウセン、チョウセン」というひそひそ声がきこえた。お母さんたら、首をしゃんとあげて平然としている。ああ、はずかしい。私は気が気でなかった。

無我夢中《むがむちゅう》のうちに式が終わった。私は、母を見むきもしないで、一目散に家まで走りとおした。畳《たたみ》に賞状《しょうじょう》を投げつけて、両足をのばしたまま、大声で泣《な》いた。あとを追うように帰ってきた母の胸《むね》や背《せ》をむちゃくちゃに打ちながら、泣《な》きじゃくった。しゃっくりが出たり、せきこんだり。こんな泣《な》き方《かた》をしたことがない。母は私の背中《せなか》をさすりながら、ひざ近くひきよせた。

「キマちゃん、ようくききんさい。うちらが朝鮮人《ちょうせんじん》ということは、キマちゃんも知っとるでしょう。日本人はええ日に〝もんつき〟を着る。それがいちばんりっぱな服だから。朝鮮人《ちょうせんじん》のいちばんりっぱな服は、このチマチョゴリよ。今日はキマちゃんが賞状《しょうじょう》をもらうから、お母さんがいちばんきれいなチマチョゴリ着たんよ。朝鮮人《ちょうせんじん》が朝鮮服《ちょうせんふく》着るのはあたり前のことじゃけ、泣《な》きんさんな」

「知らん。知らん。いやや。朝鮮服《ちょうせんふく》は朝鮮《ちょうせん》で着ればいい。なんしに日本に来て着るんや。そんな服、ええ服じゃない。みっともない。はずかしい」

私はまた声を出して泣《な》いた。

孤児《こじ》だったオモニ

母は、なかなか泣《な》きやまない私を、ひざの上にだきあげた。

「キマちゃん。お母さんは日本に来たくて来たんじゃない。そのまま、朝鮮《ちょうせん》で朝鮮服《ちょうせんふく》着ていたかったんだ」

母の声は少しうるんでいた。

「むかし、朝鮮《ちょうせん》はりっぱな国だった。日本の人に、学問を教えてあげるほどりっぱな国だったんよ。そのうち、日本はあんまり力が強くなって欲《よく》を出しはじめた。

支那《しな》は、もと清国《しんこく》というたが、日本は清国《しんこく》と戦争して勝ったんよ。その次、ロシアと戦争して、また勝った。朝鮮《ちょうせん》は、ちょうどまん中にはさまれて、この戦争でずいぶん迷惑《めいわく》したんよ。

日本は、そのいきおいで、とうとう朝鮮《ちょうせん》を自分の国にしてしもうた。朝鮮人《ちょうせんじん》は、もちろん反対した。日本の警察《けいさつ》や兵隊が、文句《もんく》いう朝鮮人《ちょうせんじん》は、みんなつかまえた。たくさんの人が、牢屋《ろうや》に入れられたり、財産《ざいさん》とられたり、ごうもんにかけられてけがしたり、死んだりした」

私は息をのんだ。当時、母がどんな語り口で話したのか、一語一語そのとおりに再現《さいげん》することはむずかしい。しかし、たしかなことは、一年生だった私にもよくわかるように筋《すじ》が通っていたし、それは、私の脳裏《のうり》に焼きついたように残っている。母の声には熱がこもっていた。

「お母さんは、お母さんのお父さんとふたりで住んでいた。つまり、その人はあんたのおじいちゃんにあたる人よ。おばあちゃんは、お母さんが三歳《さい》のとき、赤ちゃんを産んで死になさった。女の赤ちゃんもすぐ死んじゃった。お母さんは、おじいちゃんとふたりで淋《さび》しかったけど、おじいちゃんに、ずいぶんかわいがられたんよ」

「お母さんとこ、まま母来なかった？」

母は、少し笑《わら》って頭を横にふった。ああよかった。まま母にいじめられなくて。

「おじいちゃんは、朝鮮《ちょうせん》の国が日本にとられたといって、とても悲しんだ。ため息をついたり、泣《な》いたりした。おじいちゃんだけじゃない。朝鮮《ちょうせん》の人は、みな悲しんだ。でも力がなかったから、どうしようもなかったんよ」

私の涙《なみだ》は、とっくにかわいていた。

「こらえきれなくなった朝鮮《ちょうせん》の人たちが、独立《どくりつ》のため万歳《ばんざい》運動*を起こしたんよ」

「ばんざい運動ってなにする運動？」

「それはね、朝鮮《ちょうせん》の人がのぞんでいるのは独立《どくりつ》だということを知らせるために、旗行列をしたことよ。みんな手に手に朝鮮《ちょうせん》の旗をふりながら、独立万歳《どくりつばんざい》を叫《さけ》んだ。市が立つ日は、たくさんの人が集まるから、おじいちゃんは市に行って、列のまっ先に立って万歳《ばんざい》を叫《さけ》んだんよ。お母さんは、子どもだからいっしょに行けなかったけど、おじいちゃんは、いっしょうけんめい万歳《ばんざい》を叫《さけ》んだんよ。日本の警察《けいさつ》や兵隊が、たくさんの人を撃《う》ったり、切ったりした。朝鮮《ちょうせん》の人は、なんにも武《ぶ》器《き》がないから、けが人や死人がたくさん出た」

「おじいちゃんは?」

私はおじいちゃんが心配になっていた。

「おじいちゃんは、撃《う》たれたのか、切られたのか、血がいっぱいついた服を着て、夜、お母さんを見に帰った。でもね、お母さんを強くだきしめたあと、すぐ出ていった。よろよろしながら。それが最後だった。おじいちゃんは死んだんよ。かくれていて死んだのか、つかまって死んだのか、わからん。家族は、たった九つだったお母さんしかいないから、さがすこともできんかった。お墓《はか》も造《つく》れんかった。おじいちゃんは、お墓《はか》もない。お母さんはおじいちゃんのお墓《はか》参りもできん」

母は声を詰《つ》まらせながら、私をだきしめた。体が激《はげ》しくふるえていた。

アボジが帰ってきた。娘《むすめ》が生まれてはじめて賞状《しょうじょう》をもらう日だから、ほうびを買って、昼時間に帰ったのである。

「どげんした。なんがあったんか?」

父は立ったまま、きいた。母は、父をちらっと見て、また話を続けた。

「キマちゃん。お父さんもね、お父さんの家の田んぼを日本人にとりあげられたから、仕事がなくなって日本に来とるんよ。お父さん、苦労しとるよ。きつい仕事しとる」

「なんで、こない子どもに、そげな話、するんか。子どもをいじけさせるな」

父は、怒《おこ》った声で母をとがめた。母は、きっと顔を上げた。

「キマの運命です。この子も朝鮮人《ちょうせんじん》じゃけ、これから先、つらい思いをします。ほんとうのことを知らせとかんと、もっといじけます」

母が母自身について語ることは、めったになかった。後にも先にも、この日、母はもっとも多くのことを話したのである。

母が語ったところによると、おじいちゃんが亡《な》くなったあと、孤児《こじ》になったオモニは、遠い親《しん》戚《せき》の世話になったり、近所の人の親切を頼《たよ》ったりしていたが、十三歳《さい》になったとき、ある人が日本に来るようになって、かわいそうなオモニを連れてきた、ということである。

私の頭が混乱《こんらん》した。もっともショックだったのは、オモニが孤児《こじ》だったということである。あ、お母さんは孤児《こじ》だったのだ。九つのときに。今の私と同じくらいの年に。今、私が孤児《こじ》になったらどうなるだろう。かわいそうなお母さん。その夜、私はふとんの中で、孤児《こじ》だった母を思ってしのび泣《な》いた。

そのころだったのか、それよりずっとあとだったのか、
赤い靴《くつ》　はいてた　女の子
異人《いじん》さんに　連れられて　いっちゃった＊

HO

という歌をおぼえたとき、私は母を思った。赤い靴《くつ》のかわりに、花しゅうのある花靴《はなぐつ》を思い浮《う》かべた。私は、この歌をうたったりきいたりするたびに、連絡船《れんらくせん》に乗るため釜山埠頭《プサンふとう》にちょこんと淋《さび》しそうに立っている幼《おさな》い母の姿《すがた》を思《おも》い描《えが》いた。それは、まさに見たようにはっきりした映《えい》像《ぞう》となって、私のまぶたに焼きついた。かわいそうに孤児《こじ》になったオモニ。私はその幼《おさな》い母の映《えい》像《ぞう》のため、その後も、何十回何百回となく涙《なみだ》ぐんだ。

141ページ　万歳《ばんざい》運動——三・一運動のこと（42ページ・注参照）。
143ページ　赤い靴《くつ》……いっちゃった——野口雨情《うじょう》作詞《さくし》・本居長世《もとおりながよ》作曲の童謡《どうよう》「赤い靴《くつ》」より。

かんでやれ

二年生になった。受け持ちの先生だけ変わって、子どもらはみんな同じ組である。いじわるの男の子も同じ組だ。席も一年生のときと同じように、私のすぐ後ろにすわった。いやだと思ったが、先生にそんなことはいえない。

子どもたちは、もう支那人《しなじん》とはいわなくなった。修了式《しゅうりょうしき》の日、支那人《しなじん》でないことが、はっきりわかったから。そのかわり、

チョーセンのお　山奥《やまおく》でえ

たしかにきこえる　ブタの声

ブウブウブウ

ブタの肉は一貫目《かんめ》で十五銭《せん》

と、はやしたてた。

そのころ、日本人が朝鮮人《ちょうせんじん》をバカにするとき、豚呼《ぶたよ》ばわりした。豚《ぶた》のようにきたないとか、下等な生き物というさげすみの意味だった。また、朝鮮人《ちょうせんじん》が豚《ぶた》を飼《か》っていたことにもよる。豚《ぶた》だからくさい、といって鼻をつまむかっこうもした。

私は、可部《かべ》小学校時代に日本人の子どもと遊べなかった。入学式の日、「あほう、ばか、まぬけ」にされ、友だちが作れなかった。私が朝鮮人《ちょうせんじん》だとわかると、ブタの子といって、のけものにされた。休み時間もたいてい教室の席に、そのまますわっているか、運動場に出ても、すみのほうに立っているだけだ。いつもひとりぼっちだった。

二年生になっても変わらない。いじわるたちは、もっと大きなグループになってはやしたてた。私は、授業《じゅぎょう》が終わると、いのいちばんに教室からかけだす。いじわるたちに追いかけられないように、息を切らして走った。ぐずぐずしているとつかまる。つかまったら、もうおしまい。逃《に》げようとしても、とおせんぼするから、逃《に》げられない。彼《かれ》らはえものをかこんだけだもののように、家に着くまでゆっくりいじわるを楽しむのだった。

私は、家に帰るといつものように小山さんの家に行った。妹のミエちゃんもいるし、学校から帰った大きい子も寄《よ》るからである。小山さんの家では、だれにも気がねしないで遊べた。ままごと、まりつき、ふうせん、石けり、おじゃみ（お手玉）、なんでも自由にできる。

ある日、一郎《いちろう》兄さんが来ていた。

「やあ、キマちゃん。二年生になったね。学校おもしろいか？」

私は、すぐに返事ができなかった。

「兄ちゃんは、支那人《しなじん》ていわれたことある？」

「支那人《しなじん》？　そんなことないよ」

「兄ちゃんは、朝鮮人《ちょうせんじん》ていわれたら、どうする？」

「そりゃ、ぶんなぐってしまう」

「ブタ、くさいっていわれたら？」

「そいつの口をこれでふさいでやるよ」

一郎《いちろう》兄さんは、げんこつをふって見せた。

「なんだ、キマちゃん、いじめられているのか？」

私は、涙《なみだ》がこぼれそうになった。

「どいつだ。連れてこい。わしがぶんなぐってやるけ」

だって兄ちゃんは学校が違《ちが》うもん。可部《かべ》には小学校がふたつあって、兄ちゃんは駅の向こうにある別の学校に行っていた。

「キマちゃん、しっかりせ。日本人だってくせえんだぞ。しょんべんたれるし、肥《こ》えたごしょってるんだぞ。やつら、ほっといたらつけあがるけな。初めのとき、ぐうの音《ね》も出ないように、とっちめてしまうんだよ」

そのとき、ドリがそばに来て、しっぽをふった。ドリは片目《かため》がつぶれた捨《す》て犬《いぬ》で、小山さんのところの長屋で、なんとなく共同の形で世話をしている犬のことだ。とてもおとなしくて、子どもたちのよい遊び相手になっている。

「キマちゃん、ドリ、見ろよ。ふだんはおとなしくても、うるさくされるとかみつくけね」

ほんとうだ。ドリはしつこくいたずらされるとかみついた。

「キマちゃん、いいかい。ドリのようにかんでやれ。悪い奴《やつ》らは、かめ、かめ。うんとかんでやれ」

昔の可部《かべ》小学校の運動場には、根ノ谷川の土手寄《どてよ》りに桜《さくら》の木があった。花が散って緑の葉が濃《こ》くなるころになると、木の下には、よく毛虫がはっていた。女の子は毛虫を見ただけでもキャアキャア悲鳴をあげて、逃《に》げまわった。

昼休みの時間がすんでみんな教室に入った。私がいすにすわろうとしたら、後ろの男の子が腰《こし》かけの上に毛虫を置いた。あやうくお尻《しり》でふみつぶすところだった。私は、心臓《しんぞう》が止まるかと思った。声も出ない。ほかの女の子たちが悲鳴をあげた。どうしようもない、いじわる。しょっちゅう髪《かみ》をひっぱったり、背中《せなか》に砂《すな》を入れたり、わざと筆箱《ふでばこ》を押《お》して落としたり。にくらしい子である。かんでやろうか。私がにらんでいるうちに、先生が入ってきた。

「金村さん、どうしてすわらんで、立っとるんですか?」

「毛虫です」

先生はつかつか歩いてくると、チリ紙でつまんで、ごみ箱《ばこ》に捨《す》てた。それだけだった。

帰りがけに、いつものように急いでランドセルを背《せ》おった。とつぜん後ろの子がランドセルを強くひっぱったので後ろ向きになると、その子は舌《した》をペロリと出した。そして鼻をつまんで、

「チョウセン、くせえ」

といったと思うと、パッとつばを吐《は》きかけた。私の顔や服に、つばがついた。瞬間《しゅんかん》、私はその子の腕《うで》にかみついた。

「イテテテー、イテエ」

その子は、悲鳴をあげて泣《な》き出《だ》した。子どもたちがかけよってくる。私は靴《くつ》をつかんで、はだしのまま走った。だれもついてこないことがわかると、ようやく息をついて、靴《くつ》をはいた。家に帰ってもなんだか気持ちがすっきりしないので、小山さんのところにも行かなかった。午後ずっとなにをしていたのだろうか。

夕方、母が夕飯のしたくをしているとき、背戸《せど》のほうからそうぞうしい人声がした。

「どうしてくれるんかよ。これ見んさい。赤くはれちょろうが。歯の跡《あと》がちゃんとついとるけ、いいのがれは、させんよ」

おや、だれだろう？　障子《しょうじ》のすきまからのぞいたら、頭に手ぬぐいをかぶったおばさんが、男の子を連れて立っている。あれ、あの子は私の後ろのいじわるじゃない？　さっき、かんでやった子だ。

「うちの子はおとなしい子ですが。どうしたんですか？　先にたたいたと違《ちが》いますか？」

と、母の声。

「おまえが先にたたいたのか？」

おばさんがいった。

「おれ、たたいとらん」

「ほら、うちの坊主《ぼうず》はたたいとらん、というとるけね。あまっ子が、こがいにかみつくとは、そうとうの暴《あば》れん坊《ぼう》じゃないか。先生のとこ行こう思うたが、こっちに来たけ。どうしてくれるんよ」

おばさんは、大声でしゃべりまくる。

「どうもすみません。子どものけんかは、犬ころのけんかと同じもんで、どうか大目に見てくんさい」

母は、ひたすらにあやまった。

「犬ころのけんかかよ、よういうたのう。きちがい犬にかまれたちゅうことかよ。ほんまに、もう一度こんなことがあったら、ただですませんでえ」

おばさんは、さんざんいいまくって帰った。

私は、障子《しょうじ》のすきまにへばりついたまま固くなっていたが、ようやく戸をあけて背戸《せど》に出た。

おそるおそる、

「お母さん」

と呼《よ》んだ。母は井戸《いど》の前に立っていた。

「わたし、ずっとがまんしたんよ。でも、今日は、つばを吐《は》いたから、あんまり腹立《はらた》ったもん」

HO

母は後ろ向きのまま、いった。

「いいんだよ。負けるな。けんかでもなんでも、絶対《ぜったい》に日本人に負けるんじゃないよ」

母はつるべで水を汲《く》みはじめた。バケツには水があふれているのに、いつまでもザアザア汲《く》みつづけていた。

たんこぶ

あと二日で夏休みになる日だった。せみがジンジン鳴いている。私は、学校からの帰りに小山さんの家へ先に寄《よ》った。

「ミエちゃん、家へ帰ろう。ぬり絵させてあげるよ」

ミエちゃんは喜んだ。ざしきに飯台を運んだ。背戸《せど》側の障子《しょうじ》をあけて、すだれをおろした。路地側の障子《しょうじ》は、暑くてもしめたままにした。道から家の中がすっかり見えるからである。ミエちゃんは、ベティさんに色をぬりはじめた。だいぶ上手《じょうず》になった。

そのとき、突然《とつぜん》、子どもたちの声がして、路地側の障子《しょうじ》に砂《すな》や石が投げつけられた。

「やあい、チョウセン。ブタ。ブタの子出てこい」

障子《しょうじ》が破《やぶ》れた。パッと立って障子《しょうじ》をあけたとたん、私のひたいにカツンと石があたった。チーンと鼻の中に電流が通ったような痛《いた》みと同時に、薬のにおいがした。思わず手をあてた。血は出ていない。

「チョウセン。にんにく。ブタ」

子どもたちは、口々にののしりながら走り去った。あちこち障子《しょうじ》は破《やぶ》れ、畳《たたみ》には砂《すな》や石ころが散らばっている。ミエちゃんが泣《な》き出《だ》した。

「ミエちゃん、外へ行こう」

ふたりは外に出た。手をつないで、小山さんの家とは反対のほうに向かって歩いた。品窮寺《ほんぐうじ》のそばを通って、大きな道を渡《わた》って、路地を抜《ぬ》けると根ノ谷川だ。もう夕方なので、水遊びの子も洗濯《せんたく》のおばさんもいない。水の流れる音が大きくきこえる。私たちは、寺山のほうに向かって橋を渡《わた》った。

「お姉ちゃん、どこ行くん？」

そういえば、あてもない。ただ歩いただけだ。

「ここにすわろう」

ふたりは土手の草むらにすわった。ひたいに手をあててみた。少し痛《いた》い。

「お姉ちゃん、たんこぶ、痛《いた》い？」

ミエちゃんが立って、たんこぶにふうふう息を吹《ふ》きかけた。

「お姉ちゃん、学校で悪さしたん？」

「せん。なんもしとらん」

私は無性《むしょう》に悲しかった。たんこぶの痛《いた》みはべつに感じられない。でも、体中のどこかがうずくように痛《いた》かった。いつまでも怒《おこ》ったようにだまってすわっていた。どれくらい時間がたったのだろうか。カラスがカアカア鳴きながら飛んでいった。ミエちゃんがシクシク泣《な》き出《だ》した。

「ごめんね、ミエちゃん。ミエちゃんに腹《はら》かいた（腹《はら》を立てた）んじゃないけね」

ふたり手をとって立ちあがった。阿武山《あぶやま》に夕日が沈《しず》んで、夕焼けが燃《も》えている。あかね色に染《そ》まった雲が美しかった。ミエちゃんも泣《な》きやんで夕焼けに見とれている。

「ミエちゃん、歌おうか」

「うん」

ふたりは夕焼けに向かって歌った。

夕焼け小焼けで　日が暮《く》れて
山のお寺の鐘《かね》が鳴る
お手々つないで　みな帰ろう
カラスといっしょに　帰りましょう＊

涙《なみだ》がポロポロこぼれた。〝チョウセン〟といじめられて、たんこぶができた朝鮮人《ちょうせんじん》の女の子。悲しみを込《こ》めて歌った。でも、その日、私たちは朝鮮語《ちょうせんご》で、朝鮮《ちょうせん》の歌がうたえなかった。日本語の歌しか知らなかったから。

157ページ　夕焼け小焼けで……帰りましょう――中村雨紅《うこう》作詞《さくし》・草川信作曲の童謡《どうよう》「夕《ゆう》

焼《やけ》小《こ》焼《やけ》」より。

転校

根ノ谷川の土手から帰ってみると、父と母がざしきにいた。

「学校で、どげな悪さしたんか」

父が、いきなりどなった。めったに怒《おこ》らない父なのに、顔もけわしくなっている。胸《むね》がどきんとした。

「姉ちゃん、なんも悪さしとらんよ。わたいとぬり絵したんよ。〝チョウセン〟ちゅうて外から石投げたんよ」

ミエちゃんが、代わりにいってくれた。母はだまって障子《しょうじ》に向かい、破《やぶ》れた穴《あな》に紙を張《は》っていた。母が怒《おこ》っているのが、肩《かた》のいかり方でわかる。

家の中が重苦しい。夕飯は、みんな少ししか食べなかった。父は酒ばかり飲んだ。そして、

「ナップンノム（悪い奴《やつ》）。ナップンノム」

と、うなるようにくりかえしていた。

たんこぶが青くふくれあがった。私はふとんの上に寝《ね》かされた。父と母は、かわるがわる生たまごでこぶをなでたり、たまごをこぶの上にころがしたりしている。生たまごは青いあざやはれ

をとるそうだ。まんべんなくたまごが行ったり来たりしているうちに、私はうつらうつらしていた。遠いところから父と母の声がきこえた。

「引《ひ》っ越《こ》しましょう」

と、母の声。

「引《ひ》っ越《こ》すって、急にどこ行くんか？」

「どこにでも行きましょう。生きた人間の口には蜘蛛《くも》も巣《す》をはらん、ちゅうこともあるけね。どうにかなるでしょう。キマちゃんがふびんでしょうがない」

夏休みになって、母はたびたび出かけた。下祇園《しもぎおん》のハラボジにも相談に行ったらしい。父も、ときどきいっしょに行った。ふたりは、いつも疲《つか》れて帰った。

九月。二学期になった。私は、しぶしぶの登校だった。あんなに勉強がすきだったのに。口数もぐんと少なくなった。

ある朝、家の中でいつまでもぐずぐずしていると、母がせかした。

「遅《おく》れるよ。早う行きんさい」

「行かん」

「行きんさい」

「行かん」

母がどんなにすかしても叱《しか》っても動かない。私の登校拒否《きょひ》だった。まだ引《ひ》っ越《こ》しの話もまとまっていないのに。母はため息をついた。

可部《かべ》小学校から在学証明《ざいがくしょうめい》をとったのは、昭和十三年九月二十一日だった。通告表（通知表）に記録されている日付である。しかし、その後宇品《うじな》小学校に転校したのは、十一月十日になっている。その間、どこで、なにをしてすごしたのだろう。少しも思いあたりがない。

岡《おか》広《ひろ》先生

宇品《うじな》四丁目

私たち一家が宇品《うじな》に引《ひ》っ越《こ》した日は暑かった。何月だったのかは忘《わす》れたが、家族のみんなが汗《あせ》だくだった。バラック内の共同水道で、何度も顔を洗《あら》ったことが思い出せる。

私たちが住むことになったバラックの家は、神田通り四丁目のだだっぴろいあき地に、十戸余《こあま》りかたまっていた。ちょうどオアシスに集落する隊商のテントのようだった。一戸のバラックは、とても大型で四世帯が住めた。東と西側の中ほどに、ふたつずつの入り口があり、戸をあけると長細い土間が広かった。私たち一家の入り口は東側で、ふたつの部屋は、運よく南向きだった。六畳《じょう》と四畳半《じょうはん》の間取りは、可部《かべ》の家と同じだったが、四畳半《じょうはん》の部屋には土間からの上がり口に、畳《たたみ》二枚《まい》くらいの板の間がついていたので、むしろ可部《かべ》の家より広かった。窓《まど》もあった。このバラック建ては、初めから朝鮮人《ちょうせんじん》用として作られたのではないらしく、それほど粗雑《そざつ》ではなかった。

当時の宇品《うじな》は、まったくの新開地で、海岸では埋め立《た》て工事が進行中で、父は、その工事現場《げんば》で働くことになっていた。私たちのバラックには、朝鮮人《ちょうせんじん》しかいなかったが、ちょっと離《はな》れたところには、もうひとかたまりのもう少しましなバラックがあって、日本人が住んでいた。埋《う》め立《た》て工事事務所《じむしょ》もそこにあり、たしかその看板《かんばん》には佐伯《さえき》組と書かれていたように思うが、はっきり

HO

しない。このほかにも、そのころ、宇品《うじな》にはバラック建ての家が、あちこちにたくさんあったように思われる。海に近い埋《う》め立《た》て地《ち》のはしには、人絹《じんけん》会社の煙突《えんとつ》が高々とそびえ、どこからもよく見えた。

家の周囲は草むらで、バッタがはねていた。バラック団地《だんち》の北のほうには、広い練兵場があった。ちょうど日本は満州事変に次いで、日中戦争に踏《ふ》み入《い》っていたころなので、宇品《うじな》には、戦地に向かう軍人があふれていた。出征《しゅっせい》軍人が乗船するまえ、この練兵場で家族と面会するのである。軍人は満州や中国方面に行くそうである。日露《にちろ》戦争のときも、多くの軍人が宇品《うじな》から船に乗っていったそうだ。

兵士だけではない。馬も宇品《うじな》から戦地に向かう。宇品《うじな》の電車通りをはさんで、東よりの神田には練兵場があり、西の御幸《みゆき》通り側には軍馬をつなぐところがあった。三メートルぐらいの間隔《かんかく》に、大きな木の杭《くい》が打ちこまれ、太いロープがゆるめにその杭《くい》と杭《くい》をつないでいる。何列もの杭《くい》の列は、電車の線路と平行に長々とのびていた。馬はこの杭《くい》につながれる。ロープのため隣《となり》の列には入れないので、何十頭何百頭の軍馬はきちんと縦隊《じゅうたい》になって並《なら》んだ。それは、息をのむような壮《そう》観《かん》として、子どもだった私の目に焼きついた。そのときひとりでにもらした「すごい、すごい」の喚声《かんせい》も、はっきりよみがえる。

宇品《うじな》の新開地は、私たちには新天地であった。見るもの、きくもの、すべてが新しかった。練兵場の入り口に向かう電車通りに、バラック建てとは違《ちが》う、ハイカラな二階建ての店が一軒《けん》あった。たばこ、菓子《かし》、飲み物、くだものなどが店いっぱいにあふれている。可部《かべ》の田舎《いなか》から来た私たちには、目を見はるほど都会ふうな店に思えた。

可部《かべ》では家の近くにある棺屋《かんや》で菓子《かし》を買った。お寺の近くにある棺屋《かんや》は棺桶《かんおけ》や仏具を売る店である。店のかたすみに、こんぶ、いり豆、かき餅《もち》、あられなどの素朴《そぼく》な菓子《かし》が入ったガラス箱《ばこ》が置かれていた。竹串《たけぐし》の先を扇子《せんす》のように切《き》り込《こ》んで、ちょうど子どもが指をひろげた形にして、その先に紅白《こうはく》の飴《あめ》をつけた菓子《かし》もあった。ガラスびんの中には、コンペイトウや氷砂糖《こおりざとう》、ザラザラした砂糖《さとう》がまぶされた大きな飴玉《あめだま》（鉄砲玉《てっぽうだま》と呼《よ》んだ）、そしてチャップリン玉が入っていた。チャップリン玉というのは、とても固い飴《あめ》で、なめていると次々に色が変わるし、割《わ》ると虹《にじ》のようにいろんな色が重なっている飴玉《あめだま》である。

宇品《うじな》の店の菓子《かし》は、棺屋《かんや》のものとは格《かく》が違《ちが》う。店の前には、森永《もりなが》とグリコの立《た》て看板《かんばん》が、左右に立っていた。夏になると、大きな桶《おけ》の、氷がプカプカ浮《う》いている水に、ラムネやサイダーがつけられていた。きれいにみがかれたガラスの容器《ようき》には、色とりどりの菓子《かし》が入っている。栗《くり》まんじゅうや、うさぎの形をしたお餅《もち》もあった。

私は、この店に二、三日に一度、たばこを買いに行った。

「ゴールデンバットひとつと、ナデシコひとつください」

父は、外では巻《まき》たばこを吸《す》っていたが、家では安いきざみたばこを、キセルに詰《つ》めて吸《す》った。ナデシコはきざみたばこである。私とミエちゃんは、ときどき五銭《せん》か十銭《せん》のお小遣《こづか》いをもらうと、この店にかけつけた。

「ねえ、ミエちゃん、なに買おうか？」

「お姉ちゃん、羽根《はね》の生えた絵のキャラメル」

「いやいや、グリコのほうがいいかな？　グリコには、おまけがついてるよ」

「お姉ちゃん、ラムネ」

「だめだめ、冷たいの飲んだらおなか痛《いた》くなるよ。ミエちゃん、うさぎさんのお餅《もち》にしようか？」

店の前に立って、さんざん迷《まよ》ったあげく、私たちは、

「ごめんください」

と、ガラス戸をあけるのだった。

私と妹は、電車を見たり、練兵場の兵隊さんを見たり、電車道を渡《わた》って軍馬を見に行ったり、とにかくめずらしいものがいっぱいで、毎日が忙《いそが》しかった。草むらではバッタを追いかけまわした。ときどき埠頭《ふとう》の波止場まで、船を見に行った。初めは、大きい子たちといっしょに行ったが、ひとりでも行けるようになった。

妹はそのころ、新しい仕事先を見てあるく母に連れられて出かけていくこともあったが、ひとりぽつんと家に残されていることが多かった。私が学校から帰ると、ミエちゃんはとびついてきた。私も、四歳《さい》になったばかりの妹がかわいそうなので、学校が終わると家まで走りどおしにと

んで帰る。

「ミエちゃん、今日は船、見に行こうや」

「うん、行く、行く」

「だけどね、おんぶなんていったら、連れていかんよ。いう？　いわない？」

「いわない」

「この前も、いわない、いうといて、おんぶねだって泣《な》いたんでしょう。今日はほんとうよ」

ミエちゃんはなんでもよく食べるので、まるまる太り、私がおんぶするには重すぎた。波止場までは、ちょっと遠かったが、いろんな船を見たり、かもめを見たり、乗《の》り降《お》りする人を見るのは、とても楽しいことだった。

このように、子どもの私たちには、けっこう楽しい日々であったが、我《わ》が家《や》の生活はだんだん苦しくなり、父と母は日一日とふきげんになった。

父は宇品《うじな》に来て以来、炭坑《たんこう》ズボンとゲートルに地下足袋《じかたび》姿《すがた》で出かけた。毎朝、父は前の晩《ばん》、ほうたい巻《ま》きにしておいたゲートルを足に巻《ま》きつけながら、たばこのけむりを、ふうっとおもおもしく吹《ふ》き出《だ》す。そして、腰《こし》に手ぬぐいをぶらさげ、古い鳥打《とりう》ち帽《ぼう》をかぶった父は、なんともいわずに、べんとうを持って埋《う》め立《た》て工事場《こうじば》に行くのだった。

食卓《しょくたく》もそまつになりはじめた。夕食が、うどんやすいとんなど一品のときもあった。キムチをきざんで炊《た》きこんだ雑炊《ぞうすい》のときなど、妹が、

「ペッペッ、からいよう。これ食べんよう、ごはんちょうだい」

と泣《な》き出《だ》すと、母は涙声《なみだごえ》で妹を叱《しか》りつけた。

そのころ、バラックの朝鮮人《ちょうせんじん》は、みんな似《に》たりよったりの貧《まず》しい生活をしているのが、私の目にも見えてきた。

宇品《うじな》の練兵場は、連日のように出征《しゅっせい》軍人でにぎわった。家族と面会する場合もあれば、兵隊さんたちだけのときもあった。乗船の時間に合わせて、軍人たちが隊列を組んで去っていくと、練兵場は引《ひ》き潮《しお》の浜辺《はまべ》のように、がらんとした。すると、待っていたように、バラックの朝鮮人《ちょうせんじん》の子らが、鉄条網《てつじょうもう》をくぐりぬけて練兵場にかけこむのである。大人もまじっている。軍人が食べ残したべんとうを拾うためであった。軍から配られた折《お》り詰《づ》めのべんとうのほかに、家族が持ちよったごちそうなどで、食べ物はぜいたくなほど食べ残されていた。番人らしい人に追い出されるまで、子どもも大人も大きな袋《ふくろ》の中に、食べ残しを手あたりしだいにたたきこんだ。

そのあと、バラックの人たちは、大きなざるを持って共同水道に集まってくる。ごはんとおかずを、別々のざるにあけて、水で洗《あら》い流《なが》した。あき地にゴザを敷《し》いて、ごはんがからからになるまで乾《かわ》かす。天気のいい日、どこかの家のしわくちゃのおばあさんが、竹棒《たけぼう》の先にうちわをくくりつけて、日がな一日、ハエを追っぱらった。乾《かわ》かしたごはん粒《つぶ》は、朝鮮《ちょうせん》の貧《まず》しい親戚《しんせき》に送るのだそうだ。こんなようすも、私たちが初めて見る光景であった。

ある日、私と妹はいつものように、朝鮮人《ちょうせんじん》の子どもらが練兵場の食べちらかしを拾い集めるさまを、鉄条網《てつじょうもう》にすがって見ていた。すると、すぐ目の前に、包み紙もといていない折《お》り詰《づ》めのべんとうが、くだものの皮や紙くずといっしょに、新聞紙の上に並《なら》んでいるのが目に入った。瞬間《しゅんかん》のことである。

「ミエちゃん、そこの新しいべんとう持っておいで」

私が鉄条網《てつじょうもう》の下のはしをちょっと持ちあげると、ミエちゃんが腹《はら》ばいになってはいこんだ。べんとうは、ずっしりと重かった。ふたりは息を切らして家まで走った。木の扉《とびら》に錠《じょう》をかけて、うすぐらい土間で私がべんとうのひもをとくあいだ、妹は息を殺して見ている。

「わあ、お姉ちゃん。おさかな、たまご焼き、てんぷら。食べよう、ちょうだい」

私も息をのんだ。おかずの折りには、鮭《さけ》、たまご焼き、かまぼこ、ちくわ、れんこんとさといもの煮物《にもの》、とりの揚《あ》げ物《もの》、ネーブルの輪切りなど、ごちそうがびっしり詰《つ》まっている。ごはんには、まん中に梅干《うめぼ》しがひとつ入っていた。

「お姉ちゃん、食べよう、早う食べよう」

「だめよ。お母さんが帰るまで待たんと。よそからの食べものは、お母さんにきいてからにせんといけんよ。ミエちゃん、いい子だから待てるね。お父さんもいっしょに、みんなで仲《なか》よく食べようね」

ふたりは、父と母の帰りを首を長くして待った。夕方、先に帰った母が土間に入るやいなや、妹が口早にしゃべりまくった。目をまるくしてきいていた母は、いきなりミエちゃんをあらあらしく引っぱりたてて、お尻《しり》や足をぶちはじめた。

「あんたら、いつから乞食《こじき》になったんじゃ。いつから捨《す》て物《もの》まで拾うて食うようになったんじゃ。そんなにひもじいか。食べもんにいじきたないお前のおなかにゃ、乞食《こじき》が入っとるんか。アイゴー、情《なさ》けない。情《なさ》けない。

アイゴー、ブルサンハン　ネセキ（あわれな我《わ》が子《こ》よ）」

母は声を出して泣《な》き出《だ》した。突然《とつぜん》のことに、私はのどが詰《つ》まって声も出なかった。ほんとうは、ミエちゃんが拾ったんじゃなくて、私がミエちゃんに、持っておいで、といったのに。ミエちゃんが、ぶたれるのはかわいそうだから、早くほんとのことをいわなくちゃ。そう思いながらも、私は土間のかたすみに凍《こお》りついていた。

いつのまに帰ったのか、父が、入り口のほうにのっそり立っていた。とうとう家族四人がみな泣《な》いた。母と妹は大声を出した。私は涙《なみだ》だけポトポト落とした。父は咳《せき》ばらいしながら、はなみずをすすった。

その日、だれも夕ごはんを食べなかった。泣《な》き寝《ね》入《い》りした妹の顔や手を、ぬれ手ぬぐいでふきながら、母はずっと泣《な》きつづけた。私も早々とふとんをかぶって寝《ね》た。夢《ゆめ》うつつの中に、しきりに人声がするので目がさめた。父と母のいい争う声がきこえる。思わず、きき耳をたてた。

「それが、あなたの順理《じゅんり》かよ。子どもが乞食《こじき》になるのも、順理《じゅんり》かよ」

「粥《かゆ》を食うても死にゃせん。今のわしらに、しんぼうするより道があるか。じっと時を待つよりほかないじゃないか」

「アイゴ、アイゴ、気の長いこと。百年待とうか、千年待とうかよ」

「うるさい。お前は商売商売いうても、わしは商売とは縁《えん》がないんじゃ」

「だから、わたしがやってみるというとるでしょう。福島町には、朝鮮《ちょうせん》の同胞《どうほう》がたくさんおるけ、なんとか商売の糸口が見つかりそうじゃというとるでしょう」

「ここは、可部《かべ》と違《ちが》うんじゃ。こんなに広い都会地で、おなごがなにをするちゅうんか。メンドリが鳴くと家が滅《ほろ》ぶんじゃ。だいたい、この家はメンドリがやかましすぎるんじゃ」

「だったら子どもが乞食《こじき》のまねせんように、オンドリがしっかりしてくださいよ」

「やかましい。つけつけいうな。出ていけ」

父がどなった。

「出ていきますとも。そのかわり子どもは連れていきます」

「子どもはやらん。わしの子じゃ。お前ひとり出ていけ」

「子どものために商売もする気じゃけね。子どもは、わたしが腹《はら》いためて産んだんですよ。そう勝手にさせませんよ」

争いは、夜どおし続いた。宇品《うじな》に来て以来、こんなどなりあいが、なんべんとなくくりかえされた。

私が三年生のとき、父と母は、ついに離婚《りこん》した。でも母は、二カ月余《あま》りしてふたたび家へもどってきた。それ以来父は、母がなにをしても、あまり、がみがみいわないようになったが、だんだん酒をたくさん飲むようになった。

このような大人の事情《じじょう》で、宇品《うじな》での生活は、とかく暗くなりがちだったと思われるが、実際《じっさい》には、楽しいこともたくさんあった。

なによりも、私が宇品《うじな》へ来て宇品《うじな》小学校に大満足していたことである。学校の行き帰りに、ひとりでにスキップがしたくなるほど、私は学校がすきになった。父と母は、私のはりきった学校生活の話を喜んできいてくれた。彼《かれ》らは大人としての苦痛《くつう》に耐《た》えながら、私を守りつづけてくれたのである。

李《り》さんになった

二年生の二学期が半分くらい過《す》ぎたころ、私は宇品《うじな》小学校に転校した。母は、白いチョゴリと紺色《こんいろ》の地色に白っぽい花もようがあるチマ、それにポソン（足袋《たび》）とコムシン（ゴム靴《ぐつ》）という、完璧《かんぺき》な朝鮮服《ちょうせんふく》の正装《せいそう》のいでたちだった。私は、母の服装《ふくそう》について、もうなにも苦情《くじょう》をいわなかった。それよりも私は、新しい学校について、不安と期待で胸《むね》がふさがり、ほかのことに気が遣《つか》えなかった。

家の前に宇品《うじな》四丁目の電車乗り場があり、その次の乗り場が七丁目になるが、学校はそのあたりにあるということだった。一駅だから電車に乗らないことにして、母に手をとられて、私は、電車通りに沿《そ》って少し早めに歩いた。私の記憶《きおく》がまちがっていなければ、昔は海岸から市内に向けて、四丁目、五丁目、七丁目になっていた。だから、都心に向かう電車乗り場が、四丁目の次に七丁目だったのである。現在《げんざい》は、市内から海岸に向けて、二丁目、三丁目、四丁目になっている。

ともかく、その朝、母と私は、昔の七丁目の乗り場あたりで電車道を横切った。だらだらののぼり坂になる道の右側に、神田神社があった。道をのぼったところが御幸《みゆき》通りで、そこからまた少し下り坂になる。

御幸《みゆき》通りから宇品《うじな》小学校の太くてどっしりした校門の円《まる》い石柱が見える。その朝、母娘《ははこ》はどんな話をしながら学校まで歩いたのだろうか。気が高ぶっていたことしか思い出せない。学校が見えてくると、緊張感《きんちょうかん》が高まってきた。母の手を固くにぎって校門を入った。すでに授業《じゅぎょう》が始まっているので、運動場にはだれもいなかった。右側に、木造《もくぞう》二階建ての長い校舎《こうしゃ》が三列も並《なら》んでいた。母と私は、ほとんど同時に、

「大きいねえ」

と、嘆声《たんせい》をあげた。

職員室《しょくいんしつ》は、いちばん前の校舎《こうしゃ》にあった。がらんとした室内には机《つくえ》がずらっと並《なら》び、いちばん奥《おく》の中央に、男の先生がひとりだけ席にすわっていた。母は私を入り口のところに待たせておいて、その教頭先生らしい人の机《つくえ》まで行った。母と先生がなにやらやりとりしているとき、ジリリリンとベルが鳴った。授業《じゅぎょう》が終わったのだ。可部《かべ》小学校では鐘《かね》をカンカンとたたいたのに、ここではベルが鳴るのである。私はますます緊張《きんちょう》した。

先生方が、どやどやと入ってこられた。教頭先生が、とある男の先生を呼《よ》んで、なにやら説明すると、母はその先生の机《つくえ》のほうにいっしょに行った。ちょうど私の立っていた入り口の近くである。母は、紙封筒《ふうとう》の中から書類を出して先生に渡《わた》した。母が、なにかいっしょうけんめいに話している。背《せ》の低い男の先生はめがねをかけなおしながら、母の差し出した書類に目を通している。しばらくして、母が私に、おいで、と手をふった。

「この子でございます。よろしくおねがいします」

母がふかぶかとおじぎをしたので、私も頭を下げた。

「よくわかりました。安心してお帰りになってもいいですよ」

とてもやさしそうな声であった。母は何度も頭を下げて帰っていった。

先生が私のほうを向いた。

「君は、今日から岡広《おかひろ》組の生徒だよ。わかったね」

「はい」

「君の名前はなにかね？」

「金村ヒロコです」

「ふむ、そうか。君のお母さんは、李相琴《りそうきん》だといったんだが」

「はい、それは、わたしのほんとうの名前です」

「じゃ、金村ヒロコという名前は、うその名前かい？」

「可部《かべ》小学校に行くとき、わたしが付けた名前です」

「なんだと。君が自分の名前を付けたと。いや、なかなかおもしろい話じゃないか。あとでゆっくりその話をきかせてくれないかい？　ところで、どうしようかな。君のお母さんは、ここに戸《こ》籍謄本《せきとうほん》まで提出《ていしゅつ》して、君の名前は李相琴《りそうきん》だと念を押《お》されたんだよ。君は、どっちがいいかい？金村ヒロコ？　李相琴《りそうきん》？　どっち？」

岡広《おかひろ》先生はやさしい笑顔《えがお》できいた。突然《とつぜん》私は、可部《かべ》小学校の入学式を思い出した。金村ヒロコと呼《よ》ばれて、すぐ返事ができなかったこと。そのことで、あほう、ばか、まぬけというあだ名を付けられ、どんなにつらかったことか。

「李相琴《りそうきん》のほうがすきです」

「よしよし、じゃね、李相琴《りそうきん》さんと呼《よ》んだら、しっかり返事するんだよ」

私は、こっくりうなずきながら、「はい」とはっきり答えた。

始業のベルが鳴った。岡広《おかひろ》先生は、机《つくえ》の上から本をとって、片方《かたほう》の手で私の手をひいた。緊《きん》張《ちょう》のあまり、固くにぎりしめていたこぶしには、汗《あせ》がにじんでいた。岡広《おかひろ》先生は、温《あたた》かい大きな手で、私の固いこぶしをゆっくりゆっくりといてくれた。子どもの直感で、岡広《おかひろ》先生はとてもいい人だ、ということがよくわかった。私が岡広《おかひろ》先生を見あげて少し笑《わら》ったら、先生も笑《わら》った。

岡広《おかひろ》組の教室は、職員室《しょくいんしつ》の上にあたる二階にあった。先生といっしょに前の戸口から入った私を、みんながいっせいに見た。

「いいかい。今日から岡広《おかひろ》組に、もうひとりの新しいお友だちができたよ。可部《かべ》小学校から来たんだがな。だれか可部《かべ》を知ってる人、いるかい?」

何人かの生徒が、「はい」と答えた。

「可部《かべ》も広島県内だからね。そんなに遠くないさ。横川駅から可部線《かべせん》に乗ると、すぐ行けるところだよ。

李相琴

ところで、この新しい友だちの名前は、李相琴《りそうきん》さんだよ。ちょっとききなれないだろう」

岡広《おかひろ》先生は、黒板に漢字で〝李相琴《りそうきん》〟と書いた。

「李《り》さんのもともとの家は、朝鮮《ちょうせん》なんだ。朝鮮《ちょうせん》とはね、朝の美しい国という意味だよ。昔から学問や芸術《げいじゅつ》が発達していたところなんだ。李《り》さんの名前には琴《こと》という字があるが、琴《こと》はきれいな音を出す楽器だというのは、みんな知ってるだろう。李《り》さん、きれいな名前だね。

みんな李《り》さんに親切にしてあげなさい。さあ、拍手《はくしゅ》で歓迎《かんげい》しよう」

教室いっぱいに、小さな手でたたく拍手《はくしゅ》の音が鳴りひびいた。私はうれしかった。ていねいに最敬礼《さいけいれい》をした。

休み時間になると、いちばん後ろの席にすわった私のところに、何人かの女の子が来た。みんな明るい顔でにこにこしている。

「李《り》さん、げた箱《ばこ》と便所、教えたげる」

手をとりあって階段《かいだん》をおりたりあがったりしながら、案内してもらった。私は、すっかり幸せな気持ちになっていた。岡広《おかひろ》組の生徒は元気で、しかも親切で明るかった。

べんとうの時間が来た。みんなうきうきした笑《わら》い顔《がお》となって、机《つくえ》の上にべんとうを出してひらいた。私も、母がちゃんとべんとうを入れてくれたので、みんながするようにならった。

「いいかい。よくかんで食べるんだよ」

「はあい。いただきまあす」

いっせいにふたをとって、食べはじめた。しかし、なんと静かなことか。すぐ横の女の子が、私の耳元でないしょ話をするようにささやいた。

「李《り》さん、ゆっくり食べるんよ。そしたら先生がね、少しでも長く、本を読んでくれるんよ」

岡広《おかひろ》先生は、机《つくえ》のあいだを行ったり来たりしながら、本を読みはじめた。長い話の続きらしく、初めのうちはよくわからなかったが、とてもおもしろいと思った。みんなが食べ終わったころ、岡広《おかひろ》先生は、本をとじた。

「今日はこれまで」

「ごちそうさまあ」

今度は、がちゃがちゃ大きな音を出して、べんとうをしまうと、生徒は元気よく外に飛び出した。

岡広《おかひろ》先生は、お昼時間にいつも本を読んだ。悲しい話のときは、のどが詰《つ》まったら水を飲むとや、はなみずをふくように注意した。おかしい話のときは、ごはんが口から飛び出ないように手で口をふさぐように、ともいわれた。毎日のおべんとうの時間が、待ちどおしかった。だけど、先生のお昼時間は、それだけへるのである。子どもがみんな出ていった教室で、ひとりでお昼ごはんを食べる先生を、何度も見たことがある。でも岡広《おかひろ》先生は、いつも笑《わら》っている。生徒が、とんだりはねたり、しゃべって騒《さわ》いだりしても、岡広《おかひろ》先生は、かわいくてしかたがないような顔をしている。そうかといって、子どもらは行儀《ぎょうぎ》が悪いのではない。静かにすべき時間もちゃんとわきまえている。岡広《おかひろ》先生のぶあついめがねの奥《おく》には、やさしい目がほおえんでいる。生徒も先生につられてよく笑《わら》う。だから岡広《おかひろ》組は、にこにこ組である。

初めて転校した日から、私はこんな岡広《おかひろ》組が大すきになった。

「お母さん、こんどの学校ではね、名前が李相琴《りそうきん》になったんよ。岡広《おかひろ》先生がね、名前がきれいだって、いったんよ。みんなもね、李《り》さん、李《り》さんと呼《よ》ぶんよ」

宇品《うじな》小学校に転校した初めての日の夜、父と母は、私がしゃべるのを、うれしそうにきいていた。母は目に涙《なみだ》を浮《う》かべ、私の頭をなでた。

「よかったねえ。岡広《おかひろ》先生は、りっぱな人じゃねえ」

「お父さん、岡広《おかひろ》先生はね、目がにこにこ目よ。でもね、近眼《きんがん》だから、めがねをふたつも使うんよ。本を読むときはね、ほかのめがねに替《か》えるの」

「近眼《きんがん》じゃなくて、老眼《ろうがん》じゃろうな。岡広《おかひろ》先生は、いい先生らしいな。岡広《おかひろ》先生、すきか？」

「うん、大すきよ。声もやさしいし、本を読むのが、とても上手よ。岡広《おかひろ》組の生徒はね、みんな先生が大すきよ」

「よかったのう」

その後も毎晩《まいばん》のように、私は父と母に、楽しい岡広《おかひろ》組の話をつぶさに伝えた。「岡広《おかひろ》先生がね」「岡広《おかひろ》先生がね」は、私の口ぐせになった。

日記を書きなさい

転校した最初の日の授業《じゅぎょう》が終わったあと、岡広《おかひろ》先生は私を呼《よ》んだ。教室の前のほうにある先生の机《つくえ》に行くと、時間表をくれた。

「あしたから、その時間表を見て、準備《じゅんび》するといいよ。それからね。岡広《おかひろ》組の生徒は、みんな日記を書くことになっているんだ。李《り》さんもさっそく今日から書くんだな」

「にっき？」

「日記、書いたことないのかい？　うーん、日記とはね、その日あったことを、見たとおり、したとおり、思ったとおり書いておくもんだよ。寝《ね》る前に書くといいよ。まず、日にちとその日のお天気を書くことだな。それから日記帳は、ふつうのノートよりちょっと厚《あつ》めのほうがいいよ。そうそう、このノートをあげよう。そしてね、月曜日ごとに先生に見せてくれるかい？　見せたくなかったら、見せんでもいいよ」

岡広《おかひろ》先生からもらったノートは、横線だけの大学ノートだった。

夕食のあと、岡広《おかひろ》先生にもらった大学ノートをひらいた。可部《かべ》小学校のとき、つづり方の時間に作文を書いたことはあるが、日記は初めてだ。さて、なにをどんなふうに書いたらよいのか、わからない。でも、あったことをそのとおりに書けばいい、といった岡広《おかひろ》先生のことばを思い出して、とにかく書き出した。ずいぶん長い時間をかけて、一字一字ていねいに書きあげた。

月曜日の朝、岡広《おかひろ》組の生徒は、我先《われさき》にと先生の机《つくえ》の上に日記を重ねあげる。だから月曜日ごとに岡広《おかひろ》先生は、とても忙《いそが》しい。休み時間に先生は日記を読むのである。岡広《おかひろ》先生は、赤鉛筆《えんぴつ》で短いコメントを書き込《かこ》む。そして帰る前にみんなに日記を返す。岡広《おかひろ》先生の赤鉛筆《えんぴつ》の字は、私たちにとっていいようのないほど大きな喜びであった。生徒たちは、ごほうびをもらったようにほくほくする。岡広《おかひろ》組の生徒は、いっしょうけんめい日記を書きつづけた。私も日一日と、たどたどしい文章をつづることが楽しくなっていった。これは私だけでなく、岡広《おかひろ》組のみんなにかけがえのない、貴重《きちょう》な体験であった。

日記を書くのに慣《な》れてくると、私はなんでも書いた。うれしいこと、悲しいこと、見たこと、きいたことを書きつづり、月曜日ごとの先生のコメントを、わくわくしながら待った。岡広《おかひろ》先生からもらった大学ノートも、日がたつにつれ、おおかた埋《う》められていった。

私は、今もその日記帳をはっきり思い出せる。ろうそくのシミや、いつか雨にぬれてできた黄ばんだシミまで、ありありと目に浮《う》かぶ。私の家には、教科書しか読む本がなかったが、自分の日記を読むのが新しい楽しみになった。ただし、日記は声を出して読まなかったから、父も母も知らない、私だけの秘密《ひみつ》でもあった。この最初の日記帳の内容《ないよう》は、今もほとんど完璧《かんぺき》にそらんじることができる。二、三カ所だけ紹介《しょうかい》しよう。かな遣《づか》いは、旧式《きゅうしき》なので替《か》えることにする。

○がつ○にち　○ようび
あさおきてかおをきれいにあらいました。
きょうはうじなのがっこうにいくひです。
あさごはんが　のどにつまってたべれませんでした。おかあさんと　でんしゃみちをあるいて
がっこうにいきました。
がっこうがあまりおおきいので　びっくりしました。わたしは　おかひろぐみになりました。
おかひろせんせいのめが　やさしくわらっているので　わたくしはあんしんしました。
おかひろぐみのせいとはしんせつです。せんせいもせいともよくわらいます。だからおかひろ
ぐみは　にこにこぐみです。わたくしは　おかひろぐみになったので　うれしいです。
でも　ふしぎなことがありました。まえのがっこうでは　りさんとよばれるとおもうたら　カ
ネムラヒロコさんとよびました。こんどは　カネムラヒロコさんとよばれるとおもうたら　リ
ソウキンさんとよびました。おかひろせんせいは　ちょうせんがうつくしいくにだといいまし
た。わたしのなまえもきれいだといいました。おかひろぐみのせいとは　ちょうせんじんをバ
カにしません。わたしはとてもうれしいです。
いえにかえって　おかあさんとおとうさんに　なまえがかわったことと　おかひろせんせいが
やさしいことと　みんながしんせつなことをはなしたら　とてもよろこびました。おかあさん

は　よかったよかったといいながら　かおはなきそうなかおになりました。

（よかったね。ほんとうにいいなまえだよ）

○月○日　○ようび

あさめをあけたらふだんのひよりおそくおきました。おとうさんもおかあさんもミエちゃんもみんなあさねぼうしました。とけいがとまっていたからです。

ごはんもたべないで　いえからがっこうまで　ずっとはしりました。どんどんはしると　むねがいたくなりました。でもがまんしてはしりました。

かんだじんじゃのまえも　そのままはしってとおりました。きょうしつについたとき　はじまりのベルがなりました。

かえりがけに　かんだじんじゃでゆっくりおじぎをにへんしました。ひとつはあさのぶんです。

（たいへんだったね）

○月○日　○ようび

きょうはさむいひです。あさおきたときゆきがすこしふりました。

がっこうがおわってでんしゃどおりまできたら　あさがたはおらなかったうまが　いっぱいきていました。7ちょうめから4ちょうめまで　ながいれつにならんでいます。せんちにいくうまです。
わたしがちかづいたら　ちゃいろのうまがあたまをよこにふったりうなずいたりしました。なにかおはなしがしたいようです。くろいうまは　おしっこをしました。あぶくがぶくぶくでておおきなみずたまりになりました。はなすじのしろいうまは　うんこをしました。ゆげがもくもくたちました。できたてのおまんじゅうのようなうんこです。あんまりおかしいので　わたしがこえをだしてわらったら　そばのうまがはなをふふふんとならして　ひづめでつちをトントンとふみました。わらったのでしょうか。
うまたちは　こちらでヒヒヒンとなくと　あちらでもヒヒヒンとなきます。なにかあいずをしているようです。わたしもうまのことばがわかったらいいなとおもいました。うまはどのうまもやさしいきれいなめをしています。よくみるとなみだがいっぱいたまっていました。せんちにいくのがしんぱいなのでしょうか。

（うまのようすを　くわしくかけたのがよろしい）

岡広《おかひろ》先生のコメントは、たいてい短い。「よしよし」「うまい」「がんばれ」「げんきだせ」などであった。岡広《おかひろ》先生は、私にだけ親切だったとは思わない。クラスの生徒は、私と同じように岡《おか》広《ひろ》先生が大すきだった。日記を返してもらうと、子どもたちはむさぼるように先生のコメントを読む。にこにこする子、深刻《しんこく》そうな顔をする子、仲《なか》よしの友だちと見せ合いっこする子など、反《はん》応《のう》はいろいろである。私は、ふっと涙《なみだ》ぐむことが多かった。

岡広《おかひろ》先生は、雨の日も風の日も、昼時間には本を読みきかせた。三十人以上の生徒の日記をせっせと読んで、温かいはげましも書きつづけた。岡広《おかひろ》組の生徒は、人の話もよくきき、自分の考えもよくあらわせるように教育された。受容《じゅよう》と表現《ひょうげん》のつりあいがよくとれていた。読みきかせを通して、生徒の語彙力《ごいりょく》、理解力《りかいりょく》はゆたかになり、日記を通して表現力《ひょうげんりょく》はめきめき上達する。岡《おか》広《ひろ》組の生徒は、書くことを苦にしなかったし、みんなつづり方がすきだった。

岡広《おかひろ》先生の授業《じゅぎょう》は、とっぴで楽しかった。ミュージカルのような劇《げき》もよくやった。今も、岡広《おかひろ》先生の声が生き生きとよみがえる歌がある。

大きなふくろを　肩《かた》にかけ
大こくさまが　きかかると
そこに　いなばの　しろうさぎ
かわをむかれて　あかはだか*

ずんぐり背《ぜ》の岡広《おかひろ》先生は、大こくさま役である。右肩《みぎかた》に両手をあてて、岡広《おかひろ》先生は、さも重たそうに体を左右にふりながら歌うのである。席にすわっている私たちも歌う。教壇《きょうだん》では、しろうさぎになった生徒がしくしく泣《な》いている。これは「国語」の教科書にある話だが、岡広《おかひろ》先生は、劇《げき》にして授業《じゅぎょう》を進めた。かわりばんこにしろうさぎになって、大こくさまと劇《げき》をするのである。ことばのやりとりもジェスチュアも自由だった。「いたい、いたい」といいながら泣《な》く子もいれば、ひとこともしゃべらず、手まねで訴《うった》える子もいた。拍手《はくしゅ》や笑《わら》い声《ごえ》が絶《た》えなかった。

そのほかの劇《げき》もたくさんあったが、私が鮮明《せんめい》なイメージを今なお保《たも》っているのは、「いなばのしろうさぎ」である。私は家に帰ると、岡広《おかひろ》先生をまねて大こくさまになり、妹に、しろうさぎをやらせた。母もこの歌をおぼえた。夜、私の家でも「いなばのしろうさぎ」は何度も上演《じょうえん》され、みんなで合唱した。父は、キセルでたばこをふかしながら、にんまり笑《わら》って見ていた。胸《むね》あたたまるなつかしい思い出である。

岡広《おかひろ》先生を私は絶対《ぜったい》に信頼《しんらい》した。だから日記になんでも書いた。父と母がけんかをしたこと、暴風《ぼうふう》で屋根がはがれたとき雨もりがひどくて眠《ねむ》れなかったこと、私が母の足をだいて寝《ね》ることなども書いた。妹が生まれた日から、母のそばには赤ちゃんのふとんが敷《し》かれた。しょんぼりしている私のために、母の足もとに横むきに私のふとんが敷《し》かれた。私は、毎夜、母の足をだいて、母の体温を感じながら安心して眠《ねむ》ったのである。この習慣《しゅうかん》は宇品《うじな》時代も続いた。岡広《おかひろ》先生は、このことについて（そろそろ、ひとりでねるようにしてはどうかな）というコメントを書いてくれた。でも、私はどうしても母から離《はな》れられないので、そのままずるずると母の足をだきながら寝《ね》ていた。別の部屋で、ちゃんとひとりで寝《ね》られるようになったのは、四年生になって、鷲部《わしべ》に引《ひ》っ越《こ》ししてからだった。

そのころ、朝鮮人《ちようせんじん》のバラックでは、巫女《みこ》が来て祭事をするのがはやった。ある日、私の家にも来た。ごちそうやくだもの、酒をそなえた膳《ぜん》の前で、巫女《みこ》は呪文《じゆもん》をとなえてから踊《おど》り出《だ》した。両方の手首にたくさんの鈴《すず》をつけて、ジャランジャランと鳴らしながら、なにかに憑《つ》かれたように踊《おど》るのである。そして最後に、葉っぱのついた竹の枝《えだ》をふりながら家中をあさった。鬼神《きじん》をさがして追い出すのだそうだ。巫女《みこ》は、タンスやおしいれの前で竹の枝《えだ》をふりつづけた。母はあちこちの引き出しをあけたり、行李《こうり》をあけたりしている。竹の枝《えだ》はますます激《はげ》しくふられる。とある場所で枝《えだ》が身ぶるいするようにふるえるので、母が枝先《えださき》の示《しめ》すほうから衣類をとりだした。巫女《みこ》が指さしたのは、母のチマチョゴリであった。

巫女《みこ》はそこに、死者の怨念《おんねん》が移《うつ》って、鬼神《きじん》が宿っているといった。母は巫女《みこ》の竹の枝《えだ》にみちびかれて、チマチョゴリを外に持ち出し、マッチをすって火をつけた。チマチョゴリはめらめらと燃《も》えあがり、母は、「アボジー、アボジー」と呼《よ》びながら、号泣《ごうきゆう》した。

神秘《しんぴ》でもあり、ぶきみでもある巫堂儀式《ムダンぎしき》*が終わったあと、急に、家の中は深山の洞窟《どうくつ》のようにうつろに感じられた。私は、家の中がこわくてしかたがなかった。どこかに鬼神《きじん》がいるようで、ときどき身の毛のよだつ恐怖感《きようふかん》におそわれるのである。私は、このことを長々と日記に書いた。外祖父《がいそふ》は万歳《ばんざい》運動のため死んだこと、母が孤児《こじ》になったこと、母は日本人がきらいなこと、外祖《がいそ》父《ふ》は鬼神《きじん》になって、今、私の家にいることなど書いた。岡広《おかひろ》先生はこう書いてくれた。

(鬼神《きじん》なんかぜったいにいません。めいしんだよ。こわがらないように。だが、おじいさんがそ

んなふうになくなられたのはきのどくにおもう)

岡広《おかひろ》先生のコメントを読んでから、私の恐怖心《きょうふしん》はいくらかおさまった。

私は、可部《かべ》小学校のことも書いた。朝鮮人《ちょうせんじん》といっていじめられたとき、とてもとても悲しかったこと、なにも悪いことしていないのに石を投げられたことなどを書いた。岡広《おかひろ》先生は、

(いじわるにほんじんのこがいたことをはずかしくおもう。せんせいがかわってあやまる。けっしてひねくれないように)

と、書いてくれた。そして授業《じゅぎょう》の時間に、それとなく機会を作って生徒たちに、朝鮮《ちょうせん》について話した。すぐれた学問や、焼き物、仏教《ぶっきょう》のことなど、私も知らなかったことを教えてくれた。だから、宇品《うじな》小学校では、一度も朝鮮人《ちょうせんじん》といわれたこともなく、いじめられたこともない。むしろ、子どもたちは、私をうらやましそうに見るのであった。

教師《きょうし》の影響《えいきょう》がどれほど大きいものか、つくづく考えさせられる。

日記を声に出して読むことこそしなかったが、私は父と母に、岡広《おかひろ》先生が話したことをそっくりそのまま伝えた。

「りっぱな日本人もいるねえ」

母はいつも感心してため息をついた。父も感嘆《かんたん》しながら、

「岡広《おかひろ》先生は、ほんとうの歴史をよう知っとる」

といった。

父も母も心から岡広《おかひろ》先生を尊敬《そんけい》した。

189ページ　大きなふくろを……あかはだか――石原和三郎《わさぶろう》作詞《さくし》・田村虎蔵《とらぞう》作曲の唱歌「大こくさま」より。

191ページ　巫堂儀式《ムダンぎしき》――巫堂《ムダン》は巫女《みこ》を指す。神を呼《よ》びおろして神託《しんたく》を伝えたり、占《うらな》いや予言を行い、病気を治したりする。身辺に不幸が重なったりすると巫堂《ムダン》を呼《よ》び、「クッ（巫女《みこ》の儀式《ぎしき》）」を行う。

春の風

バラックの家に住むことになって、私がいちばん気に入ったのは、ふたつの部屋にそれぞれ窓《まど》があったことである。それは、ガラス窓《まど》二枚《まい》をスライド式に開閉《かいへい》するのでなく、一枚《まい》のガラス戸が壁《かべ》の内側にすべりこむ戸袋式《とぶくろしき》である。でもふたつの窓《まど》は南向きなので、部屋には明るい日の光がいっぱいさしこんだ。可部《かべ》の家で飯台を横に倒《たお》して窓《まど》を作ったことが思い出された。

初めてこのバラックに来た日、私とミエちゃんは窓《まど》にかけよって、こおどりして喜んだ。六畳《じょう》の間の窓《まど》は、前のバラックにさえぎられ、見えるものがあまりなかったが、入り口に近い四畳半《じょうはん》のほうは、ななめ横に共同水道場が見えたし、ちょっと遠くには電車道路まで見えた。私たちは、四畳半《じょうはん》の窓《まど》ぎわにすわって、外をながめた。一日中ながめてもあきなかった。

もうひとつうれしかったのは、父が縁側《えんがわ》を作ってくれたことである。ある雨あがりの日、父は雨水の流れをよくするために、スコップで家の外側に溝《みぞ》のようなものを作っていた。そのとき、ふと手を休めて、

「おや、ここに戸がひらいとったんじゃのう」

といった。その日も窓《まど》によりかかっていた私たちは、父が指さす六畳《じょう》の間のはしの壁《かべ》を見た。

一度、切りとられたらしい板壁《いたかべ》が、むぞうさに釘《くぎ》打たれていた。

「前に住んどった人が、ここに戸をつけて出入りしとったんじゃろう。そうじゃのう、戸があると、夏はすずしいし、冬も縁側《えんがわ》を作ったら、日がええときはぬくいじゃろうなあ」

父は腰《こし》をのばして、ひとりごとのようにいった。

「父さん、縁側《えんがわ》を作って」

私がいいだすと、妹も加勢した。

「父ちゃん、縁側《えんがわ》がほしいよう」

「そうじゃのう。作れんこともないじゃろう」

「ほんとう！　お父さん。縁側《えんがわ》作って、ね、おねがい」

私たちは手をたたいてせがんだ。

そして何日か後、父は古物屋からすすけた障子《しょうじ》一枚《まい》と古い縁台《えんだい》を買って、リヤカーにのせてきた。父はまず、部屋の壁紙《かべがみ》にナイフで切れ目を入れたあと、外にまわって板壁《いたかべ》の釘《くぎ》を抜《ぬ》いた。父が、力いっぱい板壁《いたかべ》を引くと、四角い穴《あな》がぽっかりあいた。よく見ると、壁紙《かべがみ》の下には敷居《しきい》がちゃんと残っている。父は障子《しょうじ》を敷居《しきい》に合わせて少しけずっていたが、そんなに手まどらないで、とりつけた。これも、窓《まど》と同じように戸袋式《とぶくろしき》だ。さて、縁側《えんがわ》の床《ゆか》は、中古の縁台《えんだい》を置《お》くだけである。がたつかないように、石や木切れで脚《あし》をしっかり固定した。私の家の縁側《えんがわ》は、いとも簡単《かんたん》にできあがった。まだ暑かったころなので、父は障子《しょうじ》をあけてすだれをかけた。私とミエちゃんは、すだれをくぐって、出たり入ったりして喜んだ。数日後、父は、ひさしをつぎたして、雨が降《ふ》っても縁台《えんだい》がぬれないようにした。

縁側《えんがわ》は、せまかったが、私たちの楽しい遊び場になった。ままごと、人形遊びもしたが、私は宿題もした。ときどき、ごはんもここで食べた。

そのころバラックの周辺は、のら犬やのら猫《ねこ》のたまり場であった。練兵場に食べ物があったせいか、みっともない捨《す》て犬《いぬ》や捨《す》て猫《ねこ》がウロウロするのである。夜になると、猫《ねこ》たちがギャアギャアとすさまじい声で叫《さけ》びながら、家のまわりをとびまわったりする。私の家の小さい縁台《えんだい》の下に、のら犬が寝《ね》ていることもあった。父がシッシッと追いはらおうとすると、母は、

「ほっときんさい。家なし子、親なし子だから」

といった。病気のように見える犬がうずくまっているときなど、母は食べ物や水をやったりする。母は情《じょう》が深く、人ばかりでなく動物にもやさしかった。

ある冬の日、母が子犬を一匹《ぴき》拾ってきた。

「なんという無情《むじょう》の人間がおるんか。目もあいていない子犬を、こんなに寒い日に捨《す》てるなんて」

母は、だれにともなくプリプリ怒《おこ》りながら、火鉢《ひばち》のそばに子犬を置いた。私たちは母の命令で、ざぶとん、タオル、古着などを、ひと騒《さわ》ぎしながら持ってきた。子犬はこきざみにふるえている。

「ごはんは無理《むり》じゃねえ。キマちゃん、牛乳《ぎゅうにゅう》ひとびん買っておいで」

私は、小銭《こぜに》をにぎりしめて、電車通りの店までふっとんだ。母は、小さいうつわにわけた牛《ぎゅう》

乳《にゅう》を、少しあたためて、子犬に与《あた》えた。子犬は、クンクン甘《あま》えるような声を出しながら、むさぼるようになめつくした。そして、気持ちよさそうに目をつぶった。

この捨《す》て犬《いぬ》は、この日から我《わ》が家《や》の新しいお客になったのである。宇品《うじな》では、私たちの食べ物もそまつになっていたのに、母は、我《わ》が子《こ》にも飲ませられない牛乳《ぎゅうにゅう》を、子犬のためにその後も何本も買わねばならなかった。子犬は、ごはんにミルクをかけてやると、汁《しる》だけ吸ってごはん粒《つぶ》は残すのである。母はごはんをスプーンでやわらかくすりつぶして、ミルクにまぜた。すると子犬は、ごはん粒《つぶ》まで食べた。私は、母にならって、しばらくのあいだ朝夕二回、子犬のためにごはん粒《つぶ》をていねいにつぶした。元気になった子犬は私たちと、大の仲《なか》よしになった。

「お姉ちゃん、名前を付けてあげよう」

「うん、そうしよう。これはオスよ。なにがいいかなあ」

「お姉ちゃん、ポチにしよう。ポチ、ポチ」

「ポチなんて、あんまりざらにありすぎるよ。そうだ、ドリにしよう。これ、見んさい。ドリの毛とそっくりよ。ね、ミエちゃん、ドリにしよう」

「ドリ、ドリ」

夕方、家に帰った母は、私たちがドリと呼《よ》ぶのをきいて、にっこりした。

「ドリにしたの。キマちゃん、ドリが朝鮮《ちょうせん》の名前ちゅうこと、知ってるか?」

「いんや。小山のアジメの家のドリに似《に》ているから、付けたの」

「あの犬も捨《す》て犬じゃったねえ。キマちゃん、朝鮮《ちょうせん》ではね、小さい男の子に、ドリという名をよく付けるんよ。日本のタローのようにね」

「お母さん、ドリをずっと家に置いてちょうだい」

「いいよ。ドリだからね」

母の承諾《しょうだく》を得《え》て、ドリは私たちの飼《か》い犬になった。ミエちゃんは、ドリをおんぶしてふざけた。

私は、残り毛糸をつなぎあわせて、ドリにチョッキを編《あ》んで着せた。

ドリに、そろそろ犬小屋が必要になったころ、母は、こんどは猫《ねこ》を拾ってきた。白と黒のまだらの毛に、右の耳先がちょっぴり茶色のかわいい子猫《こねこ》だった。私たちは喜んだが、父は、

「これじゃ、動物の孤児院《こじいん》になるけな、いいかげんに、見て見んふりしとけ」

といった。母も、ちょっと淋《さび》しい声でいった。

「ほんまに。なんぼかわいそうでも、うちにみんな連れてくるわけにはいかんよね」

「それでも、こいつ、ミケじゃのう」

父が子猫《こねこ》をだきあげた。父は猫《ねこ》がすきである。

「父ちゃん、これもドリみたいに、うちに置いて。わたいが見たげる」

ミエちゃんが、甘《あま》え声《ごえ》でいった。

「よしよし」

父は、子猫《こねこ》をやさしくなでながらいった。この猫《ねこ》の名前は、だれからともなくミケと呼《よ》ばれた。

宇品《うじな》の家の小さい縁側《えんがわ》が、にぎやかになった。縁台《えんだい》の下には、むしろを敷《し》いてドリが住み、縁《えん》台《だい》の上にはミケとミエちゃんが陣《じん》を張《は》り、学校から帰ると私も参加《さんか》した。ふざけたり、笑《わら》ったり、すっかり大きくなったドリまで縁台《えんだい》の上にあがって、いっしょに昼寝《ひるね》をしたり、私たちは動物を飼《か》う楽しみを満喫《まんきつ》することができた。

二年生も終わりに近いころのある日曜日、私はひとりで家にいた。縁側《えんがわ》には、もう春らしい風がやわらかく吹《ふ》いていた。そのころ、岡広《おかひろ》先生は、お話のほかに、ときたま、童謡《どうよう》や童詩も読んでくれた。それはとても耳に楽しいことばだと思った。ひとり、ごろごろしていた私は、童詩を書いてみたいと思った。岡広《おかひろ》先生は、童謡《どうよう》や童詩も、つづり方と同じように、思ったとおり、あったとおりにすなおに書くのだといわれた。なんだか書けそうな気がする。そして私の日記帳に、生まれてはじめての童詩が、書きつけられたのである。

〇がつ〇にち　〇ようび
きょうは　るすばんをしながら　どうしをかきました。
　はるのかぜ
はるです。
かぜが　まあるく　なりました。
はるのかぜは　いたずらが　すきです。

わたしのみみやほっぺを　くすぐります。
ミケも　こそばゆいのか　みみやほっぺたを　なでまわしています。
えんがわにふくかぜが　やさしいです。
わたしが　あくびをすると　ミケもあくびをしました。
ねむくなりました。
はるのかぜは　ミケとわたしを　まあるくつつんでくれました。

そのあくる日、月曜日のおべんとうの時間、突然《とつぜん》、岡広《おかひろ》先生が、私の名前を呼《よ》んだ。

「今日はね、李《り》さんの童詩を読んでもらうことにしよう。みんな、よくきいてください」

びっくりしている私に、岡広《おかひろ》先生は「春の風」を読むようにうながした。私はゆっくり読んだ。岡広《おかひろ》先生は二度続けて読ませた。クラスの友だちが、どんな反応《はんのう》をしたのか、それは忘《わす》れた。今もはっきりおぼえているのは、「まあるく」の横に、赤鉛筆《えんぴつ》で丸がつけられていたことである。

翌日《よくじつ》、私は二年生のほかの組や、三年生の組にも行って、「春の風」を読んだ。たくさん拍手《はくしゅ》を受けて、私はいささかのぼせ気味だった。でも心からうれしかった。

父と母にも読んであげた。日記は読まないことにしていたが、「春の風」は特別《とくべつ》に読んであげた。ふたりとも喜んだ。彼《かれ》らは、娘《むすめ》が岡広《おかひろ》先生にほめられたことが、もっとうれしかったのだと思う。

学級文庫

二年生になったとはいえ、私の言語力は、きわめて貧弱《ひんじゃく》なものであった。決定的な言語習得期《しゅうとくき》といわれる幼児期《ようじき》を、私は小山さんの私設託児所《しせつたくじしょ》で、チビ同士のかたことのやりとりしかしていない。それも日本語と朝鮮語《ちょうせんご》のまぜこぜで。家では、父も母も慶尚道《キョンサンド》なまりの朝鮮語《ちょうせんご》を遣《つか》うときが多かった。そのうえ私の家には、新聞も雑誌《ざっし》もラジオもなかった。小学校に入ってからも、私が読むものは、教科書しかないのである。このような環境《かんきょう》で育つ子どもは、ちょっと形のあらまった話し方になると、理解《りかい》できないようになる。このごろの表現《ひょうげん》でいえば、文化失調というところであろう。

宇品《うじな》小学校に来たとき、私は学校で習う「国語」だけはよく読めた。しかし、岡広《おかひろ》先生の読むお話の中には、よくわからないことばがたびたび出てくる。もちろん、クラスのほかの生徒たちも、程度《ていど》の差はあっても、ことばの壁《かべ》にぶつかることはあるらしかった。みんながキョトンとしていると、岡広《おかひろ》先生は説明をして、もう一度読みなおす。ときには、

「これは、ちょっとむつかしい話だから、よくわからないことばが出るかもしれんよ」

と、あらかじめことわってから読んだ。そして、わからないことばも、じっときいていれば、

自然にわかるようになる、といった。

ある日、先生が読んだ本の中に「まなこ」ということばが二、三回出たことがある。初め、私は先生が、なまこをまちがえて読んだのだと思った。「くろいまなこ」といったとき、「くろいなまこ」だと思ったのである。

母はときどき、なまこを買った。父の酒のさかなにするためである。イボイボのあるなまこには黒いのも茶色のもあった。

「あれ、先生まちがってる」

私は、ひとりクスッと笑《わら》った。続いて先生が「まなこに涙《なみだ》を浮《う》かべて」と読んだとき、

「おや、なまこも泣《な》くのかな？」

と思った。「まなこ」と「なまこ」が、頭の中でこんがらがっているあいだにお話はどんどん進んで、私はその日のお話をききそびれてしまった。残念だった。私はそのことを日記に書いた。

何日かたって、岡広《おかひろ》先生は、黒板に大きな目の絵を描《か》いた。

「これ、知っている人？」

子どもたちは、なあんだというふうに笑《わら》いながら、

「目です」

と、大きな声で答えた。

「そうだ。目だよ。人間には目がふたつある。犬にも馬にも目がふたつある。だいたい目はふた

つずつあるだろう」

「ひとつ目小僧《こぞう》もいるし、三つ目のおばけもいまあす」

だれかが、ひょうきんな声でいったので、どっと笑《わら》い声《ごえ》が起きた。たちまち教室は、そうぞうしくなった。岡広《おかひろ》先生は、みんなが静まるまで少し待ってから、

「ところでな、目ということばのほかに、どんなことばがあるか、知ってるかい？」

と、きいた。子どもたちは、一瞬《いっしゅん》静かになった。

「先生、まなこといいます」

ある女の子がいった。

「よろしい。そうだね、目をまなこともいうね。そのほか？」

岡広《おかひろ》先生は、黒板に〝め〟、〝まなこ〟、と書いた。だれも答えないので、先生は、続けて〝ひとみ〟と書いた。

「いいかい。目をひとみ、ともいうんだよ。それから目の病気のときは、どの病院に行くかい？」

「ガンカです」

何人かがいっしょに答えた。

「そうじゃ。ガンとは漢字で目のことだよ。だから、目のほうたいをガンタイというだろう。それから、〝まぶた〟とか〝まなざし〟とかいうことばもあるが、これも目のことだよ」

私は驚《おどろ》いた。目について、こんなにたくさんのことばがあることは、知らなかった。この前、岡広《おかひろ》先生が〝まなこ〟といったのは目のことで、〝なまこ〟のまちがいではなかったことが、はっきりわかった。

岡広《おかひろ》先生が、黒板に描《か》いた大きな目の絵と、その横に、〝め〟〝まなこ〟〝ひとみ〟〝ガンカ〟〝ガンタイ〟〝まぶた〟〝まなざし〟と書いた板書の映像《えいぞう》は、半世紀を過《す》ぎた今なお、私のまぶたに生き生きと浮《う》かびあがる。

私はその日の日記に、短文を書いた。

め＝ドリのめはちゃいろです
まなこ＝ミケのまなこはまんまるです
ひとみ＝ミエちゃんのひとみはかわいいです
まぶた＝あさねぼうしたらまぶたがはれました
まなざし＝おかあさんのまなざしはやさしいです

そして、岡広《おかひろ》先生は、私の短文に（うまい、うまい）、とコメントした。

人間の知的発達は、ある瞬間《しゅんかん》ひらめくような飛躍《ひやく》を遂《と》げる。文化失調児《しっちょうじ》であった私は、そのころ、新しい目と耳を大きくひらくことができた。岡広《おかひろ》先生が、ゆたかなことばの世界の扉《とびら》をひらいてみせたのである。ヘレン・ケラーがサリバン女史によって、ウォーター（水）という単語を教えられ、初めてことばを発見したときの感動になぞらえるのは、ややおおげさかもしれないが、私の感動もけっして小さかったとはいえない。

私の新鮮《しんせん》な衝撃《しょうげき》は、目に映《うつ》るものすべてに、新しい見方をうながす動機を作った。それからというもの、なににについても（これは、ほかのことばではなんというのだろう？）という、好奇心《こうきしん》と興味《きょうみ》が湧《わ》くのである。十二月三十一日がおおみそかだとか、たそがれが夕暮《ゆうぐ》れだということがわかったときは、うれしかった。しわすの風が冬の風や寒い風ということはおぼろげながら知っていたが、〝しわす〟が十二月だということは、このとき知った。歌の中によく出てくる〝やよい〟や〝さつき〟は三月と五月だというのも、すぐわかった。すると一月から十二月まで、なにかほかの呼《よ》び方《かた》があるということに気づき、残りの月の名も知りたくてたまらないのである。岡《おか》広《ひろ》先生にきくのはなんだかはずかしかった。とある日、宇品《うじな》小学校の校門近くにある文具店に行ったとき、そこのおばさんになにげなくきいてみた。

「あら、あんた何年生？　小さいのに、そんなこと知りたいなんて、奇特《きとく》だねえ」

親切なおばさんは、紙きれに一月から十二月までの名前をずらりと書いてくれた。私は、その日のうちに、みんなおぼえてしまった。

「むつき、きさらぎ、やよい、うづき、さつき、みなづき、ふみづき、はづき、ながつき、かんなづき、しもつき、しわす」

アテナインキ

歌のようにそらんじていると、胸《むね》がときめくような喜びが湧《わ》いてくる。急にえらくなったようで、ほくほくした。

私は、帰国して新しく韓国語《かんこくご》を勉強するときも、常《つね》に別の表現《ひょうげん》を同時に考えた。英語の学習でも、私は初めから、単語や熟語《じゅくご》の同義語《どうぎご》をいっしょにおぼえていった。このような学習法が効率《こうりつ》的《てき》であったことは、いうまでもない。

岡広《おかひろ》先生に本を読んでもらうことで、私のことばの力はぐんぐんのびた。お話の本は、美しいことばの宝庫《ほうこ》である。私の語彙《ごい》も文章も日一日とゆたかになった。岡広《おかひろ》先生が読むひとことひとことを、スポンジが水を吸《す》いこむようにとりいれた。そのうち、私は耳できくだけではあきたらず、目でじっくり読みたいと思うようになった。岡広《おかひろ》先生の本を借りられたらいいのになあ、と思いながら、先生の机《つくえ》に置いてある本をながめた。

二学期が終わる日、岡広《おかひろ》先生は通告表を渡《わた》したあと、こんな話をした。

「三学期から学級文庫を作ろうと思うんだがな。君たち、これからはお話を目で読む力もつけようよ。そこでな、みんなが一冊《さつ》ずつ本を持ちよるんだよ。三十人で三十冊《さつ》、三十五人が持ってきたら三十五冊《さつ》になるんだよ。それを、とりかえっこして読んだら、たくさん読める。一冊《さつ》出してたくさん読むのはいいだろう？

お正月にお年玉もらったら本を買いなさい。家にある本を持ってきてもいいよ。二冊《さつ》でも三冊《さつ》でも、たくさん持ってきていいからな」

子どもたちは、学級文庫のことをしゃべりながら帰っていった。

私は、夜、母に岡広《おかひろ》先生の話した学級文庫のことをくわしく伝えた。母はだまってうなずきながら、きいていた。数日後、母は一冊《さつ》の本を買ってきた。「フランダースの犬」である。私はとびあがって喜んだ。

「八丁堀《はっちょうぼり》の本屋さんまで行ったんよ。学級文庫に出す本じゃというたら、その本がいい、と本屋の主人がよってくれたよ」

母はそのころ、いい仕事口をさがすため、毎朝、己斐《こい》行きの電車に乗った。福島町の同胞《どうほう》をたずねるのである。母は、私の本を買うため、帰りがけにわざわざ八丁堀《はっちょうぼり》の本屋まで行ったという。八丁堀《はっちょうぼり》は広島市内の繁華街《はんかがい》の中心地《ちゅうしんち》である。

「フランダースの犬」をパラパラめくってみると、ひらがなが多く、漢字にもふりがながついているので、すぐ読めそうだった。夕食後、

「お母さん、この本読んであげる」

といって、私は朗読《ろうどく》を始めた。あまり詰《つ》まらないで読めた。一度に読みきれない長さなので、二回くらいに分けて読んだように思う。

主人公の男の子のネロと犬のパトラッシュがかわいそうで、私は読みながら涙《なみだ》をポロポロ流した。鼻が詰《つ》まったり、声がかすれたりした。母も涙《なみだ》をふいた。父はあいかわらずだまってきいていたが、ときどき空咳《からぜき》をした。私は冬休み中、ひとりで何回も何回もくりかえして読んだ。それ

にしても「フランダースの犬」が私が持った最初の本であったことは、幸いであった。その後、母も私も本を買うとき、「フランダースの犬」を基準《きじゅん》にしたからである。

三学期が始まった日、岡広《おかひろ》組の生徒は、それぞれの机《つくえ》の上に家から持ってきた本を出した。岡《おか》広《ひろ》先生は、ぐるりとひとまわりしてから、いった。

「えー、マンガや雑誌《ざつし》は学級文庫の本としてあまり適当《てきとう》じゃないから、ほかの本ととりかえてほしいな」

マンガや幼年倶楽部《ようねんくらぶ》を持ってきた子は、きまり悪そうに机《つくえ》の中にしまいこんだ。そうこうして、およそ四、五十冊《さつ》にもなる本が集まった。中には岡広《おかひろ》先生の本もあった。

岡広《おかひろ》組の生徒は、競争でもするように、学級文庫の本を、かたっぱしから読みつくしていった。むずかしくてよくわからない話もあった。活字が小さくて読みにくい本もあった。でも、私たちの読書欲《どくしょよく》はおうせいだった。外国のお話であろうが、日本のお話であろうが、なんでも読んだのである。ときどき、岡広《おかひろ》先生は、文庫の本について説明した。「フランダースの犬」は、とてもいい本だといわれてうれしかった。生徒たちは教室でも読んだが、家に借りて帰ることもできた。それでも、岡広《おかひろ》先生の机《つくえ》の横にあるミカン箱《ばこ》には、いつも十冊《さつ》くらいの本が残っていた。この文庫から借りた本を、私は毎晩《まいばん》のように父と母のために朗読《ろうどく》した。お昼時間に岡広《おかひろ》先生から読んでもらったお話は、もっと上手《じょうず》に読めた。「ヘンゼルとグレーテル」「マッチ売りの少女」「家なき子」「黒馬物語」「母をたずねて三千里」「野ばら」「じぞうさまとはたおり虫」「白雪姫《しらゆきひめ》」などなど、私は忘《わす》れることができない。母といっしょに泣《な》いたり喜んだりしたことは、なおさら忘《わす》れられない。

そのころ、父と母の意見の違《ちが》いが深刻《しんこく》なことに気づいていた私は、なるべくその仲《なか》をとりなしてみようと、幼《おさな》い心をくだいていた。私が本を読むと、少なくとも、そのあいだは平和であった。だから、私はますます熱心に本を読んだ。よその家では親が子に読みきかせをするのだそうだが、私の家では、子が親のために本を読むことが長く続いたのである。

岡広《おかひろ》組の生徒たちは、学級文庫の本だけでなく、マンガや雑誌《ざっし》も借りっこをした。「のらくろ」*のマンガは、ひっぱりだこで、なかなか順番《じゅんばん》がまわってこなかった。「のらくろ」の二等兵、一等兵、上等兵ぶりを読んだおもしろさも、忘《わす》れがたいものである。

私は韓国《かんこく》で大学を卒業した直後、二年間ほど小学校教師《きょうし》をつとめたことがある。お昼時間でこそなかったが、本の読みきかせは怠《おこた》らなかった。学級文庫も作った。かいこが桑《くわ》の葉《は》を食いつくすように、本をむさぼり読む子どもたちを見ながら、私の胸《むね》には岡広《おかひろ》先生への感謝《かんしゃ》の気持ちが湧《わ》いていた。

211ページ「のらくろ」——田河水泡《たがわすいほう》（一八九九—一九八九年）の描《か》いた、犬を主人公とし、軍隊を舞台《ぶたい》にしたマンガ。

ハンコ

三学期が始まってまもないある日、岡広《おかひろ》先生は私を呼《よ》んで、こんなことをいった。

「君は、日本名が金村じゃなかったかな」

「はい、金村です」

「それでは、ハンコがまちがってるらしいな。家に帰ったら、お母さんにいっときなさい。この前、通告表に押《お》したハンコは、〝金本〟だったとな」

その夜、母とハンコをとりだして、紙きれに押《お》してみたら、金本だった。

「おかしいねえ、じゃ、このハンコは、金村さんからもらったときから〝金本〟だったんよ。金村さんが、まちがってくれたらしいねえ」

母は、ひとりごとのようにブツブツいいながら、ハンコを引き出しに収《おさ》めた。可部《かべ》小学校のときも、このハンコを押《お》したはずだが、なにもいわれなかったので、私たちはそのハンコが〝金本〟だということに、気づかなかったのである。

学年末が近づいてくると、岡広《おかひろ》組の生徒は、ときどき心配顔で話し合った。

「ねえ、三年生になっても岡広《おかひろ》組だといいんだけど」

「岡広組《おかひろ》は、先生も生徒も、そっくり持ちあがりになったら、ええのに」

「そんなことできんよ。うちのお兄ちゃんがいうのにな、生徒は全部まぜこぜにするんじゃってさ。宇品《うじな》小学校ではね、これまでずうっと先生もみんな替《か》わったんだって」

岡広《おかひろ》先生が大すきな子どもたちは、先生と別れたくなかった。深刻《しんこく》な顔でひそひそ話を交わしても、みんなで話し合いをしても、私たちから妙案《みょうあん》は出なかった。私は、学校の行き帰りに神田神社で頭を下げるとき、三年生になっても岡広《おかひろ》先生といっしょにいられますように、と心の中で祈《いの》った。そのうち春休みになった。

いよいよ新学年が始まる日である。組分けは二年生のときの教室で発表され、その後、新しい教室に移《うつ》ることになった。私たちはどきどきする胸《むね》をおさえて、緊張《きんちょう》した顔になっている。岡広《おかひろ》先生が、にこにこしながらドアをあけた。先生は、なごり惜《お》しそうにみんなを見まわして、今度もまた二年生の受け持ちになる、といった。私たちは、いっせいに失望の声を出した。

「三年生になったら、もっと元気にがんばれよ」

といって、岡広《おかひろ》先生は組分けにとりかかった。そのころ、宇品《うじな》小学校は全校生二千人以上になる、市内一番の大きな学校だった。ひとつの学年に六組か七組のクラスがあったように思う。岡《おか》広《ひろ》先生は組別に名前を呼《よ》んだ。四、五人ずつ同じ組に行けるようになっている。私は藤井《ふじい》組になった。女の先生である。組分けが終わると、新しい組のクラスメートを呼《よ》び合《あ》うため、わっと騒《さわ》ぎだした。

岡広《おかひろ》先生は、私を手招《てまね》きして、呼《よ》んだ。

「李《り》さん、ちょっと話があるんだが」

岡広《おかひろ》先生は、さもいいにくそうに私の顔をじっと見つめながら、口をひらいた。

「職員会《しょくいんかい》で決まったんだが、三年生からは、金村さんになってもらうよ。いいね。前の学校で慣《な》れてるから、大丈夫《だいじょうぶ》だね」

岡広《おかひろ》先生は念を押《お》しながら話した。

「相撲取《すもうと》りの安芸《あき》ノ海《うみ》を知っとるだろう。安芸《あき》ノ海《うみ》だって本当の名前じゃないからね。えらくなったら、名前がいくつにもふえることがあるんだよ。金村になっても、名前にあんまり気を遣《つか》うなよ。わかったね」

私はなんの返事もできなかった。廊下《ろうか》では藤井《ふじい》組にいっしょに行く友だちが待っているので、私はピョコンとおじぎをして走り出た。

そのころ、宇品《うじな》小学校では、安芸《あき》ノ海《うみ》がトップニュースになっていた。男の子らは、安芸《あき》ノ海《うみ》についてききかじったことを、口から泡《あわ》がでるほどしゃべりまくった。というのは、横綱《よこづな》の安芸《あき》ノ海《うみ》が宇品《うじな》小学校の土俵開《どひょうびら》きに来るからだ。安芸《あき》ノ海《うみ》は宇品《うじな》小学校の卒業生である。運動場にはりっぱな土俵《どひょう》が作られていた。安芸《あき》ノ海《うみ》の本名がなんだったのか、そのころは知っていたのに、どうしても思い出せない。

私は、三年生の初めの日から、また、金村ヒロコになった。藤井《ふじい》先生が「金村ヒロコさん」と呼《よ》んだとき、すらりと返事が出たので安心した。岡広《おかひろ》組から来た生徒もべつになんともいわなかった。だいたい宇品《うじな》小学校の子どもは、おせっかいが少なく、とてもおおらかであったように思う。

二年生のときは、つづり方や習字に、カタカナやひらがなで「リソウキン」「りそうきん」と名前を書いたのだが、三年生からは、名前の書き方をいろいろ変えてみた。金村という名字は漢字で書いたが、ヒロコ、ヒロ子、ひろこ、ひろ子、弘子《ひろこ》、博子、宏子《ひろこ》、広子など、知っている字を総動員《そうどういん》させて、気のむくままに名前を書きつらねた。私は、むしろおもしろがっていたようである。ただ、母だけは大失望で、何度もため息をついた。

一学期が終わって通告表を渡《わた》されたが、その表紙には「李相琴《りそうきん》」と書かれているではないか。オヤ、と思って、ひろげてみると、右上のすみに小さく（金村ヒロコ）と書いてあった。私は家までとんで帰った。母を喜ばせたいためである。

「ほら、お母さん、ここにちゃんと李相琴《りそうきん》と書いてあるでしょう」

予想していたとおり、母は私が全甲《ぜんこう》*をもらったのより、名前が朝鮮名《ちょうせんめい》で書かれているのを、もっと喜んだ。

二学期が始まって、藤井先生《ふじいせんせい》に通告表を出したら、

「あら、金村さん、ハンコがまちがっていますよ。気をつけてくださいね」

と、注意された。

(金村ヒロコ)

學業成績

科目	第一學期	第二學期	第三學期	約評
修身	甲	甲	甲	甲
國語 讀方	甲	甲	甲	甲
國語 綴方	甲	甲	甲	
國語 書方	甲	甲	甲	
國語 科評	甲	甲	甲	
算術	甲	甲	甲	甲
國史				
地理				
理科				
圖畫	甲	甲	甲	甲
唱歌	甲	甲	甲	甲
體操	甲	甲	甲	甲
裁縫				
手工	甲	甲	甲	甲
認定	修了			
	(藤井)	(藤井)	(藤井)	(藤井)
	(金本)	(金本)		

出席狀況

月	全出席章	缺席日數
四月	(勤)	、
五月	(勤)	、
六月	(勤)	、
七月	／	八
九月	(勤)	、
十月	(勤)	、
十一月	(勤)	、
十二月	(勤)	、
一月	(勤)	、
二月	(勤)	、
三月	(勤)	、

そのうち、また学期が終わって、ふたたび通告表をもらったとき、私は母にたのんだ。

「お母さん、この前のときもね、ハンコが違《ちが》うって、藤井《ふじい》先生に注意されたんよ。ハンコ、ほってちょうだい」

「キマちゃん、気を遣《つか》わんといてよ。金村であろうが、金本であろうが、かまわんよ。どうせ、うちらの名前じゃないけね」

そういって、母は、あいかわらず金本のハンコを押《お》すのである。

三学期始業日の朝、私はひやひやしながら通告表を出した。案の定、先生はめざとく見つけて、

「金村さん、ハンコが違《ちが》いますよ。金村と金本の字が違《ちが》うのは、あなただってわかるでしょう。どうして何度も同じまちがいをするのかねえ」

といった。私は、顔がまっかになるほどはずかしかった。

夜、母と顔を合わせたとたん、私は母にたてついた。

「お母さんがハンコほってくれないから、今日は学校で恥《はじ》かいたんよ。木のハンコ、安いでしょう。お母さんがだめだったら、私のお小遣《こづか》いでほるけね」

「キマちゃん、ハンコが問題じゃない。お金も問題じゃない。ハンコなんて安いもんじゃけね。問題は、なんで無理《むり》やりに名前を変えさせるんかということよ。朝鮮人《ちょうせんじん》は朝鮮人《ちょうせんじん》の名前でおればいいのに、なんで日本人の名前にならんといけんのか。キマちゃん、よくきいときなさい。朝鮮《ちょうせん》では昔から名前をとても大切にしてきたんよ。誓《ちか》いをたてるときも、自分の名前にかけて誓《ちか》うん

よ。それくらい、名前は神聖《しんせい》だと信じてきたんよ。

朝鮮《ちょうせん》ではね、いちばんひどいはずかしめが、〝お前の姓《せい》を変えろ〟ということなんよ。うちらは朝鮮人《ちょうせんじん》だから、朝鮮人《ちょうせんじん》の習わしを守らんといけんよ。

日本の名前を使うのは方便じゃけね。山であろうが川であろうが関係ないよ。ほっときんさい。金村でも金本でも同じもんよ」

私は、なんにもいえなかった。ただ、母は絶対《ぜったい》にハンコを作ってくれないということだけ、はっきりわかった。また、私が自分の小遣《こづか》いでハンコを作ったら、ものすごく叱《しか》られるだろうということもわかった。

結局、母は私が宇品《うじな》小学校にいるあいだ、金本のハンコで押《お》しとおした。後に江田島《えたじま》小学校に移《うつ》ってからも、私が卒業する最後まで、ハンコのことでたびたび注意されたが、私はひとりでがまんしきった。もう、母には伝えなかった。

帰国後、創氏《そうし》改名《かいめい》について、いろいろな体験をきいたり、書物を読んだりして、それにまつわる事実が、少しずつはっきりしてきた。強要に耐《た》え、不利益《ふりえき》を甘受《かんじゅ》しながら、先祖《せんぞ》代々の姓氏《せいし》を守りつづけた人々も、一九四〇年（昭和十五年）を期して法令により改名を強制《きょうせい》されたのである。儒学者《じゅがくしゃ》*や、門中*の家老たちの中から自殺者も多く出た。ある人は、自嘲的《じちょうてき》にイヌコクマソン（犬子熊孫）と改名したという。つまり家門の名を捨《す》てるのは、犬の子か熊《くま》の子孫のやることだ、ということを意味している。

十数年前、金恩國《キムウングク》*の『奪《うば》われた名』（《*Lost Names*》）を読んだとき、創氏改名制《そうしかいめいせい》の悲惨《ひさん》さを実感させられた。作品の中には、日本名を登録するため、役所の前に列を作って並《なら》ばされた朝鮮人《ちょうせんじん》が描《えが》かれている。その人らは、順々に日本人官吏《にほんじんかんり》に、改名した日本名を申告する。未定《みてい》の者には、日本名一覧表《にほんめいいちらんひょう》の中から即座《そくざ》に選ばせたり、ぐずぐずしている者には一方的に命名して、速成日本人ができあがっていくのである。これは、どの町や村にもあった事実を、金恩國《キムウングク》が体験に基《もと》づいて作品化したものであるが、その苦痛《くつう》に満ちた群衆《ぐんしゅう》のありさまを思うと、なんともいえない悲哀《ひあい》感《かん》を感じる。

朝鮮人《ちょうせんじん》において、姓氏《せいし》の歴史は絶対的《ぜったいてき》である。したがって、創氏改名《そうしかいめい》は、朝鮮人《ちょうせんじん》としての存在《そんざい》意義《いぎ》を抹殺《まっさつ》するものであり、民族の存続性《そんぞくせい》を根こそぎ転覆《てんぷく》させるものである。創氏改名制《そうしかいめいせい》は、三・一独立《どくりつ》運動の虐殺行為《ぎゃくさつこうい》に準《じゅん》ずる、もうひとつの精神的迫害《せいしんてきはくがい》であった。

私たち一家が金村になったのは、まだ強制《きょうせい》以前のことだったが、当時は、内地という日本の地で生きのびるために、いたしかたない方便として選んだのであろう。

母が、最後まで安い木のハンコさえ作ってくれなかったとき、私は子ども心に、母の意固地をひそかに恨《うら》んだこともあった。

歴史の真相がわかった今、苦痛《くつう》の時代をりっぱに生きぬいた母に、あらためてかぎりない愛と尊敬《そんけい》を捧《ささ》げたい気持ちである。

215ページ　全甲《ぜんこう》——一八九一年ごろから一九四一年までの小学校の通知表は、成績《せいせき》を上から甲《こう》、乙《おつ》、丙《へい》、丁《てい》と評価《ひょうか》した。全科目甲《こう》の成績《せいせき》をとる子どもはまれであった。

218ページ　儒学者《じゅがくしゃ》——儒教《じゅきょう》の学者。李朝《りちょう》が儒学《じゅがく》を国教として以来、儒学《じゅがく》は朝鮮《ちょうせん》でもっとも権威《けんい》のある正統思想で、祖先《そせん》の名を尊《たっと》ぶ朝鮮《ちょうせん》の人々に大きな影響《えいきょう》を与えた。

〃　門中の家老たち——一族の長老を指す。

219ページ　金恩國《キムウングク》——在米作家。Richard E. Kim ともいう。《*Lost Names*》はアメリカで一九七〇年に出版され、ベスト・セラーになった話題作である。

日《ひ》の丸《まる》べんとう

藤井《ふじい》組になって、お話の時間も、学級文庫もなくなったが、私は、けっこう楽しく学校生活をすごした。五月ごろのある日、藤井《ふじい》先生は遠足の予定を発表した。子どもたちは、こおどりして喜んだ。

「行く先は比治山《ひじやま》です。歩いて行きますからね。はきものに気をつけてください。下駄《げた》はいけません。ズックは新しいのより、はきなれたのがいいですよ。それから、おべんとうは日《ひ》の丸《まる》べんとうです。おやつはがまんすることにします。いいですか。持ち物は、日《ひ》の丸《まる》べんとうと水筒《すいとう》、それに手ぬぐいだけですよ」

それでも、私たちはうれしかった。

私は梅干《うめぼ》しがすきだった。父も母もミエちゃんも、全然すきではないのに、私だけがすきなのである。

「おかしい子だねえ。なんでこんなものを、よう食べるんかねえ」

母は、梅干《うめぼ》しをちょっとなめて目を細めながらいった。でも、梅干《うめぼ》しが体にいいということをきいてからは、私のために、うす味にした梅干《うめぼ》しをせっせと作った。

比治山《ひじやま》は桜《さくら》が有名なので、四月の花見どきは人が多いそうだが、私たちの遠足の日は人出があまり多くなかった。比治山《ひじやま》のお宮で、あまんじゃく（天邪鬼）を見た。あまんじゃくは、いいつけに反対ばかりして罰《ばつ》を受け、大きな柱の下に敷《し》かれていた。

お昼になったので、私たちはあちこちの木かげに散らばって、おべんとうをひらいた。藤井《ふじい》先生は、クラスの子どもたちをひとまわり見て歩いた。藤井《ふじい》先生は、私のべんとうを見て、

「金村さん、日《ひ》の丸《まる》べんとうは、まん中に梅干《うめぼ》しをひとつだけ入れるんですよ。味がうすかったら、塩をかけてもらいなさい」

といった。私のべんとうには、まん中にある大きな梅《うめ》のほかに、四つのすみに小梅《こうめ》がはまっていたのである。私は「はい」とすなおに答えた。

遠足から帰って母に、日《ひ》の丸《まる》べんとうは日《ひ》の丸《まる》の形にするように、といわれたことを伝えた。

母は、

「わかっとるよ」

と、あっさりいいのけた。

その日、私はあまんじゃくの話をした。

「それは、朝鮮《ちょうせん》のチョンケグリと似《に》たような話だね」

「チョンケグリってなんのこと？　話して」

「チョンケグリは青ガエルのことだよ。昔《むかし》ね、チョンケグリの親子がおったんよ。チョンケグリ

の子は、お母さんのいうことをきかないで、いつもいいつけられたことと反対のことばかりするんよ。山に行け、いうたら川に行くし、川に行け、いうたら山に行く、という始末でね。チョンケグリのお母さんは、病気になって死にそうになったんよ。それで遺言《ゆいごん》をしたんだがね、チョンケグリの子はいつも反対のことばかりするから、それを思って、反対のことといいのこしたわけよ。〝わしが死んだら、川の岸にほうむっておくれ〟とね。そしてお母さんは死んじゃったんよ。チョンケグリの子は、ものすごく悲しんで、お母さんのいうことをきかなかったのを後悔《こうかい》したんだとさ。そこでね、初めてお母さんのいいつけを守ることにしたんよ。遺言《ゆいごん》どおり、お母さんの墓《はか》を川の岸に作ったんよ。ほんとうは、お母さんは山のほうに墓《はか》を作ってもらいたかったんよね。初めて親のいいつけを守ったチョンケグリの子がね、雨が降《ふ》って川水がふえると、お母さんの墓《はか》が流されるかもしれんと、心配になるんよ。だから、雨が降《ふ》りそうになると、今も、チョンケグリたちは、〝ケゴル　ケゴル　ケゴル　ケゴル〟といって、悲しく鳴きつづけるんよ」

「お母さん、カエルの子もいうこときかんのよね」

「うん、これは昔話だから、カエルでも人間のことをいっているんだよ。今も朝鮮《ちょうせん》では、反対ばかりする人を、チョンケグリと呼《よ》ぶんよ」

母のチョンケグリの話は、いまだに印象に残っている。

遠足の日でなくても、学校で日《ひ》の丸《まる》べんとうを食べる日が多くなった。戦争が続いて、物を節約しなければならないのと、戦地の兵隊さんをしのばなければならないという理由からである。

終戦まで、私はどのくらい日《ひ》の丸《まる》べんとうを食べたであろうか。もちろん、終戦近くなったころにはそれもろくろく食べられなかったが、四年生になって通うようになった江田島《えたじま》小学校のときから、毎月八日は奉戴日《ほうたいび》（日本が米英に宣戦布告《せんせんふこく》をした一九四一年《昭和十六年》十二月八日を大詔奉戴日《たいしょうほうたいび》としたことからできた記念日）なので、神社参拝《さんぱい》と日《ひ》の丸《まる》べんとうを欠かさなかった。

日《ひ》の丸《まる》べんとうについて、藤井《ふじい》先生に注意されてから、母は特別《とくべつ》な作り方をした。べんとうのふたをあけると、たしかに日《ひ》の丸《まる》である。四角いごはんのまん中に大きい梅《うめ》がひとつ入っている。しかし、べんとう箱《ばこ》の四つのすみには、小梅《こうめ》がひとつずつごはんの下に埋《う》めてあった。梅干《うめぼ》しのすきな娘《むすめ》に、たくさん食べさせるため、母がはからったのだと思って、私は無心《むしん》に食べた。

韓国《かんこく》に帰って、日韓《にっかん》関係の歴史に目をひらいていく中で、あるとき私はふっと母の作った日《ひ》の丸《まる》べんとうを思い出し、首をかしげた。まだ母が元気で釜山《プサン》にいたときだったので、すぐ電話で問い合わせた。

「オモニ、昔《むかし》、オモニが作った日《ひ》の丸《まる》べんとうに、どんな思いが込《こ》められていたの？　もしかしたら、あれは太極旗《テグッキ》（韓国《かんこく》の国旗）じゃなかったのかしら」

「今ごろ気がついたのか。情《なさ》けないねえ。わしの手で日《ひ》の丸《まる》を作って、わが子に食べさせるのでは気がすまなかったからね。太極旗《テグッキ》の四つの卦《け》を、小梅《こうめ》であらわしたんよ」

「オモニ、ほんとうに徹底《てってい》してるわねえ。敬服《けいふく》します」

HO

私は、あらためて母のしゃんとした精神《せいしん》に、胸《むね》を打たれた。

私は今も梅干《うめぼ》しがすきである。母の生存中《せいぞんちゅう》、梅干《うめぼ》しを漬《つ》けてくれるように、たのんだことがあるが、韓国《かんこく》には梅《うめ》はいくらでもあるが、紫蘇《しそ》の葉がない、とのことだった。そのころ、ときどきデパートの売り場で売っているのを買ってみたが、食紅《しょくべに》で色をつけた、ちっともおいしくない、ただの塩漬《しおづ》けだった。最近は、スーパーマーケットで、紫蘇《しそ》のたっぷり入った梅干《うめぼ》しがいくらでも手に入る。

私は、このごろもときどき、おべんとうに、日《ひ》の丸《まる》べんとうならぬ太極旗《テグッキ》べんとうを作って、遠い昔《むかし》を思い、母をしのんでいる。

学芸会

宇品《うじな》小学校には、三棟《とう》の木造《もくぞう》二階建て校舎《こうしゃ》の奥《おく》のほうに、大きな講堂《こうどう》があった。ふだんは扉《とびら》がしまっているので、中は見えなかった。なにかの用事でときどき扉《とびら》があくと、先に見た子がとんできて伝える。すると私たちは、急いで扉口《とびらぐち》まで走っていき、押《お》しあいへしあいしながら、内部のようすをさぐるのである。講堂《こうどう》は、なんとなくあらたまった威厳《いげん》のある場所として、私たちの関心をひくものがあった。

たしか、二学期だったと思うが、とある日、藤井《ふじい》先生が、

「こんど学芸会をひらくことになりました。なにしろ生徒が、二千人以上ですから、みんなが出るわけにはいきません。ひと組からひとりかふたりが、代表で出ます。出られない人も、おおいに拍手《はくしゅ》をしてあげましょうね。父兄の方に見ていただく前に、みなさんに前もって見てもらいます。学芸会は講堂《こうどう》でひらかれます」

といった。

生徒たちは、いっせいに喜びの声をあげた。とうとう講堂《こうどう》に入れるのである。

「それから、藤井《ふじい》組からは金村さんに出てもらいます」

みんなの顔が、さっと私のほうを向いた。私の胸《むね》からドキンと大きな音がしたように思えた。

「金村さんに、習字を書いてもらうことになりました。三年からひとり、四年、五年、六年からもひとりずつ出て、四人の生徒が、壇《だん》の上で習字を書きます。金村さんが習字が上手なのは、みなさんわかっていますね。では、金村さんにがんばってもらいましょう」

みんなパチパチ手をたたきながら、うらやましそうに私をながめた。

それからの二、三週間、私は放課後になると、畳《たたみ》のある部屋に行って習字の練習をした。五年生か六年生の受け持ちの男の先生が、指導《しどう》した。先生は大きな筆を配った。ふだん、書き方の時間に使う筆とは違《ちが》う。軸《じく》が太くて、毛先も長く毛がたっぷりついている。

先生は、バケツの水に筆をつけて、黒板に字を書いた。私たちは、皿《さら》にそそがれた墨汁《ぼくじゅう》をつけ、新聞紙に書いて練習した。

母は、私が歌やダンスより、習字に選ばれたのを喜んだ。母は、同じ字でも毛筆で書くのが、より高級だと思っている。下祇園《しもぎおん》のハラボジのように、漢字をたくさん読んで、毛筆で字を書くのが高邁《こうまい》な学問だ、と信じているからである。

いよいよ学芸会の日だ。母はまたチマチョゴリ姿《すがた》で来るようだ。前の日から、きれいにアイロンがかけられていた。今度は、近所の日本人と同行するそうである。私たちのバラックからちょっと離《はな》れた日本人バラックに住んでいる、いんきょ（隠居）さんである。温厚《おんこう》な老夫婦《ろうふうふ》で、みんなが〝いんきょさん〟と呼《よ》ぶから、私は初めそれが名字だと思った。母は、いつのまにか、そのいんきょさんと、とても親しくなっていた。いんきょさんは私とミエちゃんをとてもかわいがり、おはぎやせんべいもくれた。

学芸会が始まった。私たち習字の組は、講堂《こうどう》に近い教室で待機している。独唱《どくしょう》、ダンス、合唱などが順々に進んでいるらしい。習字の番は、ほとんど終わりのほうで、幕《まく》の中で劇《げき》の準備《じゅんび》をするあいだ、幕《まく》の前のほうにすわって書くのである。

動物のお面をかぶった一年生のダンスが終わって、拍手《はくしゅ》の中に幕《まく》がしまっているとき、私たち四人は壇上《だんじょう》に上がった。マイクを通して学年と名前が紹介《しょうかい》されるたびに、私たちは礼をした。

私は、深呼吸《しんこきゅう》をして、たっぷり墨《すみ》をふくんだ太筆で、いっきに書きあげた。筆が大きいので、名前を書くとき、すこしふるえた。それぞれの作品は各自が持って、後ろに置かれた台に上がって、観客に見せるのである。また、ひとしきり拍手《はくしゅ》が鳴った。

夜、学芸会に来られなかった父に、母は私の習字のことを話した。

「四人の中で、いちばんこまい（小さい）のに、いい字が書けちょるいうて、あちこちでキマちゃんばかりほめる声がするんよ。いんきょさんは、筆勢があってなかなかいい字じゃ、となんべんも感心しておられたけね」

私より、母が興奮《こうふん》しているみたいだった。次の日、いんきょさんは、大小の筆の入った筆巻《ふでま》きとりっぱな硯《すずり》をほうびに持ってきてくれた。

実は、このいんきょさんに対面するのが、私には、なんとなくおもはゆいことがあった。というのは、父と母が離婚《りこん》して、しばらくのあいだ別居《べっきょ》しているとき、いんきょさんはなにくれとなく、私の家のことを心配してくれた。私が共同水道場で米をといでいると、いんきょさんのおばあさんが、そんなに水が澄《す》むまできれいに洗《あら》うとごはんがおいしくない、と教えてくれたりした。

ある晩《ばん》、いんきょさん夫婦《ふうふ》がいっしょに来て、父となにやら話していた。隣《となり》の部屋でじっときいていると、私を養女にしたい、と話しているのだった。一瞬《いっしゅん》、心臓《しんぞう》が止まる思いがした。養女とはもらい子じゃないか。なんで私がもらい子になるもんか。静かな父の声がきこえた。

「ええ、ことばはありがとうございます。でも、もう赤子じゃないですけ、私の手でよう育てますけ」

父が私を呼《よ》んだ。

「いんきょさんがお帰りじゃ。あいさつしんさい」

私は障子《しょうじ》ぎわにすわって、頭を下げながら、小さい声で、しかし、はっきりいった。

「いんきょさんのおじいさんもおばあさんもすきだけど、もらい子には行きません」

「あれ、ヒロコちゃん、きいてたのかい。べつにね、ほかの意味ないんだよ。お父さんがしんどいじゃろう、思うてな。あんたが女学校卒業ごろまでは、わたしらも元気でおれそうじゃけ、ヒロコちゃんのめんどうみてあげたかったんよ。いいよ。いいよ。なんぼきつうても、親子は離《はな》れんのがええことじゃけね。気にかけんといてね」

私は、無性《むしょう》に涙《なみだ》が出た。その後、私はいんきょさんのところに、いっぺんも遊びに行っていない。いんきょさんは、とてもやさしい人たちだった。いやだと思ったことはない。ただ、なんだかきまりわるかった。

藤井《ふじい》先生から返してもらった学芸会の習字は、母が大切にしまったようである。私はそのことを、すっかり忘《わす》れていた。

一九六五年（昭和四十年）、学生たちの激《はげ》しいデモにもかかわらず、韓日《かんにち》会談がほとんど終結されるころ、母がソウルに来た。その二年前、父が亡《な》くなったので、母は釜山《プサン》にひとりで住んでいた。私たちきょうだいのすすめで、ようやく母もソウルで暮《く》らすことに心を決め、その話し合いに来たのである。

母は、ひとつの書類包みを私に渡《わた》しながらいった。

「これは、あんたのものだから、あんたが保管《ほかん》しなさい。大切にしたつもりじゃが、なくしたものも多いし、だいぶ古ぼけたよ」

包みの中から、何枚《なんまい》かの小学校時代の通告表と賞状《しょうじょう》が出てきた。宇品《うじな》小学校の学芸会で書いた習字も出てきた。

「まあ、オモニ、これを今まで持っていたの。この習字はボロボロになってるじゃない」

口先では、おおげさにしゃべりながらも、私の胸《むね》は、じいんと熱くなった。

「その習字は、表具屋さんにたのんで掛《か》け軸《じく》にしたらどう？」

と、母はいった。

しかし、その習字の字は「八紘一宇《はっこういちう》*」だった。ああ、八紘一宇《はっこういちう》か。学芸会があったのは、一九三九年（昭和十四年）のことで、日本は侵略戦争《しんりゃくせんそう》に意気揚々《いきようよう》としていたころだったから。

私の気持ちは複雑《ふくざつ》であった。侵略者《しんりゃくしゃ》の国で、被侵略者《ひしんりゃくしゃ》の子が、よりにもよって「八紘一宇《はっこういちう》」を書くとは、なんたる皮肉だろう。それにしても、母が「八紘一宇《はっこういちう》」の意味を知らなかったことが、どれほど幸いなことか。もし母に、その意味が理解《りかい》されていたら、おそらくこの習字は残っていなかったに違《ちが》いない。

九歳《さい》の子ども時代に書いた字が、もし「八紘一宇《はっこういちう》」でなかったら、今の私にはかけがえのない宝物《たからもの》であるはずである。カビくさい書類箱《しょるいばこ》に、ひっそりとしまわれている「八紘一宇《はっこういちう》」を見るたびに、私は母と娘《むすめ》が生きてきた歴史を思い返させられるのである。

あんなにたくさん引《ひ》っ越《こ》したのに、夜昼とない空襲《くうしゅう》のもとで、終戦のどさくさの中で、朝鮮《ちょうせん》戦争の混乱《こんらん》の中で、母は、この何枚《なんまい》かの紙きれを大事に守りつづけたのである。

五臓六腑《ごぞうろっぷ》の深いところから、熱いものが、ぐうんとこみあがってくる。しかし、私の目から涙《なみだ》になって流れるころには、いつしか悔恨《かいこん》の悲しみに変わっている。

八紘一宇
三年
金村弘子
HO

232ページ

八紘一宇《はっこういちう》――世界（八紘《はっこう》）を天皇《てんのう》のもと、一つの家（一宇《いちう》）にまとめようという、戦時中に唱えられたスローガン。戦争拡大や海外侵略《かいがいしんりゃく》を正当化するために説かれた。

岡広《おかひろ》先生、さようなら

考えてみると、私が岡広《おかひろ》組の生徒だった期間は、わずか五カ月足らずである。それを実際《じっさい》より長く感じるのは、日記のためだと思う。元来、私ははにかみやだったから、声に出して話したとしたら、おそらくなにも伝えることができなかったことであろう。

日記を通して、先生とどんなに多くの話を交わしたことか。岡広《おかひろ》先生は、固くつぼんでいた私の心をほぐし、眠《ねむ》っていた私の知恵《ちえ》をゆりおこした。岡広《おかひろ》先生によって、私は生き生きとのびはじめたのである。

小学校教育は受《う》け持《も》ち制《せい》だから、岡広《おかひろ》先生は算術《さんじゅつ》や体操《たいそう》などほかの授業《じゅぎょう》もされたと思うが、岡《おか》広《ひろ》先生と算術《さんじゅつ》を勉強したり、運動場で体操《たいそう》をしたりしたことは、私の記憶《きおく》にあまり残っていない。しかし、私は、日本語で九九をおぼえているから、それはたしかに岡広《おかひろ》先生から教わったはずである。なぜかといえば、九九は二年生の教育課程《きょういくかてい》だからだ。

私の心に残っている岡広《おかひろ》先生は、本を読む先生、赤鉛筆《えんぴつ》で日記にまめまめしくコメントを書いてくれる先生、教科書でない本について教えてくれる先生、歌や劇《げき》のすきな先生、そしてなによりも楽しくて明るい先生である。

三年になって、私はときどき岡広《おかひろ》組の廊下《ろうか》から教室の中をのぞき見したことがある。先生は、新しい岡広《おかひろ》組の生徒たちと、にこにこ顔で話していた。なぜかとても淋《さび》しい思いがした。岡広《おかひろ》先生が戸のほうに近づいてくると、私はすばやく逃《に》げたものである。

三年生の夏ごろ、父と母が離婚《りこん》したとき、私は毎晩《まいばん》、悲しい日記を書きつづった。もし今も岡《おか》広《ひろ》組だったら、先生はきっとこんなふうになぐさめたり、はげましたりしたであろうと、先生のコメントまでひとり想像《そうぞう》しながら。

私は母のいない二カ月余《あま》りのあいだ、ほとんど毎日のように、二年生のときの日記を読み返した。岡広《おかひろ》先生からもらった大学ノートが、ボロボロにすりへるほど読みつづけた。それを読むと、ふしぎなほど私の心がなごんだ。そこには、私が初めてほかの人間に心をひらいた跡《あと》があり、それに応《こた》えてくれた人間のやさしさがあった。

三年生が終わったときの一九四〇年（昭和十五年）、父の仕事の都合で、私たち一家は宇品《うじな》を発《た》つことになった。母は授業《じゅぎょう》に欠席させないため、引《ひ》っ越《こ》しは春休みに合わせて日取りを決めた。

終業式が終わった次の日ごろ、母は私を連れて転校手続きをとるため職員室《しょくいんしつ》に入った。用事がすんでも、岡広《おかひろ》先生は職員室《しょくいんしつ》におられないので、教室に行こうとしたら、ちょうど先生が来られた。母はなにやら先生に話しながら、おじぎをしている。私はちょっと離《はな》れていた。岡広《おかひろ》先生が、私のほうにつかつか歩いてきた。

「元気でな、しっかり勉強しろよ。君はぐんぐんのびるからね」

といって、頭をなでた。私もなにかいわなければと思ったが、ことばが出てこない。岡広《おかひろ》先生とお別れのときいうことばを、前の晩《ばん》からずうっと考えてきたのに。私はだまって深く深く頭を下げたが、なかなかもとにもどせなかった。板敷《いたじ》きの床《ゆか》に、私の涙《なみだ》がポトポト落ちていた。

一九九一年（平成三年）一月十日、私は宇品《うじな》小学校をたずねた。宇品《うじな》は原爆《げんばく》の爆心地《ばくしんち》ではなかったが、建物はほとんど破壊《はかい》されたそうである。神田神社の鳥居《とりい》はそのままであった。でも、神田通りも御幸《みゆき》通りも全く新しい。私たちが住んでいたあたりは、宇品《うじな》ショッピングセンターになっていた。

御幸《みゆき》通りから宇品《うじな》小学校の校門が見えたとき、胸《むね》がかすかにときめいた。ああ、あの円《まる》い柱。宇品校《うじなこう》の校門は石造《いしづく》りの円《まる》い柱が特徴《とくちょう》であった。校舎《こうしゃ》はすべて鉄筋《てっきん》コンクリートの建物に変わっている。正面にりっぱな体育館があった。

校長は不在中《ふざいちゅう》ということで、教頭の平木迪男《みちお》先生に会った。私は自己紹介《じこしょうかい》をして、岡広《おかひろ》先生の消息を知りたいことを話した。教頭先生はすぐ事務室《じむしつ》に行って調べてくれた。

「岡広《おかひろ》先生は、昭和十八年に退職《たいしょく》されました」

「定年退職《たいしょく》でしょうか」

「さあ、それもはっきりしないのですが」

「子どもの感じでしたが、当時もほかの先生方より、お年に見えましたが。住所や家族についても、問い合わせは無理《むり》でしょうか」

「ええ、なにしろ、五十年近い昔《むかし》のことですから。それになにも記録が残っていないんですよ。もし定年だったとしたら、今、百十歳《さい》前後ということになりますから、ご存命《ぞんめい》ではないでしょうね」

「そうですね。来るのがおそすぎました」

私は、しばらく教頭先生と話したあと、校門を出た。

岡広《おかひろ》先生の名前が、岡広善三《おかひろぜんぞう》ということ、宇品《うじな》小学校には、昭和十三年三月から昭和十八年三月まで在職《ざいしょく》されたことがわかっただけである。

もう少し早くたずねなかったことを悔《く》いながら、電車通りをゆっくり歩きつつ、岡広《おかひろ》先生を思った。短い期間であったが、私にあまりにもたくさんのものを与《あた》えてくださった岡広《おかひろ》先生。忘《わす》れられない岡広《おかひろ》先生。教育とは、結局、量でなく質《しつ》であることを、しみじみ考えさせられる。

感謝《かんしゃ》を捧《ささ》げたい先生であったのに。なによりも、私たち家族に、悪くない日本人がいることを知らせてくれたことに感謝《かんしゃ》したい。とくに母は、岡広《おかひろ》先生を通して、日本人に心をひらいてもいい、と信じはじめた。岡広《おかひろ》先生は、生徒であった私だけでなく、私たち家族全員から信頼《しんらい》されていた。

岡広《おかひろ》先生、早く来られなかったこと、ごめんなさい。

そして、子どものときのことを忘《わす》れていません。ほんとうに、ありがとうございました。

岡広《おかひろ》先生、さようなら。

桃源郷
とうげんきょう

イーグローの家

　広島湾《わん》に江田島《えたじま》という島がある。その江田島《えたじま》に引《ひ》っ越《こ》す日、私は生まれてはじめて船に乗った。宇品《うじな》の波止場で、船に乗《の》り降《お》りする人は、たくさん見ていたが、自分が船に乗るなんて、まるで夢《ゆめ》のようなことだった。その宇品港《うじなこう》から、ほんとうに私は船に乗ったのである。興奮《こうふん》した気持ちで、ずっとデッキに立っていた。潮風《しおかぜ》におかっぱの髪《かみ》の毛《け》がなびき、発動機の振動《しんどう》に体がゆれるのがここちよかった。船尾《せんび》からしぶきの帯が長々とくりだされる。かもめが飛んでいる。長い波の尾《お》を引いた船が、私たちと反対のほうに進んでいる。ポンポンポン。白いけむりを吐《は》いている小さい舟《ふね》。大きな船は、海のお城《しろ》のようにどっしり浮《う》かんでいた。この日、漠然《ばくぜん》としたあこがれで、私は小さい胸《むね》をおどらせつづけた。江田島《えたじま》の小用港《こようこう》に降《お》りて鷲部《わしべ》までの四、五キロはたっぷりある遠い道を、なにに乗ったのか、どのようにして行ったのかは、私の記憶《きおく》に残っていない。

　ところで、私たちはなぜ鷲部《わしべ》に住むことになったのか。それは、鷲部《わしべ》にある石山から石を採《と》って、海軍兵学校内の工事場まで運送する仕事を、母が請《う》け負《お》ってきたからである。母はそのため東奔西走《とうほんせいそう》した。鷲部《わしべ》まで何度も下見に来ている。人夫を集めるため、広島市内はもちろん下関まで足を運んでいる。そんな積極的な母に、父はひとことも文句《もんく》をいわず鷲部行《わしべい》きに同行した。ただですら寡黙《かもく》な父は、ますます無口《むくち》になっていた。あきらめたのか、それとも、新しい順理として受容《じゆよう》したのだろうか、多分に母に協力的であった。

鷲部《わしべ》に着いたのは、昼下がりであったが、まだ家ができあがっていなかった。朝鮮人《ちようせんじん》の人夫さんたちが、朝鮮語《ちようせんご》でしゃべりながら仕事をしている。専門《せんもん》の大工さんが建てる家ではなく、素人《しろうと》が作る仮《かり》の宿《やど》で、みすぼらしいことはひと目でわかった。この仮住《かりず》まいは、バラックの典型かもしれない。たよりない骨組《ほねぐみ》に薄《うす》い板の壁《かべ》と屋根という粗雑《そざつ》なものだった。

母はさっそく指揮官《しきかん》ぶりを発揮《はつき》して、忙《いそが》しくとびまわっている。父も家作りに加勢した。私とミエちゃんは、じゃまにならないように道の脇《わき》にすわりこんで、家作りを見物した。

屋根工事が始まった。板張《いたば》りの屋根に黒い油紙をかぶせるのである。反物《たんもの》のようにぐるぐる巻《ま》かれた油紙は、コールタールのにおいがする、ぶあつい紙だった。私は紙の家なんて初めてだから、見ているうちに好奇心《こうきしん》が湧《わ》いてきた。人夫のおじさんたちは、風ではがれないように紙の継《つ》ぎ目《め》に、細いあて木をあてて釘《くぎ》を打った。それでも安心できないのか、地面に打ちこまれた四方八方の杭《くい》にロープをむすんで、屋根の上で交差させながら、がんじがらめにしばりつけた。油紙は少し長めに切ってあるので、屋根はこうもり傘《がさ》を八分くらいひらいた形になっている。

窓《まど》の作りもとっぴである。板戸を横だおしにして、ちょうつがいで壁《かべ》の横柱にとりつける。ふたをあけるように戸を持ちあげて、棒《ぼう》でつがうと、床《ゆか》すれすれの低い窓《まど》ができあがった。

バラックは一棟《とう》だけである。宇品《うじな》のより、ずっと大きい。周囲には人家らしいものは見られない。山と海とそのあいだにある白い道路が、海岸線に沿《そ》ってくねくねまがっている。バラックは道路のそばの山のくぼみに作られた。後ろに山を背負《せお》い、前は道路をはさんですぐ海である。ここは江田島湾《えたじまわん》の奥《おく》まったところで、波はおだやかで海の色が美しい。右側に遠く海軍兵学校が見える。ずっと北のほうに見えるのが津久茂《つくも》で、江田島湾《えたじまわん》の入り口だそうだ。左側には飛渡瀬《ひとのせ》と、その先に能美《のうみ》が見える。すばらしい景色である。胸《むね》がすうっとする。家はみすぼらしくても、私は鷲部《わしべ》が最初の日から気に入った。

家がそろそろできあがっていくらしい。部屋の壁《かべ》に新聞紙を張《は》る人、かまどをかける人、土間に飯台と腰《こし》掛《か》けをとりつける人、荷物をとく人、がらくたをかたづける人、ゴミを燃《も》やしている人、手を休めているのは、私たち子どもだけである。

ここに集まった人は、すべて朝鮮人《ちょうせんじん》で、人夫が三十余人《よにん》と、私たちを含めた三世帯である。子どもは全部で六人、一世帯にふたりずつであった。朴《パク》さんの家にはスニルとスノギという男の子と女の子、マサンテク（馬山《マサン》の人の意。結婚《けっこん》した女性《じょせい》を、親元の家の地名を冠《かん》して呼《よ》ぶ）には男の赤ちゃんと、ミエちゃんと同じ年の女の子。マサンテクの夫の名前は忘《わす》れたのでなく、初めからよく知らない。人夫さんたちは、家族を置いて単身《たんしん》で来ている。

この大きなバラックで、この四十人余《にんあま》りの人が、共同生活をするのだ。運送の仕事だけでなく、この単身者《たんしんしゃ》に合宿させる飯場も運営《うんえい》するというのが、母の計画であった。スニルのお母さんとマサンテクは、そのつもりで炊事《すいじ》担当《たんとう》として採用《さいよう》したのである。

家もできあがり、夕ごはんもできたので、私たちはバラックの中に入った。道路に面した入り口から入ると広い土間で、そこは炊事場兼食堂《すいじばけんしょくどう》である。人夫さんが一度に食事ができるよう、長い飯台と腰掛《こしか》けが、二列に並《なら》んでいる。

まん中に通路があって両側に部屋がある。一方は人夫さんたちの部屋、片一方《かたいっぽう》は世帯持ちの部屋である。私たちはいちばん奥《おく》の部屋だった。母は私に、はしっこの部屋をひとりで使うようにあてがった。裏《うら》の出口からは、いちばん初めの部屋である。床《ゆか》は畳《たたみ》でなく、むしろの上にゴザが敷《し》きつめてある。

でも私はなんの不満もなかった。ただうきうきした気分だった。道路まで走り出てみた。日が沈《しず》んであたりは暗くなりかけている。ほんのりとうす青色が残っている空に、少しまるみをおびたバラックの屋根の輪郭《りんかく》がくっきり浮《う》かんでいた。そのとき、私の頭にさっとひらめくひとつのイメージがあった。エスキモーの家、イーグローである。なにかの本で見たのだろう。イーグローのまるみがかった家の形が急に思《おも》い浮《う》かんだのである。エスキモーのイーグローは、寒い北国にある白い家である。私たちのバラックは、南の国にある黒いイーグローである。

このイーグローの連想で、私はすっかり幸せになった。童話《どうわ》の世界にいるような気がした。吹《ふ》けば飛ぶような、あばら家に近いバラックであったが、私は鷲部《わしべ》の家にひけ目を感じたことは一度もない。楽しさがいっぱいだった。そして、実際《じっさい》に楽しい生活がくりひろげられた。

鷲部《わしべ》の家には、電気も水道もなかった。全くの原始状態《げんしじょうたい》である。明かりをとるためランプを

HO

使った。ランプのホヤを毎日みがくのは、たいへんだったと思うが、苦にしたことはない。私もよく手伝ったものである。

水は、山すそに湧《わ》きでる清水があったので心配なかった。引《ひ》っ越《こ》しの次の朝、母は私たちを連れて、清水の泉《いずみ》に行った。澄《す》みきった水が、洗面器《せんめんき》のような土の囲いから、あふれている。母はそでをまくりあげて作業にとりかかった。鎌《かま》と熊手《くまで》で、草を切ったり、土を掘《ほ》りさげたりする。私たちには石を拾ってくるようにたのんだ。あたりには花崗岩《かこうがん》のかけらが、たくさんあった。その朝、私たちは大きな石や小石をどれほど運んだだろうか。母は、山の傾斜《けいしゃ》を利用して段差《だんさ》をつけながら、水ためを作っていった。ちょうどダムを作るように。

いちばん上のダムは飲み水である。そこからあふれて、少し下のほうに作られたダムに流れこむ水は、洗《あら》い物用《ものよう》である。そしてずっと下のほうには、大きいダムを作って洗濯場《せんたくば》にした。ダムは石に囲まれ、水底には小石が敷《し》きつめられた。

私たちは、このイーグローで四カ月余《げつあま》りすごした。幸いに、ひどい雨も風もなかったのでイーグローは健在《けんざい》だった。文明とは、およそ縁《えん》を切った原始生活に近かったが、私がおぼえているかぎり、もっとも美しい満ちたりた時期であった。

朝鮮語《ちょうせんご》でしゃべり、朝鮮語《ちょうせんご》で歌い、朝鮮《ちょうせん》の食べ物を食べるのに、だれにもはばかる必要がなかった。私も、鷲部《わしべ》時代には朝鮮語《ちょうせんご》を豊富《ほうふ》に体験した。人夫さんをアジョシ（おじさん）と呼《よ》んだ。スニルは私をヌナ（男の子がいうお姉ちゃん）といったし、スノギはオンニ（女の子がいうお姉ちゃん）と呼《よ》んでくれた。なんの争いもなく、平和で楽しい日が続いた。思い返すとふしぎである。日本の国内で、その時節、こんな異文化《いぶんか》地帯が存在《そんざい》したということは、まるで夢《ゆめ》のような話である。

後日、桃源郷《とうげんきょう》*を知ったとき、鷲部《わしべ》こそ私の桃源郷《とうげんきょう》だという思いが胸《むね》をついた。

さて、一九九一年（平成三年）一月、私は、私の桃源郷《とうげんきょう》を訪《たず》ねるため、鷲部《わしべ》に行った。海岸線は山すそを切りとったり、凹地《おうち》を埋《う》め立《た》てたりして、すっかり変わっていた。道路もすべてアスファルトでおおわれている。

イーグローのあった場所には、江田島《えたじま》産業の倉庫が建っていた。昔、父たちが石を切《き》り採《と》っていた石山は、江《え》能広域清掃《のうこういきせいそう》センターになっている。

野菜を作っていた段々畑《だんだんばたけ》には、ミカンが植えてある。清水のダムは、あるはずがない。山菜を採《と》りに登った山の裏側《うらがわ》に、大型ショッピングセンターが建ち、色とりどりの車が駐車場《ちゅうしゃじょう》に並《なら》んでいる。すべて変わった。

ただ、海の水が澄《す》んでいるのは、大きななぐさめになった。しかし、貝はいるのだろうか。

私は、私の桃源郷《とうげんきょう》を思い出しながら、長時間すわっていた。イーグローの家、山、海、べんけいがに、スニル、ヨンス・オッパ、ハッパのおじさん。なつかしい人や物が次々に浮《う》かぶ。胸《むね》の奥《おく》から甘《あま》くて温かい喜びが湧《わ》いてくる。桃源郷《とうげんきょう》は、私の胸《むね》の中に健在《けんざい》していた。

248ページ　桃源郷《とうげんきょう》——理想郷《りそうきょう》。中国の詩人・陶淵明《とうえんめい》の「桃花源記《とうかげんき》」に描《えが》かれた桃《もも》の咲《さ》く美しい地。

岡広《おかひろ》先生の広です

四月から、私は四年生になる。イーグローには私のほかにも、学校に行く子がふたりもいた。スニルとスノギである。スニルは三年生の男の子、スノギは一年に入学する女の子である。この兄弟は、日本に来て二年目になるそうだが、まだ日本語がうまくしゃべれない。鷲部《わしべ》にくる前は、山口県にいたそうだ。

鷲部《わしべ》小学校に転校する日、私は母といっしょに行ったのかどうか、はっきりしない。かといって初めから私がスニルとスノギを連れていったとも思えない。始業式に先だって、母が学校に届《とど》けを出しておいた、ときいたようにも思う。このように私の記憶《きおく》が、完全に空白になっているところがある。

スニルとスノギには、すでに日本名があった。名字は本名の朴《パク》にちなんで木下といった。スニル（順一）は、漢字をそのまま日本語読みにして、木下ジュンイチである。スノギ（順玉）は、一字だけ変えて、木下ジュンコ（順子）にしてある。

私たちの家から鷲部《わしべ》小学校までは、とても遠かった。スノギが足が痛《いた》いと泣《な》き声《ごえ》をあげると、スニルが、げんこつをくらわしたりした。私は、毎日のようにスノギをなだめたり、すかしたり、たいへんだったことをおぼえている。

今もはっきり思い出すのは、学校に行く道で、スノギに返事の練習をさせたことである。

「スノギ、木下ジュンコさん、と呼《よ》ばれたら、はい、というのよ。あんた、いえる？」

「うん」

「じゃね、練習よ。木下ジュンコさん」

スノギは、すこし間を置いてから、返事をした。

「そんなに、のろのろしちゃだめよ。呼《よ》ばれたらすぐ、はい、というのよ。木下ジュンコさん」

「はい」

「そうそう、もう少し、早くね。木下ジュンコさん」

「はい」

私は、小走りに前のほうに進んで、突然《とつぜん》ふりかえり、

「木下ジュンコさん」

と、呼《よ》んでみた。ふいを打たれたスノギは、きょとんとしている。

「ほらね。どんなに早く呼《よ》ばれても、ちゃんと返事ができんとだめよ。一年生はね、返事がよくできるのが、いちばん大切よ。返事ができん子はね、あほう、ばか、まぬけとバカにされるけね」

スノギは、ただ、うんうんとうなずいている。ほんとうに大丈夫《だいじょうぶ》かしら。心配だった。

職員室《しょくいんしつ》で、スノギは女の先生に連れられて、私たちより先に教室に行った。私とスニルは、見上先生の机《つくえ》の前に立っていた。白いブラウスと紺色《こんいろ》のスーツを着た見上先生は、スニルの次に私にきいた。

「金村さん、ヒロコとはカタカナだけで書きますか？　それとも漢字で書きますか？」

先生は、出席簿《しゅつせきぼ》のような帳面をひろげている。私は、四年生からは漢字にしようと前々から思っていた。

「漢字で書きます」

「そう、ヒロとはどんなヒロ？」

「はい、岡広《おかひろ》先生の広です」

「え、岡広《おかひろ》先生の広とはなんのこと？」

「宇品《うじな》小学校の、岡広《おかひろ》先生のことです」

目をまるくしていた見上先生は、ゆかいそうに笑《わら》いだした。

「あらあら、金村さん。あなたは岡広《おかひろ》先生がすきだったんでしょう？」

「はい」

「その広は、広島の広と同じでしょう？」

「はい」

「いいですよ。では、岡広《おかひろ》先生の広と書きますからね」

見上先生は、やさしくて明るい先生だった。

私とスニルは、同じ教室に連れていかれた。おや、見上先生、なんか思《おも》い違《ちが》いしているのかな？　たしかに私は四年生、スニルは三年生だといったのに。見上先生は私たちをうながして教室に入ると、スニルを廊下側《ろうかがわ》の席に、私を窓側《まどがわ》の席にすわらせた。このクラスは、三年生と四年生の複合学級《ふくごうがっきゅう》だった。生徒は、合わせて四十人そこそこである。四年生より三年生の数のほうが少なかった。先生は四年生に書き方をさせておいて、三年生に算術《さんじゅつ》を教えたり、三年生に図画を描《か》かせて、四年生と国語の勉強をするなどした。私は習字をしたり図画を描《か》いたりしながら、三年生の授業《じゅぎょう》をきくのがおもしろかった。ときどき宇品《うじな》小学校のことも思い出していた。

そのうち、見上先生は、三年生の中でどうしても学科の進度についてこられない生徒の指導《しどう》を、私にたのんだ。スニルもそのうちのひとりである。私は、四年生の書き取りや算術《さんじゅつ》の計算をさっさとすませて、三年生のめんどうをみた。

家に帰ってからも、スニルを教えた。飯台の腰掛《こしか》けに並《なら》んですわって、二年生の算術《さんじゅつ》からやりなおさせたり、いっしょに声を出して本の読み方を教えた。スノギは名前も書けない。私は、可部《かべ》小学校の一年生のときを思って、スノギにも読み方や書き方を教えた。スニルのお母さんは、すっかり恐縮《きょうしゅく》して、私によりも母に、何度もお礼をいうのだった。

「いいよ。いいよ。あの子は先生になるのが希望じゃけね。早々と練習しとるんよ」

母は満足そうにいった。私もうれしかった。

そのころ、母は町に行くたびに本を買って帰った。母は、岡広《おかひろ》組の学級文庫を思い出して本を買うのだそうだ。

「学級文庫に出す本だと、どんなのがええですかね。ひとつ選んでください」

とたのめば、まちがいないから、といった。私の家には、まだ本箱《ほんばこ》も本立てもなかったが、岡《おか》広《ひろ》先生のようにミカン箱《ばこ》に本を並《なら》べることで満足していた。

母は、ものすごく忙《いそが》しかったが、ひまさえあれば私に本を読ませた。炊事場《すいじば》兼食《けん》堂の飯台にランプを置いて読むのだった。スニル、スノギはもちろん、人夫さんたちも私が本を読むのを楽しんだ。彼《かれ》らは私を、

「コマ　ソンセンニム（チビ先生）」

と呼《よ》んだ。きき手が多いので、いっそう読みがいがあった。岡広《おかひろ》先生のように上手《じょうず》に読みたいと、心を込《こ》めて読みすすんだものである。

鷲部《わしべ》小学校から、ヒロコのヒロは〝広〟という字に定着した。広子と書くときは、岡広《おかひろ》先生を思いながら書いた。ときどき、広島の広だと説明しなければならないこともあったが、私にとって、〝広〟は、絶対《ぜったい》に岡広《おかひろ》先生の〝広〟だった。

べんけいがにの錦《にしき》

鷲部《わしべ》の初印象として、まず道路について話しておきたい。今はどこの道も、アスファルトになっているが、昔、私が鷲部《わしべ》にいたときは、白っぽい砂気《すなけ》の多い道路だった。雨が降《ふ》ってもべたつかないような、白い真砂《まさご》におおわれた道路が、とても清潔《せいけつ》に見えた。地面にすわっても服がよごれないのである。砂《すな》と土に親しい子どものときだったから、道路に特別《とくべつ》な関心があったのだろうか。このさらっとした土で、なにをして遊んだらいいかなどを、思いめぐらしたものである。これは、鷲部《わしべ》に着いた最初の日、大人のじゃまにならないように道路のかたすみにすわっていたとき感じた印象である。

私は江田島《えたじま》の道路を一周しているわけではないが、少なくとも私が足を運んだことのある道は、だいたい砂気《すなけ》の多い道路だったことをおぼえている。とくに、家から鷲部《わしべ》小学校までの道路は、洗《あら》いたて美しい白い真砂《まさご》の道路であった。自然な海岸線に沿《そ》って、うねうねのびている道路は、山の緑と海の白い帯のようであった。晴天の日は、日の光をうけて、まっ白に映《は》えるのである。山の緑と海の紺碧《こんぺき》にはさまれた白い道は絵のように美しかった。

家から学校までの道のりは、父によると、朝鮮《ちょうせん》の里数《りすう》で往復《おうふく》十里はたっぷりあるという。朝《ちょう》鮮《せん》の十里は、日本の一里にあたる。だから、片道《かたみち》三、四キロくらいではなかったかと思われる。学校から帰ってくると足が痛《いた》かった。スノギはびりびり泣《な》きながら帰ることが多かった。当時、バスなどなかった。家の前の道路に、日に一、二回通るバスはあっても、停留所《ていりゅうじょ》がないので、すどおりした。てくてく歩くほかないのである。

とある日の夕方、父が赤い色の自転車を買ってきた。飛渡瀬《ひとのせ》まで行って、買ったそうだ。そのころ、私はまだ自転車に乗れなかった。若《わか》い人夫さんたちが、つかまえてあげるから乗ってみろ、といった。ぞうりばきのまま、私はおそるおそる自転車にまたがって、ハンドルをにぎった。よろよろしながら両足の置きどころに迷《まよ》っているのに、後ろからつかまえていた人夫さんが、スピードを出して押《お》すのである。必死にハンドルをにぎったが、どうしたはずみか、自転車もろとも横だおしになった。そのとき、左足の指がカッと熱かったように感じた。瞬間《しゅんかん》のことだった。まわっている車輪に左足の親指がはさまったのである。あとからついてきたスニルが、朝鮮語《ちょうせんご》でなにか叫《さけ》んでいる。スニルはとっさの場合はいつも朝鮮語《ちょうせんご》でしゃべった。何人かの大人が、どどか走ってきた。私の足の指から、血が吹き出《ふで》ていた。父も来た。父は、ズボンのポケットからきざみたばこを出して、けがした指にあてて布《ぬの》でしばった。

人夫のおじさんがこぐ大きな自転車の荷台に乗って、飛渡瀬《ひとのせ》の病院に行った。父は私の新しい赤い自転車をひいて、いっしょに行った。父はなにか朝鮮語《ちょうせんご》でいいながら、ぷりぷり怒《おこ》っていた。

べつにけがが痛《いた》かったわけではないが、私は道々あんあん声を出して泣《な》いた。こんなに声を出して泣《な》いたのは初めてである。

病院について傷《きず》を見ると、左足親指のつめがとれていた。父が、

「キマ、痛《いた》いか？」

といった。それがとても怒《おこ》ったような声だったので、私はちぢこまって、頭を横にふった。ほんとうは、病院に来たときから、ひどく痛《いた》みを感じていた。

それからしばらくのあいだ、私は父のこぐ自転車の荷台に乗って学校に行ったり、病院に通ったりした。赤い自転車は、その日のうちに姿《すがた》を消した。父は、二時間の差で、新品を中古値《ちゅうこね》で売った、といっていた。新しいつめがはえるまで少々時間がかかったが、そのあいだ中、口数の少ない父が、「痛《いた》いか、痛《いた》いか」と同じことをくりかえしきいた。自転車はあぶないから、これからも乗るな、と注意した。

私の左足親指のつめは、今も少し、奇形《きけい》である。そのときつめが割《わ》れて、小さい根が残っていたらしく、つめがのびると、片方《かたほう》のすみに、細いつめが鬼歯《おにば》のように重なってのびるのである。ほうっておくとストッキングがひっかかるので、やすりで鬼歯《おにば》づめをこすらないといけない。

私はこのごろ、やすりをあてながら、父を思う。赤い自転車を買ってくれたこと、父が怒《おこ》っていたのは、私のけがで心を痛《いた》めていたこと、「痛《いた》いか、痛《いた》いか」ばかりをくりかえしていた、温

かい父の情《じょう》などなど。忙《いそが》しさにかこつけて、とかく親のことを忘《わす》れがちな不孝娘《ふこうむすめ》に、この鬼歯《おにば》づめは、いつまでも父を思い出させる、奇特《きとく》な孝行《こうこう》づめになった。

私とスニルとスノギは、往復《おうふく》六キロ相当の道を、毎日歩いて通った。そのうち要領《ようりょう》もおぼえた。朝は遅刻《ちこく》するといけないから、道草をしないが、帰りは、遊びながらゆっくり歩くと、ふしぎに足が痛《いた》くなかった。私のランドセルには、おやつもちゃんと準備《じゅんび》されていた。スノギも慣《な》れてくると、泣《な》かなくなった。一年生のスノギは、私たちの授業《じゅぎょう》が終わるまで、教室や運動場で遊びながら待っている。おべんとうは、私たちの教室に来て、スニルといっしょに食べた。だから私たちは、行きも帰りも三人いっしょだった。

帰り道で私たちをもっとも喜ばせたのは、べんけいがにである。家に帰る途中《とちゅう》に、山すそから海に向かって、小さな川が流れているところが、三カ所くらいあった。そのあたりに、かわいいべんけいがにが、たくさんいた。四角い甲羅《こうら》が三、四センチくらいの小さいかにであるが、色がとても美しい。背中《せなか》は灰色《はいいろ》と紅《べに》のぼかしであるが、ふたつのはさみは赤色である。そのかにの群《む》れが、昼間の太陽をあびて、白い道路いっぱいに、はいでている。白地にもみじをちりばめた、錦《にしき》さながらであった。

私たちが近づくと、はさみをふりかざして散り、道をあける。そのかっこうが、ちょうど弁慶《べんけい》のなぎなたの構《かま》えのようなところから、この地方ではべんけいがにといったのであろう。

ところで、このべんけいがには、その動きが実にコミカルなのである。人の気配がすると、いっせいに弁慶《べんけい》の構《かま》えになって、はさみをふりあげるが、すばやい逃《に》げ腰《ごし》でささささっと横走りに逃《に》げていく。弱虫べんけいである。しばらくして人が通り去ると、またぞろぞろ出てくる。

私がふざけて、

「ひらけ、ゴマ」

といって足ぶみをすると、さっと両方に逃《に》げて、道をあける。私たち三人は、ゆうゆうとそのまん中を通るのである。しばらく行ってふりかえって見ると、もとのように勢ぞろいしていた。

スノギが、

「オンニ（お姉ちゃん）、わたいもやってみる」

と、いいだした。

「うん、いいよ。あんたらもやってごらん」

「ひらけ、ゴマ」

さっと、ひらいた。スノギは喜んで、ピョンピョンはねている。私はときどき、

「そこのけ、そこのけ、お姫様《ひめさま》が通る」

とも、いってみた。

スニルは、べんけいがにを捕《と》りたがった。

「スニル、このかには食べるかにじゃないけね。捕《と》ったらいけんよ。かわいいでしょう。見るだ

HO

けにしとくんよ。そして、なんも悪させんから、いじめちゃいけんよ。スニルが、かに捕《と》ったら、わたしが怒《おこ》るよ。いいね」

と、私はきびしく注意した。スニルはしぶしぶながら承服《しょうふく》した。私たち三人は、べんけいがにのあいだを行きつもどりつ、遊びほうけた。べんけいがにどもは、あのとき、ひなたぼっこをしていたのか遠足していたのかは知らないが、毎日のような乱入者《らんにゅうしゃ》に、迷惑千万《めいわくせんばん》だったと思う。

そろそろ、おなかがすくと、私たち三人は、おやつを食べる。私のランドセルには、朝鮮式《ちょうせんしき》のよもぎ餅《もち》やあずき餅《もち》が入っている。スニルは、ちゃんと水筒《すいとう》を肩《かた》にかけていた。私たちが、おやつを食べるところも、またすばらしい。そのころ、白い道と海のあいだに、ヨシの群落《ぐんらく》がところどころあった。埋《う》め立《た》てをするためか、海に人工堤《じんこうてい》のあるところに砂州《さす》ができて、それにヨシが密集《みっしゅう》して生えている。私たちは、白い道路のはしっこにすわって、足を石垣《いしがき》にぶらつかせてヨシと海を見ながら、おやつを食べた。風が吹《ふ》くと、ヨシはいっせいにざわめきながら、波の音を出す。汗《あせ》ばんだ顔に潮風《しおかぜ》がすずしく、ヨシの音がさわやかであった。

鷲部《わしべ》というとき、まっ先に浮《う》かぶイメージは、べんけいがにの錦《にしき》とヨシの群落《ぐんらく》である。

小さな庭

鷲部《わしべ》での母は、たいへんだった。三十人余《あま》りの人夫と三世帯の家族の、合わせて四十人以上の生活を、まかなわなければならないからである。米も野菜も、本浦《ほんうら》か飛渡瀬《ひとのせ》まで買いに行く。本《ほん》浦《うら》までは約三キロ、飛渡瀬《ひとのせ》は一キロ半である。交通が不便だったので、どちらに行くにしてもひと苦労であった。しかし、母はとても上手《じょうず》に頭を使った。

石山で採《と》られた石は、トラックに積《つ》んで、兵学校のある本浦《ほんうら》方面に運ばれた。母は、からになった帰りのトラックがもどってくる時間を見はからって、本浦《ほんうら》近くでトラックを待ち、本浦《ほんうら》で買い物した荷物を、運転手さんやアジョシに託《たく》したのである。どういうわけか、母は荷物といっしょにトラックに乗ることはなかった。そのほか大部分の買い物は飛渡瀬《ひとのせ》ですませたが、そんなとき母は舟《ふね》を借り切った。満《み》ち潮《しお》になると、家の前の道路へ舟《ふね》を横づけにすることができるからである。アジョシたちが、米俵《こめだわら》や油の缶《かん》を運ぶのを、私たち子どもは道路に並《なら》んで見物したことが、思い出される。母によると、ハイヤーより値段《ねだん》も安いし、なによりも荷物がたくさん積《つ》めるから、舟《ふね》のほうがいい、ということだった。急ぎの買い物は自転車ですませた。

そのうち、母はもっと生産的で、積極的なくふうをした。家の周囲に畑を作りはじめたのである。ほとんど農村出身だったアジョシたちは、むしろ楽しんで野菜作りを手伝った。もっとも精《せい》を出したのは、父であった。あき地はそんなに広くなかったが、山の傾斜《けいしゃ》に段々畑《だんだんばたけ》を作ったので、相当の面積《めんせき》になった。白菜、大根、ねぎ、にんにく、とうがらし、ちしゃ、春菊《しゅんぎく》、かぼちゃ、きゅうり、なす、にんじん、トマト、うり、すいかまで植えた。私たちが鷲部《わしべ》に住んだのは、三月末から八月中旬《ちゅうじゅん》の四カ月余《あま》りであったが、野菜作りにはよい季節であった。ほとんど自給自足ができるようになるにつけ、母は市場通いも楽になるし、経済的《けいざいてき》にもプラスになると喜んだ。

母は、にわとりも飼《か》った。最初に飼《か》ったのは、オンドリ一羽《わ》とメンドリ十羽《ぱ》である。アジョシたちは、とり小屋を作りながら、

「このオンドリは、ええ身分じゃのう。嫁《よめ》さんを十羽《ぱ》もかかえとる」

といって、大笑《おおわら》いした。メンドリは、どんどんたまごを生み、ひよこが増えて、にぎやかになった。オンドリは、毎朝、勢いよく、

「ココデッコー」

と、誠実《せいじつ》に時を告げた。イーグローは、日増《ひま》しに活気づき、ゆたかになった。

また、鷲部《わしべ》には、海という天恵《てんけい》の環境《かんきょう》があった。道路の下はすぐ海だったが、引《ひ》き潮《しお》になると、貝がとれた。熊手《くまで》をちょっとあてただけで、あさりやはまぐりがおもしろいようにとれるのである。スニルのお母さんも、マサンテクも、三十分ほどでざるいっぱいに掘《ほ》りあげる。私たちも貝とりを楽しんだ。

私は、マテ貝をとる楽しみを、このときおぼえた。海水が引いたばかりの浜《はま》のあちこちの小さい穴《あな》から、あぶくが吹《ふ》き出《で》る。ちょうど、ごはんがブツブツ炊《た》きあがるときのようだ。その穴《あな》が、マテ貝の家である。四、五十センチほどある固めの針金《はりがね》を穴《あな》の中にさしこむと、口をあけていたマテ貝が針金《はりがね》をがっちりはさむ手ごたえがする。そのとき、ぐっと引きあげると、針金《はりがね》をくわえたマテ貝がスポッと抜《ぬ》け出《で》るのである。私たちは、毎日のように新鮮《しんせん》な貝汁《かいじる》を飽食《ほうしょく》した。

なまこもとれた。ずっと沖《おき》まで水が引き、海草がゆらゆらゆれているのが見え出すと、胸《むね》まで水につかりながら海に入っていく。海草の中に足をつっこんでそろそろなでまわすと、足《あし》の裏《うら》になまこの感触《かんしょく》が伝わってくる。そのとき頭ごと水の中にもぐって、つかみあげるのである。

漁師《りょうし》のおじさんが、ときたま舟《ふね》で魚を売りに来た。江田島《えたじま》はイリコにするイワシがたくさんとれたので安かった。母はイワシを塩辛《しおから》にしたり、煮物《にもの》にしたりした。とうがらしとにんにくを入れて煮《に》つめたイワシを、アジョシたちはちしゃの葉に包んで舌《した》つづみを打った。漁師《りょうし》さんは、アジ、カレイ、クロダイ、タチなども持ってきた。どれもピチピチはねていた。

ひよわかった私は、鷲部《わしべ》に来て、めきめき丈夫《じょうぶ》になった。活《い》きた魚、とりたての貝、生みたてのたまご、新鮮《しんせん》な野菜など食生活は申し分なかった。それに水と空気と太陽は、太古さながらの清浄《せいじょう》さである。学校の行き帰りの強行軍も、身体鍛錬《たんれん》にこの上ない機会であった。

ここで、山の幸のことも話さなければならない。家の裏《うら》には山があった。湧《わ》き水《みず》の出るあたりに、もともと細い道があったらしいが、それをアジョシたちがスコップでひろげながら、草と土をスコップの背《せ》でたたいた。これで山に登りやすい道ができたので、母、スニルの母、マサンテクと私たち子どもも、山菜をつみに、よく行った。よもぎ、トラジ（桔梗《ききょう》）、わらびや名も知らない山菜が、いくらでもある。そのころ、母は山で採《と》れたユドクサという薬草をしぼって私に飲ませた。学校から帰ると、すぐ茶わん一杯《ぱい》の生ぐさい緑色の汁《しる》を飲んだが、芋《いも》の葉っぱに似《に》たそのユドクサが、なんのための薬だったのかは知らない。

子どもたちは、山菜より花をつんだ。つつじ、れんぎょう、山吹《やまぶき》をビンにさして食卓《しょくたく》に置いたら、アジョシたちが喜んだ。すみれやタンポポは、茎《くき》を折って花束《はなたば》を作ったが、すぐ枯《か》れた。ある日、私は貝をとるとき使う熊手《くまで》とざるを持って山に行った。すみれもタンポポも名も知らない草花も、根ごと掘《ほ》って持ってかえった。植えるつもりである。父にねだって、畑のすみに畳《たたみ》半分くらいの土をもらった。これは私の庭である。それからというもの、この小さな庭をかざるため、いろんな草花を掘《ほ》りおこして、持ちかえった。すべて野の花、山の花で、はなやかさはなかったが、私はこの小さな庭を大切にした。

イーグローには、三十人くらいの人夫さんが生活を共にしていた。年齢《ねんれい》は大部分三十代である。その中にひとり、まだ少年期を抜《ぬ》けきれない、童顔の人夫さんがいた。

私は、人夫さんたちを、だれかれとなくアジョシと呼《よ》んだが、その若《わか》い人夫さんには、なんだかアジョシとはいいにくかった。父と母やほかの大人が〝ヨンス（英洙）〟と名前を呼《よ》ぶので、私は〝ヨンス・オッパ（英洙兄さん）〟と呼《よ》ぶことにした。

ヨンス・オッパは、年も若《わか》いが、アジョシたちとは違《ちが》うところが多い。まず、発音はあまりよくないが、日本語がちゃんと話せる。そして字も読めるし、書くこともできる。アジョシたちの中には、字の読めない人もいた。ヨンス・オッパは、ひまさえあれば、漢字や数学の本を手から離《はな》さなかった。そればかりか、よく働いた。父の畑仕事も、母の買い物も、ヨンス・オッパは身軽に手伝った。とり小屋の掃除《そうじ》は、いつもヨンス・オッパがする。父と母は、ヨンス・オッパをとてもほめた。私の目にも、オッパはまじめに見えた。

ヨンス・オッパは、酒は飲まないが、たばこは吸《す》った。それを、人の目につかないように裏《うら》の畑に出て、吸《す》うのである。

「お母さん、ヨンス・オッパは、なぜかくれて、たばこ吸《す》うの?」

と、母にきいたら、

「かくれて吸《す》うんじゃないよ。ヨンスは、礼儀《れいぎ》を、よう、わきまえとるんよ。朝鮮《ちょうせん》の礼法ではね、若《わか》いもんが年上の前でたばこを吸《す》わんのよ。ヨンスの骨筋《ほねすじ》がしっかりしとる、ということなんだよ」

といった。

もうひとつ。ヨンス・オッパは、口笛《くちぶえ》がとても上手《じょうず》だった。夜、浜辺《はまべ》に立って、よく吹《ふ》いた。でも、ヨンス・オッパが吹《ふ》く口笛《くちぶえ》は、いつも悲しい曲だった。涙《なみだ》が出そうなあわれなメロディーだった。

私の小さな庭には、いろんな草花が植えられたが、花の時期が案外早く終わるので、あとを継《つ》いでいくのが忙《いそが》しかった。

ある日、母は、ヨンス・オッパを連れて、飛渡瀬《ひとのせ》に買い物に行くことになった。

「お母さん、花の種、買ってきてちょうだい。お庭に植えるけね。種から植えると、丈夫《じょうぶ》だって」

私は、母にたのんだ。夕方、帰った母は、

「キマちゃん、花の種買うてきたよ。ヨンスがね、チェソンファがいいというから、それにしたよ。ボンスンアがほしかったけど、ないんでね」

と、ヨンスを見ながら、いった。ヨンス・オッパがポケットから出した袋《ふくろ》には、赤や黄色の花の絵があり、〝マツバボタン〟と書いてある。私は、すぐ庭のほうに行った。

「おれが、手伝ってあげる」

ヨンス・オッパも来た。オッパは、熊手《くまで》で、庭の周囲に浅い溝《みぞ》を作った。

「ヨンス・オッパ、溝《みぞ》がまがってるよ」

「知っとるよ。わざとまげたんだよ。花が咲《さ》いたとき、そのほうがきれいだからね」

ヨンス・オッパは溝《みぞ》に種をまいて、土をかぶせた。何日かたって、かわいい芽が出た、と思ったら、そのあと茎《くき》も葉も、すくすくとのびた。チェソンファの茎《くき》は上にのびないで、横にはうのである。葉はまるまる太った、短い松葉《まつば》の形をしている。だから〝マツバボタン〟なのだろう。

HO

ヨンス・オッパは、私よりもっと関心を持って、小さい庭の手入れをした。

とうとうチェソンファが咲《さ》いた。赤、黄、桃色《ももいろ》のかれんな花である。ヨンス・オッパは、感慨《かんがい》深《ぶか》そうに見入っている。

「ヨンス・オッパは、チェソンファがすきなんよね」

と、ことばをかけてみた。

「うん、すきさ。忘《わす》れられない思い出もあるからな」

「どんな思い出？　話して」

「ほら、これ植えるとき、まがったように植えただろう。だから花がまがって咲《さ》いている。これ、なんの形か知ってるか？」

そういえば、ちょっとくずれた長方形のように見える。

「これはな、朝鮮《ちょうせん》の地図だぞ。あの上は、咸鏡道《ハムギョンド》と平安道《ピョンアンド》、この下のほうが全羅道《チョルラド》と慶尚道《キョンサンド》。京《けい》城《じょう》は、そこらまん中あたりだ」

ヨンス・オッパは、急に声をおさえて説明した。私にはよくわからなかった。

その日、ヨンス・オッパは、こんな話をした。彼《かれ》は、朝鮮《ちょうせん》で普通学校《ふつうがっこう》（小学校にあたる）六年を十六歳《さい》で卒業した。入学が遅《おく》れたからである。六年生のとき、学級園を作ったが、級友と相談して、花畑を朝鮮《ちょうせん》の地図の形にした。花が咲《さ》き出《だ》したとき、はっきりその形があらわれたので、朝鮮人生徒《ちょうせんじん》は日本人教師《きょうし》にものすごく殴《なぐ》られたそうだ。そのとき植えた花が、チェソンファだといった。

ヨンス・オッパは、家が貧《まず》しいので、上級学校に行けないが、苦学しても勉強しようと思って、日本に来たという。一文なしで下関の町を歩きまわっていたとき、私の母に会ったのだそうだ。鷲部《わしべ》で少し金を貯《た》めて、神戸に行きたい、といった。そこの商船学校に進むのが、彼《かれ》の希望である。オッパの年は十八歳《さい》だといった。

チェソンファの茎《くき》は、横ばいにどんどんのびるので、ヨンス・オッパは、朝鮮《ちょうせん》の形を保《たも》つため、小まめに手入れした。のびる茎《くき》を庭の中側に向けるのである。いつのまにか、小さな庭からほかの草花はとりのぞかれ、チェソンファでおおわれた朝鮮《ちょうせん》になった。

鷲部《わしべ》での仕事は、半年ほどで終わった。私が鷲部《わしべ》を発《た》つ日、チェソンファはまっさかりだった。

ヨンス・オッパは、鷲部《わしべ》から神戸に行った。その後、一度も会っていない。

私は韓国《かんこく》に帰って「鳳仙花《ほうせんか》」という歌をおぼえたとき、ヨンス・オッパを思い出した。ヨンス・オッパが浜辺《はまべ》で吹《ふ》いた口笛《くちぶえ》の悲しい曲は、「鳳仙花《ほうせんか》」だった。

ハッパのおじさん

イーグローから百メートルくらい離《はな》れたところに、石山の入り口があった。トラックが通れるようにひらかれた広い道路は、ゆるい坂道だった。私はいつも、その入り口の前を通って学校に通ったが、一度も石山に行ったことはない。危険《きけん》だから子どもは工事場に近寄《ちかよ》らないように、という、父からの厳命《げんめい》もあったが、石山からひびいてくるものすごい爆破音《ばくはおん》は、子どもを禁足《きんそく》するのにじゅうぶんであった。

採石《さいせき》するために、ダイナマイトを仕掛《しか》け、爆破《ばくは》させるのは、日本人技師《ぎし》だった。昼になると、父をはじめアジョシたちは、家まで食事に帰ってくる。そのとき、この日本人技師《ぎし》も山からおりてくる。私たちは、その人を、ハッパのおじさんと呼《よ》んだ。アジョシたちはバラックの食堂で昼ごはんを食べたが、ハッパのおじさんは、外で食べた。

石山の入り口とバラックの中ほどに、平べったい大きな石が、ひとつあった。ふだんは私たちの遊び場であるが、昼どきは、ハッパのおじさんが食事をするところになった。おじさんは、その石の上にのっかって、昼ごはんを食べるのである。

平日は、私たちが学校に行っているので、ハッパのおじさんに会うことは、あまりない。工事は、月一回休むだけで、日曜日も進められた。だから、私たちがおじさんに会うのは、この日曜日だけである。会うといっても、おじさんと話を交わすのでなく、ただ遠くから見るだけであった。

髪《かみ》を角刈《かくが》りに短く刈《か》ったおじさんは、体にぴったりあう白いズボンと、黒か紺《こん》に白いもようが少しあるハッピのような上着を着ていた。腰《こし》には長い帯をきりっと巻《ま》き、脚半《きゃはん》に地下足袋《じかたび》というでたちである。身軽でいかにもダンディに見えた。ときどき、手ぬぐいをねじった鉢巻《はちま》きもする。アジョシたちとはぜんぜん違《ちが》う身なりで、私たちの目には、なんとなく異人《いじん》に見えた。

母は、このおじさんに、いつも飲み水を持っていった。おぼんにのせた小さいやかんには、汲《く》みたての清水が入っている。ハッパのおじさんは、母に礼をいうらしく、笑顔《えがお》を見せた。おじさんは、むっつりして表情《ひょうじょう》のない人であったが、母と話すときだけは、笑顔《えがお》になった。私たち子どもは、こんなおじさんを遠巻《とおま》きにして、するどく観察《かんさつ》していた。

ひとり離《はな》れて昼ごはんを食べるおじさんが、なにを食べるのかが私たちが知りたいことのひとつだった。私は、人がごはんを食べるのをじろじろ見るのは、よくないことだと思うから、遠くからうかがうだけだった。いつもスニルが、ボールを投げたり、紙飛行機を飛ばしたりして、さぐってくる。スニルの報告《ほうこく》をまとめてみると、ハッパのおじさんは、ごはんはおにぎりひとつしか食べないこと、おかずは竹行李《たけごうり》のようなべんとう箱《ばこ》に、生野菜しか入っていないことがわかった。

私が子どものころ、日本人は調理されない生野菜は、あまり食べなかったようである。生のまま、平気で食べる朝鮮人《ちょうせんじん》を、衛生《えいせい》が悪い、とかげ口をきいたりした。

しかし、日本人がなんといおうが、朝鮮人《ちょうせんじん》は生野菜を好《この》んだ。キムチを作るとき、白菜の黄色い芯《しん》をこそげとって、とうがらし味噌《みそ》をつけて食べる。大根は皮をむいてボリボリかじる。きゅうりなんか、畑でもぎとってそのまま食べる。生で食べる芋《いも》の甘《あま》みも格別《かくべつ》だ。青とうがらしやたまねぎは、味噌《みそ》かとうがらし味噌《みそ》をつけると、りっぱなおかずである。にんじんもなすも、生でかじる。ちしゃは、もちろん生で食べる。ちしゃの上等な食べ方は、〝サム（包んで食べること）〟である。ちしゃの葉っぱをひろげて、その上に春菊《しゅんぎく》や細ねぎをのせ、さらにイワシをとうがらしとにんにくで煮《に》つめたのや、焼き肉、魚のさしみなど動物性《どうぶつせい》食物を入れて包んで食べる。〝サム〟は、肉類と野菜類を上手《じょうず》に調和させた食べ方である。まさに天才的な食事法だと思う。〝サム〟は、肉類がないとき、ごはんととうがらし味噌《みそ》を入れて包む。素朴《そぼく》であるが、日常《にちじょう》とはちょっと違《ちが》う味がして好《この》まれる。

でも日本人は、こんな朝鮮人《ちょうせんじん》を、生食をする野蛮人《やばんじん》、未開人だとばかにした。

ところが、ハッパのおじさんが、生の野菜だけおかずに持ってくるというのだ。私たちにとっては、たいへんな驚《おどろ》きだった。ダンディに見える、そして生粋《きっすい》の日本人らしく見えるおじさんが、朝鮮人《ちょうせんじん》のように生野菜を食べるとは。

「スニル、それほんとう？　よく見たん？」

「ほんとうだよ。きゅうりとにんじんとねぎだぞ。ボリボリ音出して食べとったぞ」

「ふしぎだねえ。日本人も生で食べるんかなあ」

「よく見てよ。おじさんはな、はし持っとらんぞ。おむすびも手で食べるし、野菜もな、指でつまんで食べとるんじゃ」

私たちは、日曜日の昼ごろになると、いいあわせたように、山からも海からもいそいそと帰ってきた。ハッパのおじさんを観察《かんさつ》するためであった。ある日、花をつんで山から少し遅《おそ》めに帰ってきた私に、

「ヌナ（お姉ちゃん）、ハッパのおじさんがな、にんにく食うとった」

とスニルは、なにか大発見でもしたように、息を切らして報告《ほうこく》した。

「それもな、たき火をたいて、にんにくを焼いて食べたぞ。うまそうに食べとった」

私も、それは大発見だと思った。だって日本人は、朝鮮人《ちょうせんじん》をいじめるとき、必ず、にんにくくさい、というではないか。鼻をつまんでそっぽを向くかっこうもする。

私が、おじさんを見に行ったとき、もう食事は終わっていた。今度の日曜日は遊びに行かないで、スニルと初めから見ることにした。

さて、日曜日が来た。ハッパのおじさんは、石の腰掛《こしか》けからちょっと離《はな》れたところで、ほんとうにたき火を仕掛《しか》けた。火が燃《も》えあがると、おじさんは包みの中から、まるいにんにくの玉をとりだして、火の中にほうりこんだ。たき火は、すぐ燃《も》えつきたが、おじさんは木ぎれで灰《はい》を押《お》さ

HQ

えながら、にんにくを埋《う》めた。

おじさんは、石の上にもどって、おべんとうを食べはじめる。いつもどおり、おむすびひとつと、生野菜。私たちは、遠くから、息をのんで見ていた。食事を終えたおじさんは、腰《こし》をあげて、たき火の灰《はい》の中から、むし焼きになったにんにくをとりだした。熱そうなにんにくを、ふうふう吹《ふ》きながら、皮をむいて口の中にほうりこむ。むしゃむしゃかんでいるおじさんの顔は、さもうまい、というような表情《ひょうじょう》に見えた。そのとき、スニルが大きな声ではやしだした。

「やあいー。ちょうせえん、にんにくくさいぞお。ちょうせんじいん。豚《ぶた》の子《こ》、ブウブウ。にんにくう。ぶたあ」

おじさんは、ちらっとこちらを見たが、なんともいわず、食べつづける。私は胸《むね》がどきどきした。スニルは、また、はやしたてる。

そのときだった。

「イ　モントングリヤ（このあほうたれめ）」

私の母が、どなりながら走ってきた。母は、スニルの衿《えり》をわしづかみにして、ずるずるひっぱった。衿《えり》が首の後ろからしめられるので、スニルはケッケッと咳《せき》をしている。母がこんなにあらあらしい扱《あつか》いをするのは、初めてだ。度肝《どぎも》を抜《ぬ》かれて、私は、声も出なかった。家の裏《うら》にまわって、ようやく母はスニルを離《はな》した。

「イ　パボヤ（このバカモノ）」

もう一度叱《しか》ったが、その声は、もう怒《おこ》っていなかった。

母は少し気を静めてから、話した。

「スニル、ちょうせんじん、ちょうせんじん、といじめられたとき、気分悪かったじゃろ。でもな、よう考えてみろ。ちっとも悪いことじゃないけな。

日本人がうちらを朝鮮人《ちょうせんじん》と呼《よ》ぶあいだは、まだ、朝鮮《ちょうせん》があるということじゃけね。まんざら悪いことばかりじゃないんだよ。

朝鮮人《ちょうせんじん》、といわれなくなったら、それこそ大事《おおごと》じゃ。朝鮮《ちょうせん》がおしまいになったことになるけね。

スニル、おじさんは朝鮮人《ちょうせんじん》じゃないよ。日本人に朝鮮人《ちょうせんじん》ちゅうのは、バカがやることだよ。いいか、わかったね」

スニルは、ただうなだれている。私はどうしていいのかわからなくて、もじもじしていた。こんこんとさとすように話して、スニルの頭をなでた母の目には、涙《なみだ》が光っていた。

江田島《えたじま》小学校

宮ノ原

一九四〇年（昭和十五年）の八月中旬《ちゅうじゅん》、私たち一家は鷲部《わしべ》から宮ノ原に引《ひ》っ越《こ》した。宮ノ原は、同じ江田島《えたじま》の江田島湾《えたじまわん》の東よりの海岸にあり、鷲部《わしべ》の斜《なな》め対岸になる。当時は、鷲部《わしべ》から宮ノ原に行くには、陸路では、矢《や》ノ浦《うら》と中郷《なかごう》を通って御殿山《ごてんやま》という低い山を越《こ》えないと行けなかった。今は、中郷《なかごう》から宮ノ原まで、トンネルが通り、車をビュンビュンとばせるようになっているが、五十年前の昔は、山道をテクテク歩くほかなかった。

私たちは小さな船で引《ひ》っ越《こ》した。荷物も人も海路で運んだ。右手に海軍兵学校をのぞみながら、エンジンの軽い振動《しんどう》にゆられ、白いしぶきを引いた船での引《ひ》っ越《こ》しは、しごく爽快《そうかい》であった。鷲部《わしべ》の石山の仕事は短期間で終わった。家族のように親しかったスニル、スノギ、マサンテク、ヨンス・オッパ、アジョシたちも、それぞれの行く先に発《た》っていった。人夫さんの何人かは私たちに同行した。鷲部《わしべ》の共同生活は終わったのである。同時に鷲部《わしべ》小学校時代も終わった。四年生の二学期からは江田島《えたじま》小学校の生徒になる。

宮ノ原の家は、世上《せじょう》（宮ノ原の乗船場）のハト（波止場）の近くにあった。ハトと呼《よ》ばれる人《じん》工堤《こうてい》の中は、ちょうど車の駐車場《ちゅうしゃじょう》のような、船の泊《と》まり場である。漁から帰った船は、ここで休むのだ。江田島村《えたじまむら》一五六七四番地の新しい家は、道路から路地に入った二軒目《けんめ》のこぢんまりした日本式家屋だった。私は生まれてはじめて、かわら屋根、玄関《げんかん》、ふすまなどがそろった、まともな家に住むことになった。もちろん借家であったが、母は子どもの教育環境《かんきょう》を考慮《こうりょ》して、鷲部《わしべ》のときのような共同生活でなく、別に家を準備《じゅんび》した、といっていた。このころから、経済的《けいざいてき》にも少し余裕《よゆう》ができはじめた、ということにもなるであろう。ともかく、私はきれいな家に住めてうれしかった。

家から五百メートルくらい離《はな》れた山ぎわに、工事の現場《げんば》があった。私たちが宮ノ原に着いたとき、すでに工事は進行中だった。現場《げんば》に行く途中《とちゅう》の少し小高いあき地に、鷲部《わしべ》のより大きいバラックがあった。人夫も五十人を越《こ》え、炊事《すいじ》のおばさんも三人いた。

宮ノ原の仕事は、ハッパをかけてくずし落とした石や砂《すな》を、兵学校拡張《かくちょう》工事の埋《う》め立《た》て地《ち》に運ぶことだった。鷲部《わしべ》と違《ちが》うのは、トラックではなく、トロッコで運ぶことである。山から兵学校裏門《うらもん》を通る線路は、ゆるい傾斜《けいしゃ》になっているので、砂《すな》を積《つ》んだトロッコは、おもしろいように走る。

母の積極的な決定に、しぶしぶながら同意した父も、いざ現場《げんば》に入ると休むひまなく働くのであった。父は現場《げんば》監督《かんとく》であったが、いばることもなく、ほかの人と同じように黙々《もくもく》と働いた。父は、最年長者であり、日本滞在《たいざい》の期間もいちばん長かったが、いっさい鼻にかけるようなことはなかった。そんな誠実《せいじつ》な父を、人夫さんたちは信頼《しんらい》し、尊敬《そんけい》しているように見えた。ほかの現場《げんば》や飯場ではいざこざやもめごとも多いらしかったが、宮ノ原の飯場は平和で団結心《だんけつしん》が強い、と評《ひょう》判《ばん》だった。

母は、人夫さんたちの食事に、すごく気を遣《つか》った。すでに米も砂《さ》糖《とう》も含《ふく》め、いろんな物資《ぶっし》が配《はい》給制《きゅうせい》になっていたのだが、配給米だけでは、人夫さんの食欲《しょくよく》を満たせなかった。母は砂糖切符《さとうきっぷ》を最大に活用した。朝鮮《ちょうせん》の人は、だいたい甘《あま》い物《もの》をあまり食べないが、日本人には配給の砂糖《さとう》がどうしても足りないらしかった。ほぼ六十人分の砂《さ》糖《とう》の切符《きっぷ》は、お米に変わったり、肉に変わったり、ずいぶん重宝《ちょうほう》した。

「日本人の好《この》みは、やっぱりうちらと違《ちが》うねえ。砂《さ》糖《とう》のにおいをかぐと、アリがたかるように集まってきよるわ」

と、母が感心したようにいうと、

「朝鮮人《ちょうせんじん》が、とうがらし、にんにく食わんと力出せんのと、おんなじじゃろうが」

と、父が受けた。

配給制下《はいきゅうせいか》とはいえ、江田島《えたじま》には魚や貝類、海草などがいくらでもあったし、山にはミカンがすずなりだし、畑には甘藷《かんしょ》がどっさりあったから、食べ物は豊富《ほうふ》だった。ただ子どもの私たちには、お菓子《かし》がなくなるのが、少しばかり悲しかった。

思い返してみると、宮ノ原時代は、両親の日本滞在《たいざい》期間の中で、もっとも充実《じゅうじつ》した時期だったと思える。父と母の性格上《せいかくじょう》のギャップは、とうてい埋《う》め合《あ》わせがむずかしいとしても、ふたりの協力関係は調和がとれていた。父は、もっぱら現場《げんば》の仕事に打《う》ち込《こ》んだ。母は、工事事務所《じむしょ》との取り引き、人夫さんの勘定《かんじょう》（給料の計算）、飯場の運営《うんえい》などを、有能《ゆうのう》に切《き》り盛《も》りしていった。それでも母にはエネルギーがありあまった。

母は余力《よりょく》で商売を始めた。反物商《たんものしょう》である。ある日、下関から広木《カンモツ》という布地《ぬのじ》を仕入れてきた。これは幅広《はばひろ》の朝鮮木綿《ちょうせんもめん》*で、とても丈夫《じょうぶ》な生地である。初めのうちは、汗《あせ》をたくさん流す人夫さんの仕事着を作って彼《かれ》らに着せていたが、ほかの飯場からも、わけてもらいたい、と申《もう》し込《こ》みがあるので、だんだん反物《たんもの》商売に変わっていった。

下関で仕入れた反物《たんもの》は、北九州地域《ちいき》、広島県内、大阪方面まで売りさばかれた。鉄道貨物で送った反物《たんもの》を、当地の商人に売《う》り渡《わた》すのだそうである。いわば仲買人《なかがいにん》というところだろうか。ときどき二、三日家をあけることもあった。私とミエちゃんはとてもいやだったが、母は生き生きしていた。名商人の外祖父《がいそふ》から受けついだ血は争えないものなのか、ともかく父から娘《むすめ》へと伝わった商才は、存分《ぞんぶん》に発揮《はっき》された。母は、スカートの下の腰《こし》に、銭帯《ジョンデ》*というのを巻《ま》いていたが、商売先から帰ると、銭帯《ジョンデ》にはお札《さつ》がいっぱい入っていた。

私の家のおしいれにも、広木《カンモツ》のほかに、玉洋木《オギャンモツ》（広木《カンモツ》より白くて薄手《うすで》の木綿《もめん》）、キャラコ、ポプリン、人絹《じんけん》、セル、名前も知らない朝鮮布地《ちょうせんぬのじ》が、びっしり詰《つ》まっていた。母は、そんな布地《ぬのじ》を惜《お》しみなく切って、私たちの洋服を作った。今もおぼえている、いちばんすてきな洋服は、五年生のときのミエちゃんとおそろいの、萌黄色《もえぎいろ》のワンピースである。トンボの羽根《はね》のようにすけて見える薄《うす》い絹《きぬ》だった。たっぷりひだをとったスカートの後ろで、大きなリボンをむすんだ。小さい五色の花束《はなたば》をかざった白い帽子《ぼうし》、黒い靴《くつ》にまっ白のソックスも、おそろいだった。

宮ノ原の女の子たちは、私たち姉妹をうらやましそうな目でながめた。私が六年生、ミエちゃんが一年生になったとき、もうこの服は少しきつくなっていたが、このおそろいで、母といっしょに広島の福屋デパートに行ったことをおぼえている。母はあいかわらず、とっぴな簡単服《かんたんふく》姿《すがた》である。母は、ふたりの娘《むすめ》にきれいな洋服を縫《ぬ》って着せるのが趣味《しゅみ》だった。いや、負けずぎらいの母が日本人に対して見栄《みえ》を張《は》った、というのが、ほんとうのところかも知れない。

ともあれ、時局はどんどんきびしくなって、衣服類も切符制《きっぷせい》になった。その上、母が弟を出産することなど重なって、反物商《たんものしょう》はとりやめになったのである。

昔の宮ノ原には、定期乗客船がとまる世上《せじょう》船着き場があった。宇品《うじな》から津久茂《つくも》経由《けいゆ》世上《せじょう》行きの船は、もう一つの小用港《こようこう》から出る船より小型であったが、宮ノ原の人たちには、便利だった。船着き場といっても、浮《う》き舟《ふね》とそれを道路につなぐ栈橋《さんばし》があるだけである。一日二便の乗客船は、宮ノ原の人と陸地をむすぶ唯一《ゆいいつ》の交通路だった。

私と妹は、この世上《せじょう》の栈橋《さんばし》に立って母を待つことが、たびたびあった。

江田島湾《えたじまわん》入り口にポツンと船があらわれると、船首はゆっくりゆっくり津久茂《つくも》にまわる。津久《つく》茂《も》で人を乗《の》り降《お》りさせて、世上《せじょう》に着くまで三十分かかった。そのころは快速船《かいそくせん》などなかった。スローモーション・フィルムより何倍ものろのろした船の動きにじっと目をすえて、忍耐《にんたい》づよく待ったものである。今の子どもは、こんながまんづよさをバカにするかもしれない。しかし、待つということがどんなに大切な体験であったかを、私は私の生涯《しょうがい》を通じて、すでに何度も確認《かくにん》している。

いっぽう、私の宮ノ原時代は、カッパ時代でもあった。宮ノ原の子は、六月から九月のまる四カ月を、海の中ですごした。夏休みになると、朝から晩《ばん》まで海につかっている。私も朝起きると、寝《ね》巻《ま》きから、すぐ水着に着替《きか》えた。ごはんを食べに帰ると、体をふいて別の水着に着替《きか》える。本を読んだり、昼寝《ひるね》をするのも、水着のままである。海は私たちの庭であった。

唇《くちびる》が紫色《むらさきいろ》になるまで泳いで、寒くなると、ハトの石の上にねそべって腹《はら》や背中《せなか》をあたためた。満潮《まんちょう》になると、ハトの内側はすばらしいジャンボ・プールである。道路から人工堤《じんこうてい》まで二百メートルくらいだったろうか。宮ノ原のカッパたちは、それくらいの距離《きょり》は平気で往復《おうふく》できる。ハトで、ひとかたまりになったカッパたちは、ときどき「われは海の子」*の合唱もする。大きい子も小さい子も、いっしょに。

我《われ》は海の子白浪《しらなみ》の
さわぐいそべの松原《まつばら》に

煙《けむり》たなびくとまやこそ
我《わ》がなつかしき住家《すみか》なれ

宮ノ原の子に、これほど実感のある歌はないと思う。

夜泳ぐこともあった。夜光虫がキラキラ光る海にとびこむと、うす青い光が四方にくだけて飛び散った。

皮膚《ひふ》がやけてヒリヒリ痛《いた》んだり、皮がむけたりしたが、冬に風邪《かぜ》をひくことがなくなった。

宮ノ原は漁村であったが、おもにイワシをとって、イリコを作った。宮ノ原の海辺には、イワシハマというイリコ干《ほ》し場《ば》がいくつもあった。埋《う》め立《た》て地《ち》の広い干《ほ》し場《ば》は、海につきでているので、イワシを積《つ》んだこぎ舟《ぶね》がじかに横づけされた。イリコ作りの作業を見物するのも楽しかった。舟《ふね》からあげたイワシ箱《ばこ》の生イワシは、すぐ煮釜《にがま》に入れられる。煮《に》えたイワシは、平べったい底の浅いざるに移《うつ》される。干《ほ》し場《ば》には干《ほ》し台《だい》が長々と並《なら》んでいる。この干《ほ》し台《だい》はヨシか細竹のようなもので作られているので、風通しがいい。おじさんたちが、煮《に》えたイワシをざるから、パッとはたくように干《ほ》し台《だい》にあける手ぎわは、実にみごとだった。女の人たちは、干《ほ》し台《だい》にイワシをひろげながら、雑魚《ざこ》をよりわける。みんな足や手をせわしく動かすので、これは早送りのフィルムのようであった。宮ノ原の浜《はま》は、いつも生ぐさいイワシのにおいがあふれ、活気に満ち満ちていた。

夜は、沖《おき》で底引《そこび》き網《あみ》をあやつる舟《ふね》が、カンテラをちらつかせながら網《あみ》を引いた。舟《ふね》の上では、風車のように四方に張《は》り出《で》た棒《ぼう》を持って、同じ方向にぐるぐるまわりながら網《あみ》の綱《つな》を巻《ま》きあげる。するると、おじさんたちのリズミカルなかけ声が伝わってくるのであった。

「チョウセンヤ、チョウセンヤ」

「チョウセンヤ、チョウセンヤ」

私の耳には、チョウセンヤ、ときこえたのだが、それがなんの意味だったのかは、今もわからないままである。

283ページ　朝鮮木綿《ちょうせんもめん》——朝鮮《ちょうせん》に木綿《もめん》が入ってきたのは高麗《こうらい》時代で、一三六三年、元《げん》から伝来したが、民衆《みんしゅう》に綿布《めんぷ》が用いられたのは朝鮮《ちょうせん》時代である。植民地時代は機《き》械製《かいせい》の綿布《めんぷ》が普及《ふきゅう》したが、手織《てお》りの綿布《めんぷ》は丈夫《じょうぶ》で根強い人気があった。
〃　銭帯《ジョンデ》——胴巻《どうま》きのこと。
285ページ　「われは海の子」——文部省唱歌。

オモニの期待

江田島《えたじま》小学校は、海軍兵学校正門に近い中郷《なかごう》にあった。兵学校のある海辺は本浦《ほんうら》といったが、江田島《えたじま》小学校の位置を本浦《ほんうら》という人もいた。当時は、江田島村内《えたじまそんない》では、いちばん大きい小学校だった。

正門から入ると、運動場の奥《おく》に横に長い二階建て木造校舎《もくぞうこうしゃ》が正面にあり、その左側にはやはり二階建ての実科高等女学校の建物、右側には渡り廊下《わたろうか》をへだてて、職員室《しょくいんしつ》があった。ちょっと坂になった道の上に石の門柱があり、その左側の柱によりそうように、大きな桜《さくら》の木が一本ある。幹《みき》は校門の外にあるが、枝《えだ》は校門の内側に向けて大きくひろがっていた。校門の外に公会堂という古い大きな建物があったが、これも学校で講堂《こうどう》がわりに使っていた。映画《えいが》などは、この公会堂で見た。

戦後、宮ノ原に宮ノ原小学校が開校されたらしいが、私が子どものころは、宮ノ原から御殿山《ごてんやま》を越《こ》して、この中郷《なかごう》の江田島《えたじま》小学校に通った。宮ノ原の子どもは、正門から登校しない。裏門《うらもん》が近道だからそこから入ると、すぐ前に校舎《こうしゃ》と職員室《しょくいんしつ》をつなぐ渡り廊下《わたろうか》があった。職員室《しょくいんしつ》は三、四段《だん》ほどある石段《いしだん》の上にあったが、入り口の柱に鐘《かね》がぶらさがっている。小使いさんが、この鐘《かね》を

たたくと、千人ほどの生徒が教室に出たり入ったりしたものである。

私は登校のときは、裏門《うらもん》から入るが、下校のときは正門から帰った。海軍兵学校の正門前に「奇報堂《きほうどう》」という本屋があったが、そこによって立ち読みするためである。母はどこできいたのか、雑誌《ざつし》はためにならん、といって、買ってくれなかった。だから私はこの奇報堂《きほうどう》で、ひそかに幼年倶楽部《ようねんくらぶ》や少女倶楽部《しょうじょくらぶ》の立ち読みをした。中郷《なかごう》に本屋はこの一軒《いっけん》しかなかったので、実は、私はりっぱなお得意先《とくいさき》でもあった。妙《みょう》な簡単服《かんたんふく》を着たお母さんといっしょにくる女の子だが、いつも高価《こうか》な本を買うお客さんだったのである。母は、本屋さんが推薦《すいせん》する単行本も買ったが、日本児童《じどう》文庫や小学生全集などの全集物も、気前よく買ってくれた。模範家庭《もはんかてい》文庫なども買った。そろそろ少女期に入っていた私は、吉屋信子《よしやのぶこ》の作品は目につきしだい買ってもらった。おなじみの本屋のおじさんやおばさんは、そんな私の立ち読みを、笑顔《えがお》で大目に見てくれた。

一九九一年（平成三年）一月十六日、中郷《なかごう》を訪《おとず》れた私は、まずこの本屋をさがした。あった、あった。奇報堂《きほうどう》という名前もそのままに。アルミサッシのきれいなガラス戸をあけて店に入った。

「この店は、戦前にあった、昔の奇報堂《きほうどう》ですか？」

「ええ、そうですよ。家業を継《つ》いでいますからね」

中年の女主人が答えた。

「場所は移《うつ》ったんですね」

「いいえ、そのままですよ」

「実は、わたしは、子どものころ、この本屋さんによく来た者ですが、わたしの記憶《きおく》では、本屋のすぐななめ前が兵学校の正門だった、とおぼえていますが」

「ああ、それはね、うちの店が移《うつ》ったんじゃなくて、兵学校の門が、移《うつ》ったんですよ」

「えっ」

「終戦してからね、兵学校に進駐軍《しんちゅうぐん》が来てたんですよ。するとね、あそこのまがり角から入った車を、すぐまた校門に向けてまげんにゃならんでしょう。N字型になってるからね。大きな車なんか、お尻《しり》が入らんのよ。それで、あそこの道からまっすぐに校門に入れるよう、校門をあちらに移《うつ》したんですよ」

「なるほど。しかしこの店も、昔《むかし》のおもかげとはずいぶん違《ちが》いますね」

「広くなったでしょう。昔《むかし》はこの半分だったですからね」

ともかく、奇報堂《きほうどう》の書店が健在《けんざい》だったことは、ほんとうにうれしかった。この店で広島市内地図を一冊《さつ》買った。

奇報堂《きほうどう》の横を通って、江田島町庁舎《えたじまちょうちょうしゃ》に向かった。ここは、旧江田島《きゅうえたじま》小学校地である。木造校舎《こうしゃ》がなくなり、コンクリート三階造りのモダンな庁舎《ちょうしゃ》が建ち、公会堂跡《あと》には五階建て文化センターが堂々と建てられている。中央公民館、老人福祉《ふくし》センターの看板《かんばん》がかかっていた。しばし、隔世《かくせい》の感にひたる。

唯一《ゆいいつ》、昔の姿《すがた》を残しているのは、門柱の桜《さくら》である。幹《みき》をなでてみた。寒気がひんやり伝わってくる。そのとき、庁舎《ちょうしゃ》から若《わか》い事務員《じむいん》が、門のほうに歩いてきた。

「もしもし、すみませんが、シャッターをちょっと押《お》していただけますか？」

カメラを渡《わた》して、私は桜の老木《ろうぼく》の前に立った。

「桜《さくら》の木が全部入るように、おねがいします」

事務員《じむいん》は、ま冬に裸《はだか》の桜《さくら》を背景《はいけい》に写真をとる私に、不審《ふしん》そうな表情《ひょうじょう》をかくしきれないまま、シャッターを押《お》した。

私は、桜《さくら》の木をふりかえりながら、江田島《えたじま》小学校舎に向かった。新しい江田島《えたじま》小学校は、一九六八年（昭和四十三年）に開校されたもので、旧江田島《きゅうえたじま》小学校、鷲部《わしべ》小学校、江南《こうなん》小学校の三校を統合《とうごう》して、矢《や》ノ浦《うら》に新校舎が建てられた。

校長をたずねたが、外出中だったので、職員室《しょくいんしつ》のストーブのそばで、帰りを待った。

実は、この新しい江田島《えたじま》小学校をたずねるのは、二度目である。一九七四年（昭和四十九年）十一月二十五日に、当時の岡田守人校長に会っている。私は、一九七四年九月から一九七五年（昭和五十年）二月までの六カ月間、西宮市にある聖和《せいわ》大学に客員研究員として滞在《たいざい》していたが、そのとき、時間をさいて、夢《ゆめ》にも忘《わす》れなかった江田島校《えたじまこう》をおとずれたのだ。あらかじめ訪問《ほうもん》したいことを手紙で知らせてあった。会ってみると、岡田校長は、私が四年生のときの男子組の先生だった。

その夜、旧《きゅう》海軍兵学校内の江田島《えたじま》クラブで、夕食会があった。四年生のときの受け持ちだった高橋ハルコ先生が来られた。私たちは涙《なみだ》を浮《う》かべてだきあった。そのとき先生は、江田島町《えたじまちょう》教育委員だった。当時の教頭の太田忠衛《ただえ》先生も来られたが、江田島町《えたじまちょう》教育委員長だった。六年のときの受け持ちだった川本トシエ先生が小用《こよう》小学校にいらっしゃるということだったが、都合でおいでになれなかった。

私たちは昔話に花を咲《さ》かせた。四年生二学期から女子組の生徒になった私は、受け持ちの高橋先生にとてもいい印象を受けた。いつも紺色《こんいろ》のスーツを着て、小さくまげにした髪《かみ》をピンできちっととめた端正《たんせい》な姿《すがた》がすきだった。それに、高橋先生は声が美しかった。オルガンをひきながら、一節ずつ先唱して授業《じゅぎょう》を進めた。

「かぜよかぜ　そもいづちより　いづちふく」*

高橋先生の声が、いちばんよくよみがえる歌である。太田先生が、

「いやあ、高橋先生、そんなに声がきれいだったとは知らんかったなあ。じゃ、ここで、そのころの実力を発揮《はっき》して、ひとつ歌ってくださいよ」

と、いったので大笑《おおわら》いした。

先生方は、江田島《えたじま》小学校の卒業生が三十二年ぶりに大学教授《きょうじゅ》になって、母校をたずねたということで、心から喜んでくださった。私は謝恩《しゃおん》の夕食会だとがんばったが、先生方は、教え子の歓《かん》

迎会《げいかい》だと固辞《こじ》され、結局その日の夕食は恩師《おんし》にごちそうしていただいた。

翌日《よくじつ》は、私は高橋先生のミカン畑に行って、よく熟《う》れたミカンをとって食べながら、つきない話を交わした。

「高橋先生、私が朝鮮人《ちょうせんじん》の生徒だったことについて、なにか思い出されることはありませんか？」

「そうねえ、昔《むかし》のことだから具体的なことはおぼえていないけど、とにかく朝鮮《ちょうせん》の子はよくできた、という記憶《きおく》は、はっきりしていますよ」

「江田島校《えたじまこう》に、朝鮮《ちょうせん》の子がたくさんいましたかねえ」

「さあね。それでも二十人くらいはいたんじゃない？」

「学校では、朝鮮人《ちょうせんじん》をやっかいに思うようなことはありませんでしたか？」

「少なくとも、そんなことなかったわ。あなたに、なにか思いあたることがあるの？」

「いいえ、私は先生方から差別された思いは、全然ありません。むしろ、しりごみがちの私をよくひきたててくださった、と感謝《かんしゃ》しています。江田島校《えたじまこう》は公平でした」

「よかったわねえ。そのころの私たちは、朝鮮人《ちょうせんじん》を差別することなんて、念頭に置いたことすらないのよ。断言《だんげん》できるわ」

「そのとおりだったと思います。先生、ありがとうございました」

私は、前回、おとずれたときの会話を思い出していた。

その後、どうして高橋先生との旧情《きゆうじよう》をあたためつづけられなかったのか。文通はいくらでもできたはずなのに。胸《むね》が痛《いた》むほど後悔《こうかい》した。

とめどのない思い出に時間を忘《わす》れたが、道下靖夫《みちしたやすお》校長が帰ってきた。道下校長は快活《かいかつ》で親切だった。私とほぼ同年輩《どうねんぱい》で、江田島《えたじま》の秋月出身なので、昔の事情《じじよう》に明るかった。鷲部《わしべ》の石山、べんけいがに、ヨシの群落《ぐんらく》、漁師《りようし》の子どもの海組とそうではない子どもたちの山組があったことなど、私のおぼろげな記憶《きおく》をたしかめてくださった。道下先生は、みずから車を運転して、石山、飛渡瀬《ひとのせ》をひとまわりしながら、説明をしてくださった。高橋先生はご子息といっしょに暮《く》らすため、江田島《えたじま》を去られたそうである。

四年生の二学期、江田島校《えたじまこう》に転入した私は、三学期に級長に任命《にんめい》された。全校生が運動場に整列する朝会で、校長から直接任命状《ちよくせつにんめいじよう》をもらった。

「四年女子組　級長　金村広子」

私は、自分の耳を疑《うたが》ったが、夢《ゆめ》ではなかった。任命状《にんめいじよう》をもらった級長は、自分のクラスの列の前に帰る。朝会が終わると、「前へ、進め」の号令をかけて、クラス員を教室のほうに誘導《ゆうどう》するのである。

その日、任命状《にんめいじょう》を手にとった母は、目に涙《なみだ》を浮《う》かべて喜んだ。バラックの人夫さんたちも喜んでくれた。

「日本人のガキどもが、文句《もんく》いわんようにとっちめてやれ」

「なまいきいう奴《やつ》や、朝鮮人《ちょうせんじん》、バカにする奴《やつ》は、うんとこらしめてやれ」

人夫さんたちは、口々に勝手なことをしゃべっている。

「あんたら、子どもにつまらんことというなよ。級長はな、暴力《ぼうりょく》ふるってもええということじゃないんよ。わたしがねがうのは、朝鮮人《ちょうせんじん》をバカにしてはいけんことを、頭でわからせることよ。昔から朝鮮《ちょうせん》は暴力《ぼうりょく》の国じゃなかったけね。まあ、あんまり力がなさすぎて、日本に食われてしもうたがね。でもさ、暴力《ぼうりょく》はよくないもんじゃ。

キマ、しっかりしんさい。頭で正々堂々と勝ちなさい」

母は、人夫さんにも、私にも、きっぱりいい渡《わた》した。それにしても、母は、ほんとうに喜んだ。私も母をもっと喜ばすため、がんばろうと心に固く誓《ちか》った。

五年生、六年生と進級したその後も、私は母の期待にそむかず、級長、副級長を独占《どくせん》した。当時、江田島《えたじま》小学校では、ひとりの生徒がたてつづけに級長になれない規則《きそく》があったので、一学期と三学期は級長だが、二学期は副級長だった。母は級長任命状《にんめいじょう》や優等《ゆうとう》の賞状《しょうじょう》を額縁《がくぶち》に入れて、私の勉強部屋の壁《かべ》いっぱいにかざりつけ、その数がふえるのを楽しみにした。私は、子ども心にも、おもはゆくてはずかしいと思ったが、母が喜ぶことなので、がまんした。

五年生から、小学校が国民学校*に変わった。受け持ちも菅《かん》イハヱ先生に変わった。若《わか》くて美しい先生だった。

いつごろだったか、うすら寒いころ、菅《かん》先生は出産のため、しばらく学校を休んだ。教頭の先生やよその組の先生が授業《じゅぎょう》をしたり、自習をしたりで、私たちはどうもおちつかなかった。そんなある日、クラスの何人かが菅《かん》先生のお宅《たく》に行くことにした。なんの花だったか、大きな花束《はなたば》も準備《じゅんび》した。そして服はセーラー服を着た。新本さんが転校することになっているので、帰りに記《き》念撮影《ねんさつえい》をすることにしていたからである。

菅《かん》先生は、着物姿《きものすがた》でふとんの上にすわって、私たちをむかえた。やさしくほおえみながら、赤ちゃんをだいて、私たちのほうに向けた。赤ちゃんが男の子だったのか女の子だったのかは、おぼえていない。記憶《きおく》に残っているのは、赤ちゃんが小さい口を精《せい》いっぱいあけて、何回もあくびをしたことである。

帰りに写真館にいって、新本さんを中心に二列にならんで写真をとった。八人くらいだったと思うが、新本博子さん、川上さん、住本キミエさん、三好《みよし》さんしか思い出せない。その写真を大切にしていたのだが、いつのまにかなくなった。

住本キミエさんは、中郷《なかごう》大通りのかどにある呉《ご》服屋《ふくや》の子だった。身なりもきちんとしているし、勉強もよくできた。宮ノ原の子どもは、朝夕に住本呉《すみもとご》服店《ふくてん》の前を通る。私は、学校の帰りに、ときどき住本さんの家に寄《よ》ったりした。

住本さんには、言語障害《しょうがい》の妹がいた。発音がよくできないのである。「お父さん」を「オオウアン」といった。宮ノ原のいたずら坊主《ぼうず》たちは、住本さんの家の前を通るとき、「オオウアン、アオオア　アウイオー（お父さん、あの子が悪いよ）」と、はやしたてた。そんなとき、キミエさんは、顔をまっかにして、歯をくいしばった。私は、そんなキミエさんを見ると、胸《むね》がぎゅっと痛《いた》くなって、涙《なみだ》が出そうになった。日本人は朝鮮人《ちょうせんじん》だけをいじめるのでなく、同じ日本人同士もいじめるんだな、と思うと、少しふしぎだった。でも、どうして人間は、いじのわるい、よくない心があるのかとも、思った。とても悲しかった。

六年生のとき持ちあがりになった菅《かん》先生が、二学期にやめられたので、途中《とちゅう》で受け持ちは、川本トシエ先生に変わった。川本先生もやさしい先生だった。

はにかみやだった私も、級長ぶりが身について、号令もよくかけられるようになった。国民学校になって、軍国教育が強化されるにつけ、体操《たいそう》の時間に分列行進などをやらされた。運動会では四年生以上の生徒全員が、分列行進をすることになったが、私はその指揮官《しきかん》として、「分列に前へ進め」の号令に、声を張《は》りあげた。

私が六年のときは、妹のミエちゃんが一年生になっていたので、その年、母は、ふたりの娘《むすめ》の運動会を参観したことになるが、大満足だった。

「うちの娘《むすめ》はふたりとも運動会の華《はな》じゃった。上の子は分列式の隊長だから、あの子の号令ひとつで全校生を一糸《いっし》乱《みだ》れず動かすんよ。みごとじゃったなあ。ええ見ものじゃった。それに、ミエちゃんは、走るのが速いこと、速いこと。背《せ》も高いし、足も長いけ、風のように走るんよ。百メートルでの一番は朝めし前よ。リレーはな、ミエちゃんがスタートで白組をかけはなしたから、赤組が勝ったんよ。みんながね、すごい陸上のたまごじゃ、とほめっとったんよ」

母は、運動会を見に来られなかった人に、こんな話を何度もくりかえした。

江田島《えたじま》小学校は、横に長い校舎《こうしゃ》のまん中ほどに通路があった。朝会が終わると、校舎《こうしゃ》の両脇《りょうわき》と、この通路からそれぞれの教室に入った。私たちは、ここを時計台と呼《よ》んだ。通路の両壁《りょうかべ》は掲示板《けいじばん》で、ふだんは各学年から選ばれた図画や習字が張《は》られ、新年には金紙銀紙のついた書き初めが展《てん》示《じ》された。私の作品は、この時計台によく張《は》られた。

六年生のとき、私の描《か》いたハゲイトウの水彩画《すいさいが》が時計台に張《は》られたが、その後、職員室《しょくいんしつ》の壁《かべ》に移《うつ》されたことがある。ちゃんと額縁《がくぶち》に収《おさ》められて、職員室《しょくいんしつ》の壁《かべ》をかざった。母にこのことを話したので、ある日、母が学校に来たらしい。

職員室《しょくいんしつ》の外から、ガラス越《ご》しに見ていると、ある男の先生がきいたそうだ。

「どの先生に会いに来られたんですか？」

「いいえ、うちの子の絵が職員室《しょくいんしつ》に張《は》られたというので、ちょっと見に来ました」

「そうですか。それでは中に入ってください」

職員室《しょくいんしつ》でハゲイトウの絵を見ていたら、休み時間になって、先生方が入ってこられた。

「だれのお母さんですか？」

「六年女子組の金村広子ですが」

「ああ、金村広子さんか。いつも時計台を独占《どくせん》するから、特別税金《ぜいきん》を出してもらおうというとりましたが」

といって、大笑《おおわら》いしたそうだ。

その日、母はとても感激《かんげき》したようである。夜、私と向かい合って、母は手をとった。

「キマ、がんばってくれたね。ありがとう。今日、学校に行ったら、あんたの受け持ちじゃない先生まで、みんなあんたを知っとったけね。男の先生がな、朝鮮《ちょうせん》の人は頭がいいですねえ、と感心しとった。

日ごろお母さんがいうとることが、なんの意味かわかるかい。

うちの飯場を見んさい。みんな朝から晩《ばん》まで奴隷《どれい》のように働いとるじゃろう。日本人は、朝鮮《ちょうせん》人《じん》を、労働しかできん下等物と思って、仕事をさせながらもばかにしとるんよ。労働するのが恥《はじ》でもないし、悪いことでもないが、ばかにされるのはくやしいけね。

キマ、しっかり勉強して頭の力を見せるのが、朝鮮人《ちょうせんじん》の自尊心《じそんしん》を生かすことよ。これからも、朝鮮人《ちょうせんじん》の代表だと思って、がんばりんさい」

母は遂《つい》に涙《なみだ》を流して、私の手を強くにぎった。

そのころ、妹は私の部屋でいっしょに寝起《ねお》きしていた。弟が生まれたので、母のそばをゆずったのである。でも、ミエちゃんは私といっしょなので、むしろ喜んでいた。

一年生になったミエちゃんは、私のいうことをよくきいた。ミエちゃんの教室は、本校舎《ほんこうしゃ》から離《はな》れた職員室《しょくいんしつ》のそばにある、古ぼけた建物である。日露《にちろ》戦争のとき、なにかに使った建物だとか。私たちはそこを離《はな》れと呼《よ》んだ。私は休み時間になると、離《はな》れのミエちゃんの教室に行って便所に連れていったりした。一年生の受け持ちの片山《かたやま》先生は、袴姿《はかますがた》の上品な先生だったが、私を見るたびに、

「やさしいお姉さんですね」

といった。ほんとうに私たち姉妹は仲《なか》よしだった。

そのころ、少国民*としての精神《せいしん》教育が強調されるなかで、朝起きるとき、寝床《ねどこ》でぐずぐずしないように「大和魂《やまとだましい》」の気合いをかけるようにいわれていた。私もミエちゃんも、朝ごとにふとんの中にうずくまって、いちにのさん、と呼吸《こきゅう》をととのえたあと、

「ヤマトダマシイッ」

といって、とびおきた。でも、大声を出すのは遠慮《えんりょ》していた。母がきくといやがることがわかっていたから。

私は、母がハゲイトウの絵を見に行った夜、〝あんたは朝鮮人《ちょうせんじん》の自尊心《じそんしん》を生かす朝鮮人《ちょうせんじん》の代表になれ〟といわれ、深く心を打たれた。母にないしょで、ミエちゃんまでいっしょに、毎朝、

〃ヤマトダマシイ〃と気合いを入れている娘《むすめ》と知ったら、どんなに悲しむことだろう。ほんとうにいけない子だった。母を裏切《うらぎ》ったようで、心からはずかしいと思った。そうだ、やめよう。たとえ、学校の先生に叱《しか》られることがあっても、やめよう。

「お姉ちゃん、ヤマトダマシイせんの?」

「うん。もうやめようね。そんなこといわんでも、朝、ちゃんと起きられるでしょう?」

その朝、私は母の顔を久しぶりに晴ればれと見ることができた。

294ページ　かぜよかぜ……いづちふく——尋常《じんじょう》小学唱歌「かぜ」より。

298ページ　国民学校——一九四一年三月一日公布の国民学校令により小学校の名称《めいしょう》が変わった。国民の基礎《きそ》的錬成《てきれんせい》を目的にし、学校行事、儀式《ぎしき》、礼法、団体訓練《だんたいくんれん》に重点が置かれた。

302ページ　少国民——国民学校に通う戦時下の子どものこと。

御殿山《ごてんやま》

今ごろの江田島《えたじま》の若《わか》い人たちは、御殿山《ごてんやま》を知らないらしい。だれにきいても、「さあ」と首をかしげるだけである。

海軍兵学校の北側は、古鷹山《ふるたかやま》の山麓《さんろく》に面している。古鷹山《ふるたかやま》は江田島《えたじま》随一《ずいいち》の秀峰《しゅうほう》で、おそらく島内最高の山峰《さんぽう》である。標高は三百九十三メートルだそうである。その裾《すそ》が兵学校までのびている。兵学校内とは、高さ一・五メートルの塀《へい》の上に、さらに有刺《ゆうし》鉄線を張《は》りめぐらした境界《きょうかい》で区切られていた。

この塀《へい》に沿《そ》って、宮ノ原から中郷《なかごう》に行く道があった。昔、宮ノ原から中郷《なかごう》や小用《こよう》に行く陸路は、この道しかなかった。ちょっと小高い山道である。山を越《こ》すのに三十分くらいかかったと思う。これは、宮ノ原の子どもの通学路でもある。この山を御殿山《ごてんやま》と呼《よ》ぶのである。私の記憶《きおく》では、兵学校に来た皇室《こうしつ》のある殿下《でんか》が、ここの桜《さくら》の記念植樹《しょくじゅ》をされたといういわれがあって、御殿山《ごてんやま》と呼《よ》ぶようになったそうである。昔《むかし》は、御殿山《ごてんやま》に桜《さくら》が多かった。満開のころは、それこそ御殿山《ごてんやま》に桜《さくら》の花やぐらが立ったようにはなやかだった。

私は、宮ノ原から江田島《えたじま》小学校に通ったため、朝夕、この御殿山《ごてんやま》を通った。御殿山《ごてんやま》の中間に、なんのために作ったのか、木の階段《かいだん》があった。そこを登った御殿山《ごてんやま》の反対側は、宮ノ原に面したミカン畑である。ミカンの花が咲《さ》くころとか、ミカンが熟《う》れるころは、少し傾斜《けいしゃ》はきついが、ミカン畑を登ってこの階段《かいだん》のあるてっぺんにたどりつき、そこから階段《かいだん》を踏《ふ》んでおりる、というコースをとった。私たちは、山の裏表《うらおもて》をすきなようにかけまわったのである。御殿山《ごてんやま》は、私たちの楽しい通学路であった。

ところで、宮ノ原に近いある地点で、私たちがいつも異常《いじょう》におびえ、緊張《きんちょう》する場所があった。兵学校の塀《へい》が直角にまがった向かい側の山ぎわに、三角形にくぼんだあき地があった。そこが昔のヤキバ（火葬場《かそうば》）だといわれていた。学校からの帰り道は、しゃべったり、けんかしたり、とてもにぎやかである。ところが、ヤキバが近くなると、子どもたちはだれからともなく、ひとかたまりになる。走るともっとこわいから、早足で歩くことにしていた。そして、大声で歌をうたうのである。のろい歌はだめだから、テンポの早い歌をうたった。

江田島《えたじま》小学校に来て初めのうちは、ヤキバの近くで、ひとかたまりになった子どもたちが、突然《とつぜん》、

「マモルモセメルモ　クロガネノー」

と、「軍艦行進曲《ぐんかんマーチ》*」を歌い出すので、おかしくて笑《わら》いが止まらなかった。だが、そのヤキバの草むらには、ガイコツがごろごろころがっている、という話をきいてから、笑《わら》うどころではなくなった。子どもたちは、かたまりの一番後ろになるまいとして、小走りに前に出ていく。すると

後ろになった子が、また前に走り出したりした。

四年生のとき、紀元二千六百年をむかえたが、それからは、ヤキバを通るときの歌が、

「キンシカガヤク　ニッポンノ
ハエアルヒカリ　ミニウケテ」*

に変わった。

あるとき、ひとかたまりに集まった子どもの中で、六年生の男の子たちが、議論《ぎろん》を交わしていた。昔々はヤキバだったかも知れないが、今はヤキバではないからこわがってはいけないこと、そのためにガイコツがあるかないかを確かめる必要がある、というような内容だった。結局、だれかがヤキバに入って確かめようということになった。さて、だれが行くか。こわばった顔つきで、お互《たが》いの顔をさぐっている。すると、ある男の子が、

「わしが行く」

と、勇敢《ゆうかん》に名乗り出た。

「そうじゃ。行け行け。大丈夫《だいじょうぶ》だよ。わしらが、みんなで、見とるけな」

そして、子どもはみんなその直角にまがった塀《へい》のそばに集まった。だれも逃《に》げてはいけけん、と足止めされたので、小さい子どもも、ひとつにかたまった。

その勇敢《ゆうかん》な男の子は、カバンを道にほうりなげると、長い棒切《ぼうき》れを拾って草むらに入った。

「エヘン、エヘン」

HO

と、しきりに気勢をあげて、棒切《ぼうき》れで草を横なぎに倒《たお》しながら、奥《おく》に進んだ。私たちは息をのんで見ている。とうとういちばん奥《おく》まで進んだ男の子が、

「なんにもないでえ。ガイコツなんか、ひとつもないでえ」

と、大声で叫《さけ》びながら、棒切《ぼうき》れを高くふりあげた。こちらにかたまっていた子どもたちは、いっせいに、

「バンザーイ、バンザーイ」

と叫《さけ》んで、喜んだ。私もほっとした。もうこわがらなくてもいいのだ。

六年生の男の子は、だんぜん英雄《えいゆう》である。カバンの土をはたいたり、服についていた草をとったり、子どもたちは最大の敬意《けいい》を払《はら》った。その日、私たちは、英雄《えいゆう》を先頭に、意気揚々《いきようよう》として御殿山《ごてんやま》をおりた。

ところが、その英雄《えいゆう》が、次の日から欠席をしだした。病気になったというのである。なんの病気だろうか。あれこれ憶測《おくそく》するので、子どもたちの口がやかましい。

何日かたって、その子があらわれた。顔も手も、ふうせん玉のようにふくれあがっている。皮膚《ひふ》にはブツブツがたくさん出ている。ヤキバに入ったとき、なにかの木にふれて、かぶれたというのである。

このことについてワイワイ騒《さわ》いでしゃべりまくった子どもたちの結論《けつろん》は、ヤキバのゆうれいがたたった、ということに決まった。このなまいきな小僧《こぞう》め、とゆうれいがこらしめた、というの

である。とどのつまり、子どもたちには、ガイコツの恐怖《きょうふ》にゆうれいのたたりまで加わって、ヤキバが以前よりもっとこわくなってしまった。

それでも私たちは、元気に学校に通った。いつも勇ましい歌をうたいながら。

御殿山《ごてんやま》については、もうひとつの思い出がある。

江田島《えたじま》小学校に転校してまもなく、私はクラスが分裂《ぶんれつ》していることがわかった。それは漁業を生業《なりわい》とするいわゆる海組と、農業や非漁業《ひぎょぎょう》グループの山組であった。そのほか、全然無関心《むかんしん》な第三グループも、少数いた。宮ノ原には漁師《りょうし》の子が十四、五人もいた。ミカン農業などの山組は四、五人しかいないので、海組は量的に圧倒《あっとう》していた。学校に着くと山組の数が多くなるのだが、だいたい山組は消極的《しょうきょくてき》でおとなしいほうだった。

私が宮ノ原に来て驚《おどろ》いたのは、女の子が男ことばを遣《つか》うことだった。自分のことを〝わし〟という。〝あのね〟を〝あのの〟、〝行くよ〟は〝行くでえ〟になる。耳にきついことばだった。可《か》部《べ》でも宇品《うじな》でもきいたことのない荒《あら》いことば遣《づか》いは、海組に多かった。

私が〝あのね〟といったら、たちまちはやしたてられた。

「あのね　このね　よこちょのね　でんしんばしらがね　たおれてね――」と。

私は転校した早々から、なぜか山組員にさせられた。クラスの分裂《ぶんれつ》は、五年生になっても同じことだった。全員同じクラスだからだ。海組と山組は、なんでもないことで反対し合ったり、競争したりするのである。

国民学校になって、学校教育も少国民の心身鍛錬《しんしんたんれん》に力を入れるようになった。その一環《いっかん》として五年生の私たちは始業時間より早く登校して、自習などをした。そしてそれよりもさらに早く来た人が、朝掃除《そうじ》をすることにした。これは当番制《とうばんせい》ではない。前日の掃除《そうじ》のあと、だれもよごしていないから、べつにすることもなかった。掃除《そうじ》の結果《けっか》を先生が検査《けんさ》するのでもない。ある意味では自発的な作業であった。

にもかかわらず、海組と山組は、朝掃除《そうじ》の競争をした。朝ごとに、御殿山《ごてんやま》をとっとと走った。相手のグループと途中《とちゅう》ででくわすと、足の速い子が、カバンを投げ出して、長距離《ちょうきょり》レースのように走りに走った。その子のカバンを拾って、あとの子も走る。先に教室にゴールインした子が、バケツ、ぞうきん、ほうき、はたきなどを独占《どくせん》して、仲間《なかま》を待つのである。ときどき、ぞうきんのとりあいっこなども演《えん》じる。

こんなことが重なるにつけ、異常《いじょう》な競争心があおられ、負けた（？）グループは、次の朝、もっと早く登校する。これがどんどんエスカレートして、二学期に入ってからは、朝まだ暗いうちから登校した。私ばかりでなく、よその子も。家庭では少国民の心身鍛錬《しんしんたんれん》のためだと思っていたことだろう。

なんのことはない。ただ、廊下《ろうか》をピカピカにみがいたり、下駄箱《げたばこ》のすみずみまでぞうきんがけするだけである。相手の機会をうばったという快感《かいかん》のために。このごろの子どもがきいたら、なんだ、あほらしい、とあきれかえるような集団行動であった。

しかし、このような集団心理と行動は、ますます分裂《ぶんれつ》を深め、相手に対して強い排他性《はいたせい》を持つ集団利己主義《しゅうだんりこしゅぎ》に発展《はってん》するのである。

　この競争は六カ月くらい続いたが、ついに終わりを告げるときが来た。小使いさんが先生に報《ほう》告《こく》したからである。受け持ちの菅《かん》先生は、朝掃除《そうじ》も順番にするように決めた。

　あまり自慢《じまん》になる思い出ではないが、そのころの集団異常《しゅうだんいじょう》行動はなんだったのか、ときどき思い返すことがある。変形してあらわれたら、集団《しゅうだん》いじめなどになったのではないか、と。

　それにしても、昔の子どもはすなおで純粋《じゅんすい》なところがあったと思う。せいぜい、お掃除《そうじ》をとおしてエネルギーを発散させていたのだから。

　私は、前々から、江田島《えたじま》に行ったら、御殿山《ごてんやま》を歩こうと思っていた。一九九一年（平成三年）の冬、私はその望みをかなえた。スラックスに軽い靴《くつ》のいでたちで、中郷《なかごう》から宮ノ原に向けて、出発した。

　中郷《なかごう》の住本呉服店《すみもとごふくてん》では、女性用既製服《じょせいようきせいふく》を売っていた。若《わか》い店員さんが見えたので、店に寄ってみた。

「ごめんください。あの、結婚《けっこん》して姓《せい》が変わったと思いますが、キミエさんという人、知ってますか」

「ああ、きいたことあります。こちらの娘《むすめ》さんで、その人はもうずっと前に亡《な》くなられましたよ」

「えっ、キミエさんが」

「ええ、私もきいただけですが、若《わか》いときに亡《な》くなられたそうですよ」

「……どうもおじゃましました」

博多《はかた》人形のような、おかっぱだった住本さん、どうしてそんなに早く亡《な》くなったのだろう。急に足が重く感じられた。

住本呉服店《すみもとごふくてん》から教法寺に向かう道の中ほどに、昔、海軍兵学校の酒保《しゅほ》*があった。そのころ、道の左側に大きな門があり、その柱には「江田島《えたじま》クラブ」という木の札《ふだ》がかかっていた。その向かい側に白い壁《かべ》の購買店《こうばいてん》があった。すべての店からお菓子《かし》がなくなったのに、この酒保《しゅほ》には、キャラメルもようかんも、どっさりあるということだった。宮ノ原の子どもは、よだれが出るような思いで、その前を通ったものだが、どの家だったのか見当がつかない。

昔、この道には兵学校の生徒さんが、りりしい姿《すがた》で歩いていた。きりっとした制服《せいふく》を着た生徒は、ふたりになると必ず足並《あしな》みをそろえたっけ。

ゆるい坂を登りきったまがり角には、古田先生という、実科女学校の先生の家があった。その先生に習ったことはないが、顔は知っている。宮ノ原の子どもは、この家の前を通るとき、

「古田先生、バケツ先生」

と、どなった。なぜバケツ先生とあだ名されたんだろう。理由は知らない。

坂道の頂上《ちょうじょう》には、教法寺がある。だいぶ古いお寺である。教法寺は昔のまま、変わらずに建っていた。このお寺から宮ノ原までが御殿山《ごてんやま》である。

しかし、御殿山《ごてんやま》の入り口は、住宅地になっていた。兵学校の塀《へい》は昔のままだったが、教法寺のある山側は山をけずりとられ、そのあとに小ぎれいな住宅が並《なら》んでいる。手入れされた庭があり、舗装《ほそう》道路には乗用車がとまっている。すっかり変わった。

でも、この方向は宮ノ原に行く道だという確信《かくしん》があったので、そのまま進んだ。十四、五軒《けん》の家並《やな》みが続いたあと、あるまがり角から、ようすが一変した。舗装《ほそう》道路はぷっつり切れ、人家もなくなった。

人が通らなくなってから久しいと思われる山道は、かろうじて人ひとりが通れるくらいせまい。枯《か》れた雑草《ざっそう》がぼうぼうと道をおおっている。

私は、しばしとまどった。もしかしたら、先のほうは通行止めかも知れない。でも、行けるところまで行くことにした。あのにぎやかだった御殿山《ごてんやま》が、こんなにうらさびしい山道になっているとは。

昔、御殿山《ごてんやま》の中ほどにあった木の階段《かいだん》は、跡形《あとかた》もない。さて、ヤキバはどうなったんだろう。兵学校の塀《へい》が直角にまがったところまで来た。たしか、ヤキバはこの向かい側だったが。雑木《ぞうき》や枯《か》れ草《くさ》で一面がおおわれ、くぼみなのか、山なのか、地形すらわからない。子どものころ、あんなにこわかったヤキバの前に立った私は、奇妙《きみょう》な気持ちだった。あまりひっそりしているので、少しばかり気味が悪い。私は、苦笑《くしょう》しながら、肩《かた》をすぼめた。

おおよそ宮ノ原に近くなったところから、セメント塀《べい》がなくなっている。崖《がけ》くずれしたのか、道もせまくて細い。鮮《あざ》やかな緑色の鉄条網《てつじょうもう》のあいだから、兵学校、いや、今は第一術科《じゅつか》学校だが、その中がまる見えだ。崖《がけ》の傾斜《けいしゃ》が相当きびしく、術科《じゅつか》学校は、はるか下のほうにある。道がせまくて、すこしめまいがする。私の足先に突《つ》かれた石ころが、崖《がけ》のずっと下までころがり落ちた。

私は、突然《とつぜん》、昔のある日を思い出した。シンガポール陥落《かんらく》*の祝《いわ》いに、国民学校の生徒にゴムマリが配給されたことがあった。私たちはうれしくて、キャッチボールをしたり、上にほうりあげては受けとめたりしながら、御殿山《ごてんやま》を下っていた。すると、ある女の子が投げあげたボールが、兵学校の塀《へい》を飛びこえてしまった。大事な宝物《たからもの》をなくした女の子は、泣《な》き出《だ》した。兵学校には絶対《ぜったい》入れないから、ボールをさがすのは絶望的《ぜつぼうてき》である。いっしょに騒《さわ》いだ私たちは、なんだか連帯責任《せきにん》のようなものを感じていた。

私たちは、全員で兵学校の裏門《うらもん》まで行ってみた。門番の生徒に事情《じじょう》を話したら、その生徒が奥《おく》のほうに立っていた上官に説明しに行った。上官は門まで来て、ボールをひとつずつ持っている子どもと、泣《な》いている女の子をひとまわり見まわして、少し待つように、といった。意外にやさしい声だった。

上官は、十四、五人の生徒を呼《よ》んだ。生徒たちは、規律《きりつ》正しいかけ足で、私たちが説明した崖《がけ》のほうに行った。ボール捜索《そうさく》が始まったのである。しばらく待っていると、上官がボールを持ってあらわれた。

「ほら、受けとりなさい。大事にせんといけませんよ」

上官は笑《わら》いながら、軽く投げて女の子に渡《わた》した。私たちは、そのときなんとお礼をいったのだろう。崖《がけ》は相当けわしい。ああ、こんな崖《がけ》からボールをさがしてくれたのか。私はゆっくり崖《がけ》を見おろした。

御殿山《ごてんやま》が終わった宮ノ原の入り口に、山組の前野マツコさんと久保ヒサコさんの家があったはずだ。昔の家の形は見られない。それでも表札《ひょうさつ》をたしかめようと、玄関先《げんかんさき》に近寄《ちかよ》った。まっ先に目に止まったのは「遺族《いぞく》の家」*という札《ふだ》だった。思わず胸《むね》がぎゅっとしまった。次の家にも同じ札《ふだ》がかかっていた。その次も。またその次も。ああ、どうしたというのだろうか。私はゆううつになった。

誤《あやま》った軍国主義《しゅぎ》の歴史は、朝鮮《ちょうせん》半島を苦痛《くつう》と怨恨《えんこん》で満身創痍《まんしんそうい》にしたばかりでなく、自国の国民にも悲痛《ひつう》な傷跡《きずあと》を残しているではないか。侵略《しんりゃく》、被害《ひがい》、戦争、犠牲《ぎせい》。

思えば、二十世紀はめちゃめちゃにくるった時代だった。どうか、新しい世紀は、けっしてこんな悔《く》いがありませんように。私は、切に祈《いの》りたい気持ちであった。

この日、御殿山《ごてんやま》は、私の中に、さまざまな思いを呼《よ》びおこしたのだった。

305ページ　「軍艦行進曲《ぐんかんマーチ》」――鳥山啓《とりやまひらく》作詞・瀬戸口藤吉《せとぐちとうきち》作曲の軍歌。日本海軍が戦果をあげたニュースのときなどに演奏《えんそう》された。

306ページ　キンシカガヤク……ミニウケテ――神武《じんむ》紀元二千六百年（昭和十五年）を奉《ほう》祝《しゅく》してつくられた歌、「紀元二千六百年」（増田好生作詞《さくし》・森義《ぎ》八郎《はちろう》作曲）の歌詞「金鵄《きんし》輝《かがや》く　日本の　栄《はえ》ある光　身にうけて　いまこそ祝《いわ》え　この朝《あした》紀元は　二千六百年　ああ一億の　胸《むね》はなる」より。

312ページ　酒保《しゅほ》――兵営内《へいえいない》にある兵士用の日用品・飲食物などの売店。

314ページ　シンガポール陥落《かんらく》――一九四二年二月十五日、山下奉文中将《やましたともゆきちゅうじょう》の第二五軍は、シンガポール島を占領《せんりょう》し、英軍を降伏《こうふく》させた。シンガポールは昭南市《しょうなんし》と改《かい》称《しょう》された。

315ページ　遺族《いぞく》の家――戦死者が出た家の玄関《げんかん》に掲《かか》げられた木札《きふだ》に書かれた文字。戦死は名誉《めいよ》とされた。

金子さん

母が宮ノ原の飯場を始めてまもなく、金子さんという若《わか》い人夫が、新しく入った。ちぢれた短い髪《かみ》、浅黒い色、小さい目の金子さんは、きゃしゃな体つきだった。長くてすんなりのびた指は、土木工事場の人夫には、にあわなかった。話によれば、東京で苦学《くがく》をしていたが、お金が切れたので金を稼《かせ》ぎに来たということだった。そういえば金子さんは、いつも本を読んでいた。

金子さんは、飯場に来て一カ月もたたないうちに、重い病気にかかった。肋膜炎《ろくまくえん》だそうで、栄養をとることと、安静が必要だということだった。金子さんは、お金を稼《かせ》ぐどころか、働けないので、ただ食いする身になった。そんな金子さんを、母はいたわり、やさしく看病《かんびょう》した。口数少ない父も、

「心配せんで、休め。体がないとなんもできんけな」

と、はげました。

しかし、金子さんの膳《ぜん》に、たまごや肉やくだものが特別《とくべつ》に置かれるのを見て、人夫のあいだから不満がもれはじめた。それを知った母は、勘定日《かんじょうび》の夜、人夫部屋に集まった大勢の前で口上を切った。

「いいですか。ここにいる人は、わたしもあんたらも金子さんも、みんな朝鮮同胞《ちょうせんどうほう》じゃないかね。故郷《こきょう》を捨《す》てて、他郷《たきょう》で命をつなぐもんは、だれかれいうことない。同じようにあわれな身勢《シンセ》（身の上）ですよ。困《こま》ったり、病んだりしたら、うちらがお互《たが》いに助けんと、だれがする。あんたらがすべきことは、金子さんが一日も早く元気になるように、助けてあげることだと思わんのかね。人情深《にんじょうぶか》いのは、朝鮮人《ちょうせんじん》代々の遺産《いさん》だよ。人心《インシム》（情《じょう》）を捨《す》てたら、もう朝鮮人《ちょうせんじん》じゃないよ。

わたしが、あんたらに少しでもいいものを食べさせようと走りまわっているのを、よう知っとるでしょうが。わたしは食べ物で文句《もんく》いうのが、いちばんいじきたないと思っとるけね。

この広い日本の地で、東京からはるばるわたしんとこの飯場に来たのも、なにかの縁《えん》じゃけね。それに金子さんは、大学生じゃけね、早うよくなって、しっかり勉強してもらわんと。朝鮮人《ちょうせんじん》は今、ひとりでもよけい勉強せにゃいけんときですよ。

いいですか。じゃ、金子さんをたのみます」

人夫さんたちは、みんなきまりわるそうに恐縮《きょうしゅく》していた。それにしても、母の演説《えんぜつ》は、いつもすばらしい。そのころ母は、三十歳《さい》前後だったから、人夫さんの中には、母より年上の人もいたと思う。でも、母の前に出ると、彼《かれ》らは、先生の前の小学生のようになる。母には天賦《てんぷ》のリーダーシップがあった。

金子さんの病気は、目に見えてよくなった。すっかり回復《かいふく》した金子さんは、人夫部屋の人気者になった。なぜかといえば、金子さんは歌がものすごくうまかったからである。

父は、人夫さんたちのために、飯場にラジオと蓄音器《ちくおんき》をそなえていた。人夫さんたちは、日本語でしゃべるラジオより、朝鮮語《ちょうせんご》の歌がきける蓄音器《ちくおんき》がすきだった。

ところで、金子さんの歌は、レコードを吹《ふ》き込《こ》んだ歌手の歌より、うまいのである。人夫さんたちは金子さんを「ハクサン」（学生《ハクセン》のなまり）とも呼《よ》んだが、「モッポ」とも呼《よ》んだ。金子さんの十八番《おはこ》は、「木浦《モッポ》の涙《なみだ》」である。金子さんは木浦《モッポ》出身でもあるそうだが、「木浦《モッポ》の涙《なみだ》」に熱い感《かん》情《じょう》を込《こ》めて歌う。

木浦《モッポ》の涙《なみだ》

一、船頭の舟唄《ふなうた》が遠ざかり
三鶴島《サマクド》の波高く押《お》しよせ
埠頭《ふとう》のあの娘《こ》のぬれた袖先《そでさき》
別れの涙《なみだ》か木浦《モッポ》の悲しみ

二、三百年の怨恨《えんこん》を抱《いだ》いた露積峰《ノジョッポン》の下
あなたが刻《きざ》んだ足跡《あしあと》に切ない気持ち
儒達山《ユダルサン》の風も栄山江《ヨンサンガン》を抱《いだ》き
あなたをなつかしんで泣《な》く木浦《モッポ》の涙《なみだ》

宮ノ原のバラックで、「木浦《モッポ》の涙《なみだ》」が歌われていた一九四〇年代には、朝鮮《ちょうせん》では、この歌に対して歌唱禁止令《きんしれい》が出されていた。「木浦《モッポ》の涙《なみだ》」だけではない。朝鮮語《ちょうせんご》で歌うことすべてが禁止《きんし》された。もちろんレコードも発売禁止《きんし》である。

宮ノ原にも、ときどき巡査《じゅんさ》が来て、朝鮮語《ちょうせんご》で大声で歌わないように警告《けいこく》した。それでも、飯場からは、夜ごとに朝鮮《ちょうせん》の歌が流れていた。さすが遠慮《えんりょ》がちな声には変わっていたが。

「木浦《モッポ》の涙《なみだ》」は単《たん》なる流行歌ではない。悲哀《ひあい》を込《こ》めた民族の恨《ハン》*の歌である。私は、帰国後この歌の意味を知って、よくもあの時節歌いつづけられたものだと思った。もし、日本警察《けいさつ》にその意味がわかっていたら、歌唱禁止《きんし》ではすまず、不逞鮮人《ふていせんじん》*だといって逮捕《たいほ》しただろう。

この歌に出てくる、三鶴島《サマクド》、露積峰《ノジョッポン》、儒達山《ユダルサン》、栄山江《ヨンサンガン》は、木浦《モッポ》にある山、川、地名だが、これにからむ民族の歴史を歌ったのが、「木浦《モッポ》の涙《なみだ》」である。三百年の怨恨《えんこん》とは、豊臣秀吉《とよとみひでよし》が朝鮮《ちょうせん》を侵略《しんりゃく》した、壬辰倭乱《イムジンウエラン》・丁酉再乱《チョンユジエラン》（一五九二―一五九八年、文禄《ぶんろく》・慶長《けいちょう》の役《えき》）のことを指している。そのとき李舜臣将軍《イスンシンしょうぐん》が率《ひき》いる水軍の勝利を決定的にした軍船の亀甲船《きっこうせん》は、子孫代々朝鮮《ちょうせん》民族のプライドになっている。壬辰倭乱《イムジンウエラン》の激戦地《げきせんち》であり李舜臣将軍《イスンシンしょうぐん》の陣地《じんち》があった木浦《モッポ》の山、川、地名にからんだ恨《ハン》を歌うのが、「木浦《モッポ》の涙《なみだ》」である。ここで〝あなた〟というのは、李将軍《イしょうぐん》でもあり、祖国朝鮮《そこくちょうせん》でもある。

人夫さんたちは、レコードを楽しむだけでなく、金子さんから習った歌を、低い声で合唱した。

私は、韓国《かんこく》の昔の流行歌を、飯場のおじさんたちからきいた。どれもこれも、なんとなく悲しい曲が多かった。残念ながらそのころはことばの意味がよくわからなかったので、曲調だけで感じとっていた。でも「涙《なみだ》にぬれる豆満江《トウマンガン》」は、ふるさとを追われて満州や間島《カンド》に流れる悲しみの歌、とか、「連絡船《れんらくせん》は出ていく」は、日本に向けて強制《きょうせい》連行、あるいは労働市場に流れゆく悲しみを歌ったものだ、ということは、少しわかっていた。

元気になった金子さんは、よく歌い、またよく教えた。あとでわかったことだが、金子さんは、ひそかに「愛国歌」も教えていた。"Auld Lang Syne"（日本では「螢《ほたる》の光」）の曲に朝鮮語《ちょうせんご》の歌詞《かし》をつけた歌である。これが愛国歌だと初めて気づいたのは、ずっとあとの帰国船の中だった。

私も、金子さんに教えてもらったものは多い。五年生になって、新しく「国史」の授業《じゅぎょう》が始まった。教科書をあけると、まず最初に歴代天皇《てんのう》の名前が書いてあった。先生は、それを暗記してくるように、宿題を出した。家に帰って、私は百二十四人の天皇名《てんのうめい》を読みあげていた。

「じんむ、すいぜい、あんねい、いとく、こうしょう、こうあん、こうれい、こうげん、かいか、すじん……」

「キマ、なにをぶつぶついってるんね。五年生からは、お経《きょう》も習うんかね」

母がきいた。

「お母さん、これ、お経《きょう》じゃないよ。これはね、天皇陛下《てんのうへいか》の名前よ。天皇《てんのう》はね、万世一系《ばんせいいっけい》でその血筋《ちすじ》が、とっても尊《とうと》いのよ。今の天皇《てんのう》は百二十四代目だって」

私は、むつかしいことを習っているんだ、という自慢《じまん》をかねて、母に説明した。

「キマ、そんなもんなら、習わんでもいいよ。勉強せんでもええ」

「だって、お母さん、これ宿題だもん」

「ええといったら、ええんじゃ。国史は零点《れいてん》とってもええよ」

母は強い口調でいった。

その日、金子さんが私にこんなことを話した。

「キマちゃん。お母さんが、あんたの国史の勉強で心配しとられたよ。でも、国史をわざと零点《れいてん》とるのは無理《むり》だよね。

しかし、これだけは、しっかりわかっときなさい。朝鮮《ちょうせん》には朝鮮《ちょうせん》の歴史がある、ということだけは、よくおぼえていなさいよ」

そのとき、私はその意味を完全に理解《りかい》しえなかった。全甲《ぜんこう》をもらったり、優等賞《ゆうとうしょう》をもらうと喜ぶ母が、どうして国史だけ零点《れいてん》とれというのか、いささか腹立《はらだ》たしい気持ちだった。金子さんの説明をきいても、わずらわしいばかりだった。

こんなこともあった。ある日、母は広島からの帰りに、一冊《さつ》のぶあつい本を買ってきた。

「キマ、これはまだむつかしいかもしれんが、本屋さんが、よう勉強する子には必要なもんじゃというたけ、買うたよ。読んでみな」

それは「字源《じげん》」であった。母が、読め、というので、あちこちひらいてみて途方《とほう》に暮《く》れた。

「お母さん、この本、とっても読めないよ」

「そうね、まだ無理《むり》よね」

母がいった。あとで、金子さんがそっといってくれた。

「キマちゃん。これ読む本じゃないよ。でもな、お母さんには、いわんときなさい。キマちゃんは、いいお母さんがいて幸せだね」

金子さんに私は辞書の見方を習った。以来、帰国するまで、私の机《つくえ》の上で、昭和十一年度版《ばん》・目黒書店発行の、この「字源《じげん》」は、常《つね》に威容《いよう》を誇《ほこ》っていた。ちょうど教会の祭壇《さいだん》のバイブルのように。

江田島《えたじま》にいたころ、朝鮮人《ちょうせんじん》の男性《だんせい》は協和会手帖《てちょう》を持っていた。協和会とは、在日朝鮮人《ざいにちちょうせんじん》の救済保護《きゅうさいほご》、指導《しどう》、矯風教化《きょうふうきょうか》という美名のもとに、日本人への同化指導《しどう》をすすめ、さらに、その思想と行動を監視《かんし》し、民族的なものを弾圧《だんあつ》する警察《けいさつ》行政の一翼《いちよく》をになうものであった。

宮ノ原のバラックには、協和会手帖《てちょう》を調査《ちょうさ》するため、巡査《じゅんさ》がたびたび来ていた。ひとりひとりの手帖《てちょう》と顔をひきくらべながら確認《かくにん》するさまは、子どもだった私の目にも罪人扱《ざいにんあつか》いのようで、しごく不快《ふかい》だったことを記憶《きおく》している。父は、いつもしぶい表情《ひょうじょう》で黙々《もくもく》と応じた。母は、

「さあさあ、みんな、早う手帖《てちょう》を出して、こちらに並《なら》びなさい。うちらは兵学校の仕事をしとるけ、身分証明《しょうめい》と確認《かくにん》がいるんだよ。

日本人だって、兵学校には勝手に入れないんだからね」

といいながら、人夫さんをうながした。しかし、巡査《じゅんさ》が帰ったあと、母はいつもどんぶり一杯《ぱい》の酒をがぶがぶと飲んだ。そして頭痛《ずつう》がする、とぐちをこぼした。そんな母に父は、

「がまんせえ。がまんするより、しょうがねえんじゃけ」

と、ひとりごとのように、ボソッというのだった。

ところで金子さんには、この協和会手帖《てちょう》がなかった。実は、そのため金子さんは、米や砂糖《さとう》の配給ももらえなかった。母は、それをだれにもいわなかったが、勘定《かんじょう》や簿記《ぼき》を手伝っている私は知っていた。

ある夜、巡査《じゅんさ》がふたりもいっしょに来て、ふだんよりきびしく調査《ちょうさ》を始めた。そのとき金子さんは、私の家で父と話していた。バラックにいた母は、父を呼《よ》んでくる、と口実をつけて家に来ると、金子さんを私の部屋のおしいれに入れて、ふとんをかぶせた。そして私に、

「キマ、なんでもいいから、大きな声で本を読みなさい」

といいつけて、父といっしょに急いでバラックに行った。母の表情《ひょうじょう》がふだんと違《ちが》う。なにがなんだか、わからないまま、私の心臓《しんぞう》は早鐘《はやがね》を打つようになった。声がふるえてしかたがなかったが、いつもより大きな声でなにかの教科書を読んだ。気が気でなく、同じところをくりかえしくりかえし読んだように思う。

いつもなら父が飯場で調査《ちょうさ》を受けると、巡査《じゅんさ》は家には来ないのだが、その夜は家まで来て、私の勉強部屋の障子《しょうじ》をガラッとあけた。どきっとして本を読むのをやめてふりかえった。私があん

HO

まりびっくりしているので、巡査《じゅんさ》は、

「ごめんごめん。勉強しているのにじゃましたな」

といいながら、もうひとりの巡査《じゅんさ》に、

「金村さんの娘《むすめ》はな、勉強がようできるんよ。あの賞状《しょうじょう》を見てよ。模範生《もはんせい》だからなあ」

といった。もうひとりの巡査《じゅんさ》も、

「ほう、なかなか大したもんじゃなあ」

といって、壁《かべ》いっぱいの賞状《しょうじょう》をながめた。母がべたべた張《は》りつけた賞状《しょうじょう》が、こんなとき役立つとは思わなかった。

「金村の奥《おく》さん。わしらに協力してください。不逞鮮人《ふていせんじん》がもぐりこんだ、という情報《じょうほう》が入っとりますけね。たのんますよ」

と念を押《お》して、巡査《じゅんさ》は帰った。

あくる日、金子さんは宮ノ原を去った。

「キマちゃん、ありがとう。これを記念にやるよ。もうちょっと大きくなってから、読みなさい」

といって、一冊《さつ》の本を残した。現代《げんだい》日本文学全集の「石川啄木集《たくぼくしゅう》」であった。この本は、後に私の愛読書になった。「一握《いちあく》の砂《すな》」はとくにすきだった。改造社《かいぞうしゃ》の本で、布《ぬの》ばりの表紙の朱《しゅ》と黒のもようが、今も私の目に浮《う》かぶ。

金子さんは、その後、九州と書いただけの住所から、手造《てづく》りせんべいの小包みを、私あてに送ってくれた。協和会手帖《てちょう》はもらったのかしら。配給の切符《きっぷ》がなかったら、どうしてごはんが食べれるんかしら。私は金子さんの安否《あんぴ》を心配しつづけた。

終戦になって帰国するとき、極度《きょくど》に制限《せいげん》された荷物の中に、私はこの「石川啄木集《たくぼくしゅう》」をひそめて持ちかえった。釜山《プサン》に着いて、私のリュックからこの本が出てきたとき、母はなぜ日本の本を持ってきたのか、と叱《しか》った。

しかし、私は釜山《プサン》の索漠《さくばく》とした帰還同胞収容所《きかんどうほうしゅうようじょ》で、啄木《たくぼく》にどんなになぐさめられたことか。

この本には、

「地図の上　朝鮮国《ちょうせんこく》にくろぐろと
墨《すみ》をぬりつゝ　秋風を聴《き》く」

という歌があった。金子さんが引いたのか、あせた赤インクの傍線《ぼうせん》があった。

金子さんとは、釜山《プサン》で再会《さいかい》している。しかし、そのとき金子さんは瀕死状態《ひんしじょうたい》であった。母は、釜山《プサン》の市場の人だかりの中に、ある男が倒《たお》れているのを見つけたが、それが金子さんだった。

金子さんは、腸チフスにかかっていたので、釜山《プサン》市立病院の伝染病舎《でんせんびょうしゃ》に隔離《かくり》された。全羅道《チョルラド》木浦《モッポ》の人が、なぜ釜山《プサン》まで来て伝染病《でんせんびょう》にかかったのだろう。面会もゆるしてもらえなかった。数日後、金子さんが亡《な》くなった。家族の住所も名前もわからないので、父と母が立ち会って火葬《かそう》した。そのとき、私は母にたのんで、「石川啄木集《たくぼくしゅう》」を、金子さんへの最後のはなむけとして、おくった。いや、もとの持ち主に返したのである。

320ページ　恨《ハン》——悲劇的《ひげきてき》な歴史の中で蓄積《ちくせき》された朝鮮《ちょうせん》の民族感情《かんじょう》。日本語の「うらみ」に似《に》ているが、もっと悲哀感《ひあいかん》を含《ふく》み、根強い芯《しん》がある。抑圧《よくあつ》や不正に対する抵抗《ていこう》のもとになるといわれる。

〃　不逞鮮人《ふていせんじん》——不従順《ふじゅうじゅん》で秩序《ちつじょ》にそむくと見られた朝鮮人《ちょうせんじん》を呼《よ》ぶことば。関東大《だい》震災《しんさい》では「不逞鮮人《ふていせんじん》が暴動《ぼうどう》を起こす」という流言が広まり、数千人もの朝鮮《ちょうせん》人《じん》が虐殺《ぎゃくさつ》された。

ミカンどろぼう

宮ノ原の子どもは、学校の行き帰りに、ミカン畑を通ることがあった。ミカン畑の頂上《ちょうじょう》から御《ご》殿山《てんやま》の木の階段《かいだん》におりられるから、道ではないが、もうひとつの通学路だといえる。とくに近道ということではない。ミカンは段々畑《だんだんばたけ》に植えてあったので、むしろこの通学路は歩きにくかった。ミカンの花が咲《さ》くころは、みつばちが花に引《ひ》き寄《よ》せられるように、子どももミカン畑を通って学校に行き帰りした。自分の家にミカンの木が一本もなくても、子どもたちはミカンの花を見ただけで、ゆたかな秋を期待しながら幸せになった。

江田島《えたじま》のミカンは、実においしい。

日本は、どこに行ってもミカンが多くて安いが、私は江田島《えたじま》で食べたミカンが、特上《とくじょう》だと思っている。皮の薄《うす》い温州《うんしゅう》ミカンの甘《あま》みは忘《わす》れられない。私は江田島《えたじま》にいた三年間に、ふつうの人が一生食べるミカンの量を食べつくしたように思う。一日《にち》一貫目《かんめ》はやすやすと食べた。手のひらばかりでなく、体全体が黄色に染《そ》まるほど食べた。

ミカンの収穫期《しゅうかくき》になると、町に売り出すそろった粒《つぶ》は箱詰《はこづ》めにする。そのとき、選《え》りわけられた小粒《こつぶ》のミカンは、とても安く買えた。私はこの小さいミカンをむいて、ひとくちにほおばるのがすきだった。

宮ノ原の子どもは、ミカンが熟《う》れるころになると、いいあわせたようにミカン畑を通って学校に行く。そこには朝露《あさつゆ》にぬれた熟《う》れきったミカンが、地面に落ちて子どもを待っている。もうこれ以上、木にぶらさがっていられない熟《う》れたミカンは、ひとりでに木から落ちるのである。風の吹《ふ》いた翌朝《よくあさ》など、どっさり落ちていた。子どもたちは、それをよく知っていた。落ちたミカンは、ひとしお甘《あま》い。私たちは学校への道々、ミカンをほおばりながら歩く。そのころは、だれもとがめなかった。

世上《せじょう》の船着き場の近くに、朝鮮人《ちょうせんじん》の家が一軒《けん》あった。その家は、道路からちょっと高い石垣《いしがき》の上にあったが、とても大きな家で間取りも広かった。この家に、日本名を中村と田村と呼《よ》んだ二世帯が、いっしょに住んでいた。私の家とは、とても親しく行き来していた。庭にはコンメ（小梅）とブイブイという木があったと記憶《きおく》しているが、その実が熟《う》れるころは、私もよく食べにいった。

田村さんの家には、私より一つ年下の正子さんがいた。中村さんの家にも、女の子がいたが、名前がどうしても思い出せない。

ミカンの熟《う》れるころ、この家にお客さんが来た。田村さんか中村さんの親戚《しんせき》で、七歳《さい》と九歳《さい》くらいの男の子を連れた一家族である。大人も子どもも、日本語がよく話せなかった。

ある日、正子ちゃんが私の家に、息せき切ってとんできた。ちょうど母は家にいた。

「アジメ、早う来て。うちの親類の子が、どろぼうじゃて、つかまっとるけね」

「どろぼうとは、なにをとったっていうんかね」

「ミカンとった、いうとる」

「どこのミカンをとったんじゃ」

母はもうコムシンをはいて、走り出しながらきいている。

「あっち、あっち」

私もついていった。

そこは、段々畑《だんだんばたけ》の中に建てられたミカン小屋だった。入り口の地面に、男の子ふたりは土下座《どげざ》をしてすわっていた。

母は朝鮮語《ちょうせんご》で口早になにかききただしている。男の子たちは、急にオイオイ泣《な》きながら、かぶりをふったり、うなずいたりしている。顔は泥《どろ》と涙《なみだ》で、ぐしゃぐしゃによごれていた。

小屋の後ろから頭にしぼり鉢巻《はちま》きをした男が出てくると、いきなりどなった。

「キサマはなんじゃ。あのどろぼうの親か？」

母は、目をカッと大きくひらいた。

「キサマとは、だれのことですか？」

「わからんのか。あのミカンどろぼうのガキとは、なんになるかとキサマにきいとるんじゃないか」

「あんたは、だれにでもキサマ呼《よ》ばわり、どろぼう呼《よ》ばわりするんですか？」

「なんじゃと。人のミカンをとるぬすっとは、下等に決まっとるじゃねえか」

「そういうあんたも、あんまり上等じゃないですね」

「なにい。どろぼうのガキをおいたくせに、なんで大きな口をたたきよるんか」

「どろぼう、どろぼう、いいなさんな。どろぼうするところを、見ましたか？」

「見るも見ねえも、証拠《しょうこ》があらあ」

男の指さすところには、四つのはしっこを結びあわせたふろしきがほうりだされ、二、三個《こ》のミカンが、ころがりでていた。

「あんたはミカン畑で働きよるけ、木からとったミカンと、ひとりでに落ちたミカンはどこが違《ちが》うか、よう知っとるでしょう」

母はふろしきの底をつまんで、中身を全部こぼした。十数個《こ》のミカンが、ころがりでた。

「さあ、見てもらいましょう。これを木からもいだミカンだといいきれますか？」

母はミカンをいくつかとりあげて、男の目の前につきだした。私は地面のミカンをさっと見まわした。どのミカンもへたがない。へたのついていたところが、へそのようにくぼんでいる。これは宮ノ原の子どもだったら、だれでも知っていることだ。枝《えだ》からもぎとったミカンは、ちゃんとへたがついているが、熟《う》れて落っこちたミカンは、へたがとれている。

「さあ、なんとかいいなさい。これでも、とったもんですか？」

男は、すこし口をまげて苦りきっていたが、たたきつけるようにどなった。

「うるさい。人の畑にきてほっつきあるく乞食《こじき》のくせに、はずかしいと思え」

「ほう、どろぼうが今度は乞食《こじき》ですか。ミカン畑でミカンを拾うのは、全部乞食《こじき》ですか。あんたは、どこから来た人間ですか。あんたのいうとおりだと、宮ノ原は乞食村《こじきむら》になりますよ。この近所の子どもに、ミカンを拾ったことがない子はおらんと思いますがね。その子らも全部乞食《こじき》ですか。あんたが、乞食《こじき》じゃいうとったって、家々にいいふらしてもええですか？」

「このチョウセンジン、ほんまにうるさい」

男がかみつくようにどなる。母は腕《うで》をまくりあげた。ほんとうにつかみあいでもしそうな剣幕《けんまく》だ。

「本音が出たね。あんたは初めから、この子が朝鮮人《ちょうせんじん》の子だと知って、よう調べもせずに、どろぼうにでっちあげたんじゃろう。日本人の子どもでも、土下座《どげざ》させて、げんこつくらわせるんか。人間差別するな」

こんどは母の声が、もっと大きくなった。ことばもあらあらしい。

いつのまにか、ミカンをつんでいたおばさんたちも、かごをしょったまま、ぐるっと立って見物している。

正子ちゃんが、男の子のお母さんを連れてきた。そのあとから、正子ちゃんのお母さんとミカン畑の主人も登ってきた。見るとその主人は母とも知り合いだった。名前は思い出せないが、宮

HO

ノ原の名士で、白い塀《へい》のりっぱな家に住んでいた。家のそばに大きな倉庫があって、私たちはその倉庫に、小粒《こつぶ》のミカンをよく買いに行った。

「いやあ、金村の奥《おく》さん、どうしましたか？」

母は、一部始終を話して、初めてあやまった。

「どうも、おさわがせして申《もう》し訳《わけ》ありません。この子らは、日本に来てまだ日が浅いので、ことばもよくわからず、事情《じじょう》にもうといので、拾うのは悪いとは思わなかったんでしょう。仕事のじゃまになったんなら、すまないことです」

「いんや、こちらこそ、こまい子どもにすまんことしましたけ」

「宮ノ原の子どもが拾わんのを、この子が拾うたら悪いけど、落ちたミカンは、日本人の子も拾うでしょうが」

「そうですよ。子どもは大目に見とりますけ」

「私が腹《はら》が立つのは、朝鮮人《ちょうせんじん》差別をしたことですけね」

「どうか気を悪うせんでください」

母は、その日、男の子の手をひいて、山からおりると、店によって上等のミカンを一貫目《かんめ》買った。そしてふたりの男の子に持たせた。

キムチ事件《じけん》

一九四二年（昭和十七年）のお正月がすぎて五年生の三学期が始まった。この年の新年は、太平洋戦争開始の直後で、世の中にはどことなく緊張感《きんちょうかん》がみなぎっていた。

国民学校では、物資《ぶっし》の節約や忍耐《にんたい》訓練の戦時態勢《たいせい》が、日増《ひま》しに強化されつつあったが、私たちの教室にはまだストーブがあった。黒い鋳物製《いものせい》のストーブには、朝一回しか火をくべなかったが、それでも教室は暖《あたた》かくなごやかであった。

一時間目が始まるとき、菅《かん》先生はひとりの背《せ》の高い生徒を伴《ともな》って教室に入ってきた。

「みなさん、高木さんです。今日からしばらくのあいだだけ、この女子組の生徒になりますからね。わからないことは、みんなで教えてあげてください」

高木さんは頭を下げた。背《せ》が高いので高木という名前とよく合う。みんなもそう思うのか、隣《となり》の子と顔を見合わせて、くすっと笑《わら》っている。平べったい顔に少しつり目の高木さんを、どこかで見たようでもあるが、思い出せなかった。

ストーブは赤く燃《も》えている。その上にはアルミのべんとう箱《ばこ》が塔《とう》のように何列か並《なら》んで積まれている。ストーブのそばの子は、みんなのべんとうがいい具合にあたたまるよう、上下を替《か》えて積みあげる当番役でもある。下のべんとうを抜《ぬ》いては、順々に上にくりあげるのである。ちょっと油断《ゆだん》すると、下のべんとうにおこげができるし、ときには上のべんとうがあたたまる時間が足りなくなる。当番は、厚手《あつで》の手袋《てぶくろ》をはめて、まめまめしく、しかし授業《じゅぎょう》のじゃまにならないように動かなければならない。

だれかがいちばん後ろの席の高木さんに、べんとうを出すようにいったらしい。後ろから前のほうに渡《わた》している。私の背中《せなか》が後ろからそっと押《お》された。ふりかえってみると、後ろの子が、裸《はだか》にしたべんとう箱《ばこ》を渡《わた》しながら、目で合図した。大きなべんとう箱《ばこ》である。江田島《えたじま》の生徒は、宇品《うじな》の生徒ほど、なりふりや持ち物に気を遣《つか》わなかったが、それでもべんとう箱《ばこ》に女の子らしさをあらわしていた。まず、大きさが小さい。赤いメッキのかわいいのも、ふたに花もようのあるのも、形がだ円形のもあった。

そんな中で、高木さんのべんとうは型破《かたやぶ》りだった。男用のでっかい古ぼけたべんとう箱《ばこ》だったのだ。一時間目が終わって休み時間になると、みんなでストーブのそばに集まっておしゃべりをする。ひそひそかげ口をきいている子がいた。

「ひゃあ、でっかいでえ。たまげたあ。あれをみんな食うんかあ」

「大ぐらいじゃのう」

「ずうたい見ろよ。うんと食わんにゃならんでえ」

当の高木さんは、だまって窓《まど》の外をながめている。どことなく淋《さび》しそうな表情《ひょうじょう》だ。

HO

二時間目。そろそろストーブが冷えるころになった。高木さんのべんとうが、いちばん下になっている。いつもながら二時間目から、教室の中にいろんなおかずのにおいがひろがってくる。温かくなったべんとうから、煮物《にもの》のにおい、漬《つ》け物《もの》のにおい、青のりのにおいが、しみでるのである。私たちは、日ごろからそんなごちゃまぜのにおいに慣《な》れていた。それは、自然に私たちの食欲《しょくよく》をそそるものでもあった。

ところがその日、子どもたちはいつになく、鼻をひくひく動かしていた。異様《いよう》なにおいがするのである。私もそのにおいに気がついた。はて、なんのにおいだったのか。おぼえのあるにおいだけど……。大きく息をすうっと吸《す》いこんだとき、はっと思いあたるものがあった。おや、あれはたしかにキムチのにおいだ。まちがいない。でも、どうしたということだろう。このクラスに、キムチを食べる朝鮮人《ちょうせんじん》は、私ひとりしかいないのに。それに私は、べんとうのおかずにキムチは持ってこない。

窓《まど》をしめきった冬の教室内に、キムチのにおいがたちこめた。発酵《はっこう》する食べ物であるキムチのにおいは強い。キムチは口にはおいしくても、においはあまり香《こう》ばしくないと思う。生徒の中には、いやなにおいだ、といわんばかりに、鼻をつまんでいる子もいる。

いよいよ、おべんとうの時間である。私たちは、机《つくえ》の上に各自のべんとうのふたをとった。キムチのにおいが、パッとひろがった。突然《とつぜん》、トーンの高い声がすっとんだ。

「くせえ、くせえ。これがくせものじゃあ」

高木さんのそばの子が、大げさに叫《さけ》びながら、席から逃《に》げだすかっこうをしている。にわかに教室内がそうぞうしくなった。どれどれとみんな席を立って、後ろのほうに押《お》しかける。せまい通路で、大騒《おおさわ》ぎするので、机《つくえ》やいすが、がたがた動いてやかましい。

「ひゃあ。べんとうがひっくりかえったでえ」

高木さんのべんとう箱《ばこ》が、床《ゆか》に落ちた。高木さんの席は、私のななめ後ろだったので、私は立たなくても、よく見えた。さっきから胸《むね》がどきどきしていた。どうも高木さんは朝鮮人《ちょうせんじん》らしい。それでも、なぜ、べんとうのおかずにキムチを持ってきたんだろう。日本人がどんなにキムチをいやがるのか、知らないんだろうか。どうしてあんなはずかしいことをしてくれたんだろう。

高木さんのべんとう箱《ばこ》は、床《ゆか》に落ちて中身がこぼれてしまった。子どもたちは、少しはいけないことをしたと思ったのか、

「わしじゃないよ」

「わしじゃないでえ」

といいながら、自分の席にあたふたと帰っていく。こぼれた高木さんのべんとうには、キムチがあった。よく見ると、キムチがなんだか白っぽい。水で洗《あら》ったらしい。とうがらしは少しついているが、たしかに水洗《みずあら》いしたキムチである。私も小さいとき、キムチがからいといったら、母がとうがらしを水で洗《あら》いおとしてくれた。そうだ、高木さんはそれでも遠慮《えんりょ》していたんだ。まっかなキムチを水で洗《あら》って見かけを少しでもよくしようと気を遣《つか》ったんだ。でも、においだけはど

うしようもないから、あんなことになったんだ。高木さんは、キムチしかおかずにするものがなかったのかしら。私は急に高木さんが気《き》の毒《どく》になった。

高木さんは、だまって、こぼれたごはんやキムチを手でかきあつめて、べんとう箱《ばこ》に入れている。よごれたごはんは、もう食べられない。高木さんは、べんとう箱《ばこ》をしまうと、外に出た。

その日、私は複雑《ふくざつ》な気持ちでべんとうを食べたので、いちばんびりっこになった。みんなは、とっくに運動場に出ている。私は、高木さんのべんとうがこぼれていた床《ゆか》を、ぬれぞうきんできれいにふいた。

昼休みの運動場には、子どもがあふれている。五年女子組は、どこで遊んでいるのかな。私は、それらしい姿《すがた》を追って、運動場をひとわたり見まわした。校門のほうに、いるらしい。私も早足で、そちらのほうに行った。男子組の生徒もいる。なにをしているんだろう。

ぐるっと輪になっている中をのぞいた。男子組の子が、鼻をつまんで、片足《かたあし》のケンケン飛びでぐるぐるまわりながら、ふざけている。

「おお、くせえ、くせえ。チョウセンジン。わしの鼻がもげるでえ」

見ている子は、キャッキャッ、ケラケラと、おもしろそうに笑《わら》っている。そのまん中に高木さんが、ひざのあいだに顔を埋《う》めてうずくまっていた。男と女をまじえた四、五人の子が、足先でけったり髪《かみ》をひっぱったりしている。

私は血が逆流《ぎゃくりゅう》する思いがした。次の瞬間《しゅんかん》、そばの子を押《お》しのけて、とびこんだ。

「こんちくしょう」

生まれて初めて、口から飛び出した悪いことば。足でけっている子はひっかいた。髪《かみ》をひっぱっている子の腕《うで》はかんだ。

どぎもを抜《ぬ》かれた子どもたちは、たじたじとなってあとずさりした。

「お前たち、なんだよ。なんでいじめるんか。お前らのこんこうのにおいも、鼻がもげるほどくせえんだぞ。

チョウセンジンちゅうた奴《やっ》、どいつだ。

どいつが、くせえといったんだ。

くせえ奴《やっ》、出てこい」

私は両足をふんばって、ひとこと、ひとこと、力を入れて、しゃべりまくった。心の中では、驚《おどろ》いていた。こんな荒《あら》いことばが、口をついて出るとは。くやしさに身がふるえた。

子どもたちは、口をぽかんとあけている。金村さんはどうしたんだろう、と思うらしい。それもそうである。勉強がよくできて、級長で、島の子とは違《ちが》うきれいなことばを遣《つか》う模《も》範生《はんせい》が、突《とっ》然《ぜん》、ひょう変したのだから。

カンカン　カンカン

始業の鐘《かね》が鳴った。みんな、どやどや教室のほうに走り出した。運動場には高木さんと私だけだ。

高木さんは、頭をひざのあいだに埋《う》めたまま、石のようにすわっている。よく見ると、髪《かみ》の毛がむしられている。地面には毛がちらばり、高木さんの頭の皮膚《ひふ》に血がにじんでいる。なんとむごたらしいことをしたのか。

「高木さん、高木さん」

私は、高木さんの肩《かた》に手をかけた。高木さんは、身をふるわせて泣《な》いていた。思わず、私は高木さんの肩《かた》をだいた。どちらからともなく、私たちは固くだきあった。そして歯をくいしばって泣《な》いた。ドックン、ドックン、お互《たが》いの心臓《しんぞう》の音が伝わる。

泣《な》きはらした目をあげたとき、大きな桜《さくら》の枝《えだ》が見えた。葉のない、骨《ほね》ばった枝《えだ》であった。江田《えた》島校《じまこう》の校門のそばにある桜《さくら》の老木《ろうぼく》は、無言《むごん》で私たちを見おろしていた。

高木さんは、朝鮮《ちょうせん》の大邱《テグ》から来たそうである。大原の工事場で、お父さんが働くことになったので、家族全部が引《ひ》っ越《こ》ししたそうだ。大原に住む家が、まだ決まっていないそうである。大原には江田島校《えたじまこう》の分校があった。だから江田島校《えたじまこう》には、大原に移《うつ》るまで通うつもりだったのだ。

大原は、宮ノ原から海岸伝いに、津久茂《つくも》に行く途中《とちゅう》にある。当時、海軍兵学校の分校建設《けんせつ》工事があったときいている。

キムチ事件《じけん》以後、高木さんは学校に来なかった。たった一日、江田島《えたじま》小学校にいたことになる。高木さんは、この日のことを、一生忘《わす》れないだろうと思う。

その後、なにかの用で、大原の朝鮮人《ちょうせんじん》バラックに行ったとき、高木さんをさがしてみたが、いなかった。

私は、最近、キムチのすきな日本人に、たびたびであう。キムチはおいしいですね、という人が、非常《ひじょう》に多くなった。

大手のデパートでも、へんぴな町のスーパーでも、いたるところでキムチは売り出されている。驚《おどろ》くことは、日本人がキムチを作って売るそうである。輸出《ゆしゅつ》までするそうだ。

にんにく、とうがらし、くさい、といって、さげすんだキムチを、輸出《ゆしゅつ》産業にまで発展《はってん》させたのである。

私は子どものころ、キムチがすきだという日本人を見たことがない。くさい、と軽蔑《けいべつ》する人はいた。まっかなとうがらしのついたキムチは、野蛮人《やばんじん》の食べ物でもあるように、白い目で見た。

私たち朝鮮人《ちょうせんじん》は、キムチを食べるとき、なにか悪いことでもしているように気がねをしなければならなかった。

江田島《えたじま》小学校でのキムチ事件《じけん》は、そのころの事情《じじょう》をよく物語っている。

世の中は変わる。人間も変わる。これは真理だと思う。しかし、私は今なお、キムチをおいしそうに食べる日本人を見ると、ふしぎでしかたがないのである。

高潮《たかしお》

五年生の夏休みをむかえた。ジリジリ灼《や》きつくような太陽も、宮ノ原の子どもには楽しくてうれしかった。一日中、海に入っていればいい。私と妹は、朝目がさめるとすぐ海にとびこんだ。海で顔を洗《あら》うのである。

私たちは、そのころ、飯場に行ってごはんを食べた。なぜかといえば、母が、家で食事の用意ができなくなったからである。もうすぐ、新しい赤ちゃんが生まれるのだ。小柄《こがら》な母は、異常《いじょう》におなかが大きく、ふうふういっていた。前にかがむこともよくできない。だから、足先を見ることができないそうである。

七月末の出産予定日が過《す》ぎてしまった。産婆《さんば》のおばさんは、呼《よ》びに行《い》かなくても、朝夕家まで来て安否《あんぴ》をたずねた。

いよいよ八月三日の夕方から、陣痛《じんつう》が始まった。私とミエちゃんは、心配と期待で家の中をうろうろしていた。

産婆《さんば》さんが、

「まだまだだよ。遊びに行きんさい」

といったので、外に出たが、なにをしてもおもしろくなかった。

夜は、早々と寝床《ねどこ》に入った。ミエちゃんは、私の部屋に来ていっしょに寝《ね》た。蚊帳《かや》の中で、いつもならいたずらをしたり、ふざけたりするのだが、おとなしく寝《ね》ていた。

朝、目がさめたとき、しばらく耳をすましたが、赤ちゃんの泣《な》き声《ごえ》はきこえない。ミエちゃんも起きたので、ふたり手をとって奥《おく》の間《ま》に行こうとしたら、茶の間で父がたばこを吸《す》っていた。なにもいわず、ただ、あちらに行け、という手まねをした。心配そうな顔だった。

八月四日。一日がこんなに長いとは知らなかった。時計が止まったのかな、と思って、何度も耳を傾《かたむ》けた。父も仕事を休んで母につききりである。飯場のおばさんが、お母さんは難産《なんざん》だといった。いても立ってもいられない気持ちだった。

じれったかった日もようやく沈《しず》み、空は一面にオレンジ色に変わった。私はミエちゃんをつれて、ハトにすわっていた。島の子どもたちは、まだ海で遊んでいる。楽しそうな笑《わら》い声《ごえ》もきこえる。が、今の私には、それらが遠い国のことのように思えるだけだ。

もし、母が死んだら、どうしよう。祖母《そぼ》も出産で亡《な》くなったそうだ。ああ、お母さんが死んだら、どんなになるのか。私は十一歳《さい》、ミエちゃんは、たった六歳《さい》である。気が気でない。ミエちゃんは、きれいに染《そ》まったちぎれ雲の流れを見ている。母が死んだら、ミエちゃんがいちばんかわいそうになるんだ。母が孤児《こじ》になったのは九歳《さい》のときだったときいたが、ミエちゃんは六歳《さい》にしかなっていない。ああ神様、母を助けてください。私たちを守ってください。ミエちゃんは、いい子です。あわれな子にならないように、守ってください。涙《なみだ》がポロポロ落ちた。

日はとっぷり暮《く》れて暗くなったのに、まだ赤ちゃんは生まれない。父は玄関先《げんかんさき》に出て、たばこばかりふかしている。

産婆《さんば》さんが、急ぎ足で出てきた。父になにか早口で話している。父は、戸口でそわそわしていた私の手をとると、

「行こう。ほじゃけおじさんちに行こう」

と、大またで歩き出した。私は小走りについていく。

ほじゃけおじさんとは、母が、いつも魚を買う漁師《りょうし》さんである。話すとき、「ほじゃけ、ほじゃけ（それだから、という方言）」を連発するので、私の家では、〝ほじゃけさん〟で通っていた。

ほじゃけさんの舟《ふね》は漁船で、人を乗せる舟《ふね》ではない。父は今、そのほじゃけさんに舟《ふね》を借りに行くのだ。漁船には、女子どもは乗せない、ときいている。縁起《えんぎ》をかつぐ習わしである。

「家内が危篤《きとく》です。飛渡瀬《ひとのせ》の病院に移《うつ》さにゃいけません。舟《ふね》出してくれませんか。たのんます。おねがいします」

父はどもっている。私は、それほどのことばもでないくらい、胸《むね》がふさがっていた。

ほじゃけおじさんは、困《こま》ったような顔をして、玄関《げんかん》につっ立っていた。ふと見ると、おじさんの後ろに女の子が立っている。私より一年下の四年女子組の子だ。もちろん海組である。私と目

HO

が合った。

「父ちゃん、金村さんとこのお母さん、助けてあげて」

女の子は、ちょっと甘《あま》え声《ごえ》で、いった。

「ようし、ほいじゃ行くか。ほじゃけ、舟《ふね》の用意するけな。金村さん、ほじゃけ、すぐハトに来んさいよ」

ほんとうにうれしかった。涙《なみだ》がこぼれるほどうれしかった。

すでに気絶《きぜつ》していた母は、ただちに病院に運ばれた。そして、八月五日、ついに男の子が生まれた。新生児《しんせいじ》があまり大きいので、一貫目《かんめ》のはかりでは、はかれなかったという語り草が残ったが、正確《せいかく》には四キログラムだった。病院では、一時間おそかったらどうしようもなかった、ということだった。

一週間後、母と弟は、また、ほじゃけおじさんの舟《ふね》に乗って、帰ってきた。母の回復《かいふく》は、少し時間がかかったが、赤ちゃんは元気で、よく飲み、よく眠《ねむ》った。ようやく、我《わ》が家《や》に幸せの実感が満ちてきた。父は喜んだ。待望の男児誕生《だんじたんじょう》である。そのとき父は、四十五歳《さい》だった。

それにしても、ほじゃけさんは、恩人《おんじん》である。父は、お酒を持ってお礼に行ったり、砂糖《さとう》を持ってお礼に行ったり、最大の感謝《かんしゃ》をあらわした。父が、自分から進んで、人の家に行くことはめったにない。おそらく、このときだけだったのではないかと思う。

五年生の夏休みは幸せだった。母も元気になった。私もミエちゃんもうれしくて、なんでもないことにキャッキャッと笑《わら》ったり、ピョンピョンはねたり、スキップをしたり、ひとりでに陽気になるのだった。母も子育てに熱中した。そのころ、母がよく歌う朝鮮語《ちょうせんご》の子守唄《こもりうた》があった。平《へい》凡《ぼん》であまり起伏《きふく》のない曲調なので、ほんとうに眠《ねむ》くなる唄《うた》だった。私もミエちゃんも、朝鮮語《ちょうせんご》の意味がよくわからないまま、ただ、まねをして、その子守唄《こもりうた》を歌った。

チャジャン　チャジャジャン　チャジャジャンゲヤ
ウリ　アギ　チャルト　チャンダ
モンモン　ゲヤ　チッチマラ
コッコ　ダット　ウジマラ
ウリ　アギ　チャルト　チャンダ
チャジャン　チャジャン　チャジャジャンゲヤ
（ねんね　ねんね　おころりよ
うちの　坊《ぼう》やは　よくねむる
ワンワン　犬さん　ほえないで
コッコ　鶏《とり》さんも　なかないで
うちの　坊《ぼう》やは　よくねむる

ねんね　ねんね　おころりよ）

後日、私が長男を出産したとき、しごく自然に歌い出したのが、このチャジャンチャジャンであった。私が歌としてすきな子守唄《こもりうた》はいくらでもある。だが、私は母が歌った子守唄《こもりうた》で、三人の子を育てた。母は私にも歌ってくれたはずである。我《わ》が子《こ》への愛と、母へのなつかしさがだぶって、この唄《うた》を歌うと甘《あま》い幸福感にひたることができた。

宮ノ原の私の家には、平和が続いた。弟が、風邪《かぜ》をひいたり、おなかをこわすこともあったが、大したことはなかった。

一年があっというまにたち、弟の初めての誕生日《たんじょうび》をむかえた。飯場の家族も、心から祝《いわ》ってくれた。父は上きげんで、人夫さんたちにごちそうをすすめた。父は、ほじゃけさんの家にあいさつに行くことも、忘《わす》れなかった。実はその後、父とほじゃけさんは、とても親しくなっていた。父は、ほじゃけさんを「ええ男じゃ」といっていた。ほじゃけさんが、父をなんといったのかきいてはいないが、けっして悪くはいわなかったと思う。

その年の夏休みは、私にとっては小学校時代最後になるし、妹には最初になるが、今思い返しても満ちたりていた。家には笑《わら》い声《ごえ》が絶《た》えなかった。

その夏休みも、いよいよ終わりに近づき、私とミエちゃんは、宿題の整理などしていた。前日からくずれはじめた天気は、ものすごい暴風雨《ぼうふうう》になった。私はミエちゃんに、二百十日がちょっと早く来たんよ、と説明した。八月二十八日だった。夜になるとますます荒《あ》れくるうのだった。あくる日も、おさまらなかった。

ふだんやさしかった江田島湾《えたじまわん》の海が、おそろしくあばれた。キバをむいた怪物《かいぶつ》のような波は、ハトをとびこえて、道路までのしあがった。どうもぶきみで、異常《いじょう》であった。二十九日の夕方から私たちは、高台にあるバラックに移《うつ》った。

夜中近く、風の中、ちぎれちぎれに人々の叫《さけ》び声《ごえ》がきこえてきた。

「高潮《たかしお》じゃ、高潮《たかしお》じゃ」

えっ！　高潮《たかしお》とはなんだろう。津波《つなみ》ということばはきいたことがあるが、高潮《たかしお》というのは初めてだ。なにか海に起こる尋常《じんじょう》ではないできごとのようである。

私の家の荷物をかたづけるために、人夫さんたちがおりて行った。人夫さんたちが見てきた、生々しい高潮《たかしお》のようすをきいた。津波《つなみ》はいちどきに押《お》し寄《よ》せる波だが、高潮《たかしお》は海水面が異常《いじょう》に高くなり、陸に浸水《しんすい》してくることだという。私の家には畳《たたみ》すれすれまで海水があがり、下駄《げた》も鍋《なべ》も、ごちゃごちゃになって浮《う》いていたそうだ。ハトの船が道路側の家の軒下《のきした》まで、吹《ふ》きつけられていたという。昼からの風で、電柱はほとんど倒《たお》れてしまったらしい。もちろんとっくに電気は切れているので、私たちはカンテラをつけていた。どうなるんだろう。こわくてふるえていた私たちも、夜明けごろ少し眠《ねむ》ったようである。

八月三十日の夜が明けた。ようやく風が弱くなりはじめた。雨はまだ降《ふ》りつづけている。海水が引いたというので、家に帰ってみた。怪物《かいぶつ》部隊が泥足《どろあし》で家中を踏《ふ》みあらしたようであった。道路とハトは、こわれた船の残骸《ざんがい》や倒《たお》れた電柱、海水にのって運ばれたがらくたでめちゃめちゃの修羅場《しゅらば》になっていた。がらくたをかたづけはじめた人もいたが、呆然《ぼうぜん》として立っている人も多かった。

六年生の夏休みに私が体験した高潮《たかしお》のあと始末のうち、もっとも深刻《しんこく》だったのが、飲み水のことだったと記憶《きおく》している。宮ノ原では家ごとに井戸《いど》があって、それを飲んでいた。ところが、高《たか》潮《しお》で井戸《いど》と便所がごちゃごちゃになってしまった。急務《きゅうむ》は井戸《いど》水《みず》を底まで汲《く》みあげて、掃除《そうじ》をすることである。人手が足りない。女子どもでは、井戸《いど》にいっぱいたまったよごれた水を汲《く》みあげられない。

父は、十人ほどの人夫さんを連れて、ほじゃけさんの家に行った。井戸《いど》を汲《く》んだり、がらくたを整理したり、父が先頭に立って手伝っている。母は、バラックの井戸《いど》水《みず》を汲《く》んで、浸水《しんすい》した家に配った。五十人余《にんあま》りの人夫さんは、この朝大活躍《だいかつやく》した。

九月に入って、宮ノ原は平常《へいじょう》をとりもどしつつあった。私たちもふだんどおり学校に行った。ほじゃけさんの家の舟《ふね》の修理《しゅうり》もできたらしい。ある日、ほじゃけさんが、とりたての鯛《たい》を持って、あいさつに来た。父と母は、

「恩返《おんがえ》しができて、うれしいです」

といった。あちらからも、こちらからも、感謝《かんしゃ》が行き交った。

子どものころのおそろしかった高潮《たかしお》を、私は忘《わす》れることができない。しかし、それは恐怖《きょうふ》だけを残したのではない。私には、これも貴重《きちょう》な体験になった。

まず、自然に対する認識《にんしき》である。海は、私たちの遊び場であり、親しい友だちでもある。が、海は、一変して巨大《きょだい》な暴力者《ぼうりょくしゃ》にもなる。海は豊富《ほうふ》な資源《しげん》も提供《ていきょう》するが、たちどころに破壊《はかい》もする。幸と禍《か》の根源《こんげん》を同時に持つ。海の持つこの両面性《りょうめんせい》をまざまざと体験することによって、少しおおげさにいうと、私は宇宙《うちゅう》の真理のようなものを感じとった。私は、今も、人間が謙虚《けんきょ》になる近道は、自然の威力《いりょく》を体験することだ、と信じて疑《うたが》わない。

それから、弱い人間は助け合うものだ、という信条《しんじょう》を体験した。とくに災難《さいなん》や危機《きき》にあったとき、人間同士助け合うべきである。日本人、朝鮮人《ちょうせんじん》が問題ではない。よるべない人間同士の助け合いである。

私は高潮《たかしお》を思い出すとき、ほじゃけおじさんを思う。本名がなんだったのか、どうしても思い出せない。でも、ほじゃけおじさん、というだけで、私にはほおえみが浮《う》かび、心がなごむ。雨あがりのような、すがすがしささえ感じる。短い期間であったが、ほじゃけさんとの交際は、温かい人間同士の交わりだった。

一九四三年（昭和十八年）の春、私は、無事に江田島《えたじま》国民学校を卒業した。その春、私たち一家は、またまた引《ひ》っ越《こ》しの旅に発《た》った。海軍兵学校の工事が終わったからである。今度の行き先は、山口県だそうだ。

むっつりした父が、船のデッキでたばこを吸《す》いながら、ため息のような長いけむりを吐《は》いていた。

終戦と帰国

終戦の日まで

私は、大分県中津《なかつ》で終戦をむかえた。そこに二年以上住んでいるから、可部《かべ》、江田島《えたじま》に次いで、宇品《うじな》よりも長い期間の滞在《たいざい》となるが、思い出したくない月日である。私にとって、中津《なかつ》時代は、ある意味で暗いトンネルであった。

実は中津《なかつ》に行く前、一九四三年（昭和十八年）春の約二カ月間、私たち一家は山口県小月《おづき》というところに住んだ。正確《せいかく》にいうと、小月《おづき》とは、私たちがときどき利用した山陽線の駅名であって、私が住んだ場所の行政区域《くいき》も学校区域《くいき》も小月《おづき》ではない。

小月《おづき》駅から東に向かって、しばらく歩くと、なんとかいう川の橋があり、その橋を渡《わた》った土手の近くに、私の家があったようである。なぜ、ようである、というのかというと、私は、小月《おづき》について語るべきことを、ほとんど記憶《きおく》していないのである。住んだ期間が短いということもあろうが、どうしたわけか小月《おづき》は、私の記憶《きおく》からはみだしており、再生不能《さいせいふのう》のフィルムのように、なにも浮《う》かびあがらない。

妹と私は、国民学校にいっしょに行って、私は高等科一年に、ミエちゃんは国民学校二年生に編入《へんにゅう》した。一カ月余《あま》り通ったと思うが、校名すら思い出せない。ただ、初めてモンペを着たこと、畳敷《たたみじ》きの作法室で障子《しょうじ》の開け閉《し》めを練習したこと、わらぞうりを作ったことぐらいが、おぼろげながら思い出せる。

　両親は、小月《おづき》での仕事がうまくいかなかったようで、すぐほかの場所に移《うつ》ることにした。いつもながら、母は、さっと引《ひ》っ越《こ》しにとりかかった。が、父は、その短いあいだにも家の周囲を掘《ほ》りかえして、なにかの種をまいたらしく、未練《みれん》がましくぐずっていた。羽根《はね》の生えた鳥のような母と、すぐ根をおろしたがる植物性気質《しょくぶつせいきしつ》の父との性格差《せいかくさ》を、あらためて確認《かくにん》した感じだけは、たしかに残っている。

　はっきりおぼえているのは、小月《おづき》にいたころ、山本五十六《いそろく》元帥《げんすい》が戦死*したことである。このころから戦局の傾《かたむ》きが、子どもの肌《はだ》にもばくぜんと感じられた。

　それから私たち一家は、中津《なかつ》へ移《うつ》った。

大分県中津《なかつ》といっても、私たちは、中津市《なかつし》の中心部にいたわけではない。中津《なかつ》駅には、二本のホームが日豊線《にっぽうせん》の上り下り用に向かい合っていたが、外側のホームのまた外側に、一段《いちだん》せまい線路が敷《し》かれていた。これが耶馬渓線《やばけいせん》である。汽車も小型で、前後のデッキには扉《とびら》も窓《まど》もない。展《てん》望用《ぼうよう》に開放されているらしい。おもちゃのような汽車が、耶馬渓《やばけい》に向かってポッポポッポと、上りぎみの線路を走るさまは、いかにもロマンチックだった。ひろびろとした沖代《おきだい》平野を突《つ》きぬけて止まる最初の駅は、古城《こじょう》である。私たちは、古城《こじょう》駅付近の中津市《なかつし》大字永添《おおあざながそえ》に住んだ。そこに神戸製鋼《せいこう》が疎開《そかい》しており、父はその土木工事を請《う》け負《お》ったからである。永添《ながそえ》でも飯場をひらいたが、朝鮮人人夫《ちょうせんじんにんぷ》が五十人くらいいた。

小月《おづき》から急いで永添《ながそえ》に移《うつ》ったために、私たち一家は、当分のあいだ飯場の一室で寝起《ねお》きした。母は、少女らしくなりはじめた娘《むすめ》のために、家さがしにおおわらわであった。疎開者《そかいしゃ》が多くて、借家はなかなか見つからなかった。結局、母は農家を買うことにした。それは、飯場から歩いて十分ほど離《はな》れた田んぼの中にあり、雑木《ぞうき》の茂《しげ》った小さな森、森というより木立ちに近い、こんもりとした緑を背景に、ふきたてのわら屋根が美しかった。典型的な農家らしく、前庭と土間がとても広い。とりいれのじゃまにならないようにはからったのか、前庭は広場のようにだだっぴろい。はしっこに柿《かき》の木がゆったりした枝《えだ》を張《は》り、もういっぽうのはしには、イチジクの木と大きな井戸《いど》があった。裏《うら》には、かなり広い畑があり、こぢんまりした納屋《なや》もあった。畑のまん中に、これまた大きな大きな柿《かき》の木がある。これは、表の柿《かき》の半分しかない小粒《こつぶ》の甘柿《あまがき》だが、枝《えだ》がたわむほどたくさんの実をつけた。実の中身は、ほとんど褐色《かっしょく》に近く、その甘《あま》さは天下一だった。忘《わす》れられない味である。畑のずっと奥《おく》のはしには、夏ミカンの木が二本あり、小さな井戸《いど》もあった。その後ろは木立ちにつながる。

私たちは、この家がとても気に入った。ミエちゃんも、弟のユン坊《ぼう》（勇三をユン坊《ぼう》と呼《よ》んだ）も、家の裏表《うらおもて》をとびまわって喜んだ。父は、移《うつ》ったその日から、畑の手入れにはげんだ。家の前には、田んぼに引く農業用水路が小川のように流れ、雨あがりに、父はそこでどじょうをとったりした。

隣《となり》近所といえば、近くに私の家と似《に》たような農家が二軒《けん》あり、少し離《はな》れたところに、白い塀《へい》に囲まれたかわら屋根の家があった。どこの家も田んぼや畑に囲まれていた。ここが永添《ながそえ》の村はずれにあたり、その先、西北に向かって扇型《おうぎがた》に沖代《おきだい》平野がひろがる。永添《ながそえ》は、地形的にやや高地になるので、沖代《おきだい》平野をずーっと見おろすようになる。いつか、大雨が降《ふ》って平野が水につかったときは、一夜のうちに田んぼが巨大な湖に変わった。その衝撃的《しょうげきてき》な光景を見おろしながら、私の身も心も激《はげ》しくふるえたことが思《おも》い浮《う》かぶ。

ミエちゃんは、沖代《おきだい》平野を西に横切りながら三十分も歩いて、鶴居《つるい》国民学校に通った。

「お姉ちゃん、あたいといっしょに鶴居《つるい》の学校に行こう。ね、おねがい」

妹が何度も哀願《あいがん》したが、母は私を鶴居《つるい》の高等科にやらず、中津《なかつ》市《し》の女学校に進学させた。疎開《そかい》が頻繁《ひんぱん》なころで、転入生が相当数いたようである。そういうことで、私の汽車通学が始まった。

サイパン島が米軍基地《きち》になったためか、B29の編隊《へんたい》は、昼夜の別なく、中津《なかつ》の上空を北九州に向かって飛んだ。そのうち、低空を飛ぶ艦載機《かんさいき》も来るようになった。

母は、汽車通学をする娘《むすめ》を案じ、気をもんだ。田んぼばかりの平野では、逃《に》げるところも、かくれる場所も、ないからである。

しかし、私は案外のんきだった。幸いに、汽車に乗っているあいだ、爆撃《ばくげき》も機銃掃射《きじゅうそうしゃ》も受けたことはない。今、中津《なかつ》時代を思い返すと、もっともなつかしく浮《う》かびあがるのは、耶馬渓線《やばけいせん》である。

戦況《せんきょう》があやしくなっていたそのころ、耶馬渓《やばけい》観光どころではないから、まともに天下の耶馬渓《やばけい》を観賞《かんしょう》したことはない。残念なことだった。それでも、私は、本耶馬渓《ほんやばけい》まで二度ほど行っている。もみじのころだった。家に帰るとき、古城《こじょう》を乗《の》り越《こ》して、だれかにさそわれたようにひとりで本《ほん》耶馬渓《やばけい》まで行ってしまった。日が暮《く》れかかっていた。私は、ただホームに立っていただけである。戦争の気配のない、静かで清らかな自然がそこにあった。数日後、もうすこし明るい時刻《じこく》に、ふたたび私は本耶馬渓《ほんやばけい》のホームに降《お》りたった。もみじが燃《も》えていた。神秘的《しんぴてき》なまでに華麗《かれい》な耶馬渓《やばけい》の秋は、私のまぶたに焼きついている。

私たちが江田島《えたじま》を発《た》つまぎわに、星州《ソンジュ》から一通の手紙を受けとった。父の兄、李致煥《イチファン》からの手紙である。父が兄に、なにかのことで送金したらしく、その礼状《れいじょう》をかねて、本家の名字が「山木」になったことを、しごく簡単《かんたん》に告げていた。

創氏改名令《そうしかいめいれい》は、一九三九年（昭和十四年）に発令されたが、翌《よく》一九四〇年（昭和十五年）二月十一日の紀元節を期して、皇国臣民化促進《こうこくしんみんかそくしん》のため、ほとんど強制的《きょうせいてき》に実施《じっし》された。そして八〇パーセントの成果《せいか》をあげたという。本家でも、いたしかたなく、「山木」に改名したということだった。私たち一家の反応《はんのう》は、いろいろであった。

父は、

「ふうむ、『山川草木《さんせんそうもく》』*か」

といった。そのころ、父は詩吟《しぎん》に興味《きょうみ》を持ち、母に文句をいわれながらも、風呂《ふろ》に入ると、よく、

「さんせんそうもくう〜

うたたあ〜こうりょう〜」

と、うなっていた。

私は、なんのことかよくわからないはずの幼《おさな》い弟に、

「ユン坊《ぼう》、あんたの名前はね、もともと山本有三からとったんよ。山本と山木。字が似《に》てるでしょう。いいじゃない。これは、ふしぎな偶然《ぐうぜん》よねえ」

といいながら、感心していた。そんな私を、母は叱《しか》った。案の定、母は、怒《おこ》ったり悲《かな》しんだりした。

「情《なさ》けないことじゃ。朝鮮《ちょうせん》の根っこを絶《た》やし、抹殺《まっさつ》しようとしている」

ミエちゃんは、母の顔色をうかがいながら、小声で私にきいた。

「お姉ちゃん、金村と山木と、どっちがいい？」

小月《おづき》では、まだ金村を使った。中津《なかつ》に来てから、私たちは、山木一家に変身した。

山木一郎《いちろう》

山木静《しず》
山木広子
山木ミエ子
山木勇三

いかにも日本人家族らしくなった。

そのころ、飯場の人夫さんたちも日本名を使った。五十人くらいだったが、名字は三十余《あま》りになろうか。つまり、日本名になっても、同じ名字が多いということである。

父は、人夫さんたちのハンコを一括《いっかつ》して作った。小さな木箱《きばこ》に三十本くらいの木製《もくせい》のハンコが詰《つ》まっていた。父の帳面も以前は拇印《ぼいん》を使っていたのをハンコに変えて、近代化（？）された簿《ぼ》記《き》に発展《はってん》したのである。

ふだんは、名字だけを呼《よ》ぶので、同じ名字の人がいると混乱《こんらん》が起きる。だから、父の飯場では形容詞《けいようし》が最大限《さいだいげん》に活用された。たとえば、

「クン（大きい）橋本、チャグン（小さい）橋本」（年齢《ねんれい》または身長で決まる）
「キメ（金海）の金山、アンドン（安東）の金山」（これは本貫《ほんがん》を指している）
「テグ（大邱）の木村、プサン（釜山）の木村」（朝鮮内《ちょうせんない》の住所を指す）

などなど。そのほか、ノッポ、チビ、メガネなどの身体的特徴《とくちょう》や、あだ名も使われた。

新参の人夫が、父の持っているハンコにない名字の場合もある。父は、いつのまにか、

「オイ、石井、石川にせんか。石川だったら、新しいハンコを作らんでもすむがな」
と、平気でいえるようになっていた。

父のハンコ箱《ばこ》には「金村」もあった。ああ、このハンコがもうすこし早目に作られていたら、私も少しは楽だったのに。もちろん「山木」のハンコもあった。何人かの山木さんが常《つね》にいた。朝鮮人《ちょうせんじん》にとって、日本の名前は、あげたりもらったり、捨《す》てたり拾ったり、いつでも変えられるものでしかない。いったい、だれのための、そしてなんのための創氏《そうし》改名《かいめい》だったのか。皇国《こうこく》臣民化は達せられないまま、それでも朝鮮《ちょうせん》民族の精神的秩序《せいしんてきちつじょ》の攪乱《かくらん》には、それなりの成果《せいか》があったといえるかもしれない。

汽車通学までしてせっかく行った学校ではあるが、当時すでに、授業《じゅぎょう》らしい授業《じゅぎょう》はなかった。ほとんどの時間は勤労奉仕《きんろうほうし》で埋《う》められた。

食糧増産《しょくりょうぞうさん》。これは至上《しじょう》課題である。沖代平野《おきだい》は、私たちの作業場でもあった。麦刈《むぎか》り、田植え、草とり、稲刈《いねか》りの田んぼの作業のほかに、じゃがいもや甘藷《かんしょ》のとりいれなど、畑仕事もあったし、堆肥《たいひ》作りもした。

学校の運動場は、とっくに芋畑《いもばたけ》になっていた。運動場のまわりにヒマも植えた。二学期に入ると、イナゴをとるため、私たちは沖代《おきだい》平野をかけまわった。布袋《ぬのぶくろ》に詰《つ》められたイナゴは、初めのうちこそ必死にもがいたが、一昼夜たつと、さすがにおとなしくなった。排糞《はいふん》したイナゴをとりだして、大釜《おおがま》の熱湯をくぐらせ、天日に干《ほ》す。イナゴの煮干《にぼ》しである。これを紙袋《かみぶくろ》に詰《つ》めて、できあがりとなる。国民学校に配送されるイナゴの煮干《にぼ》しは、少国民の大切な栄養のもとになる、ときいた。

屋内で私たちに与《あた》えられた作業は、多分に特異《とくい》だったと思う。外科病院で使う縫合糸《ほうごうし》を作ったのである。廊下《ろうか》や教室には細長い作業台が何列も並《なら》んでいた。私たちの腕幅《うではば》の間隔《かんかく》に大釘《おおくぎ》が打ちこまれ、台の両側から向かいあって作業する仕組みだ。ガラスのシャーレに入れた、ちょうど夏ミカンの実をほぐしたような奇妙《きみょう》な形の材料が配られる。蚕《かいこ》のおなかからとりだした、絹糸《きぬいと》になる小さな袋《ふくろ》である。いわば、繭《まゆ》のもとだ。すっぱいにおいのする液体《えきたい》につかっているその袋《ふくろ》を引きのばして、両方の大釘《おおくぎ》にくくりつけるのである。つるつるする袋《ふくろ》を両手の人さし指の先に置いて、親指のつめでぎゅっと固定したあと、いっきに左右に引く。そのときつめでしごいてはいけない。糸が平べったくなるからだ。そのため、私たちの親指のつめは、短く切ってはいけなかった。気合いをかけるように息を入れるたびに、一本の縫合糸《ほうごうし》ができあがる。それらの糸は検査《けんさ》と消毒過程《かてい》を終えて、野戦病院に送られるそうだ。だから、けなげな少女たちは、傷《きず》ついた兵士を思いながら、指先がむれても、つめがホニャホニャに軟骨化《なんこつか》しても、ただひたすらに、がんばり続けたのである。

それでも、私たちは日に二時間くらいの授業《じゅぎょう》はあったように思う。もっとも印象的に思い出せるのは、体育の時間である。まず、なぎなたを習った。服装《ふくそう》はモンペだったが、白いハチマキを

着用した。床板《ゆかいた》に正座《せいざ》して目をつむり、精神統一《せいしんとういつ》に入る。左足のかかとを立て膝《ひざ》を床《ゆか》につき、右足は少し横向きに膝《ひざ》を立てた姿勢《しせい》で、なぎなたを右膝《みぎひざ》の上から前のほうにのばした格好《かっこう》であいさつをする。上半身がゆれないようにすっと立ちあがり、少し足をひろげた安定した姿勢《しせい》で、なぎなたを両手ではさんでしっかりとにぎる。「一文字のかまえ」の気合いで、なぎなたを身に寄《よ》せて一回転させ、刃先《はさき》を後ろの位置に変える。

私は、なぎなたの儀式《ぎしき》や、気合いがすきになった。しかし、これは長く続かなかった。なぎなたが竹槍《たけやり》に変わったからである。私は竹槍《たけやり》はきらいである。そのころ毎朝、校門を入ると、奉安《ほうあん》殿《でん》*のそばにあるわら人形を竹槍《たけやり》でひと突《つ》きさせられた。チャーチルとルーズベルトに作られた鬼《き》畜《ちく》米英*のわら人形は、満身創痍《まんしんそうい》のボロ人形になっていった。私は、いつもそっぽを向いて、逃《に》げるように通りすぎた。

ある日、T先生が私を呼《よ》んだ。T先生は体育の教師《きょうし》で、私たちに竹槍《たけやり》を教えていた。

「君はなぜ、奉安殿《ほうあんでん》の前で礼をしないのかね？」

私は、ぎくりとした。どうして、この先生が知っているんだろう？

「それに、竹槍《たけやり》も持たんしね。あれは授業《じゅぎょう》で習ったのを実習する、授業《じゅぎょう》の延長《えんちょう》だといってあるはずだ。さぼる理由はなにかね？」

私は顔をあげた。T先生はさぐるような目で私を見ている。

「いくら人形でも、竹槍《たけやり》でところかまわず突《つ》きさすのは、残忍《ざんにん》だと思います。むごたらしくて、私にはようできません」

「そのほかの理由は？」

「えっ？　ほかの理由？　そんなのありません」

私をまじまじと見つめるT先生の目が冷たかった。

「よし。それでは今後の態度《たいど》に注目する」

T先生は手旗も教えた。そして、私の手旗をよくほめた。旗《はた》のさばきが鮮《あざ》やかだといって、号令台の上に立たせて、模範技《もはんぎ》をやらせた。でも、私はどうしてもT先生がすきになれなかった。

しかし、手旗はおおいに活用した。沖代平野《おきだいへいや》に散らばって、汗《あせ》を流した私たちは、休みの時間になると、手旗で話し合った。

「コンニチハ。ツカレマシタネ。ソラヲミテクダサイ。クモガ、キレイデスヨ」

「ホントウニ、キレイデス。アレハ、ウロコグモデスネ」

「ソウデス。ソラノイロモ、ウツクシイデショウ。アシタモテンキデス」

「ソラヲアオイデ、シンコキュウシテ、モウシバラク、ガンバリマショウ」

手旗は、私たちの息抜《いきぬ》きでもあった。

もうひとつ、そのころ、私たちが精《せい》を出したのは、千人針《せんにんばり》*だった。おびただしい数の千人針《せんにんばり》を縫《ぬ》った。クラスにまわってくるもののほかに、駅の待合室でも、隣組《となりぐみ》からまわってくるのも、せっせと縫《ぬ》った。

ふしぎなのは、母の態度《たいど》である。日本人に好感《こうかん》を持たない母であったが、千人針《せんにんばり》は真心を込《こ》めて縫《ぬ》った。

「胸《むね》の痛《いた》いことじゃ。花のような若《わか》い命が散《ち》るのは、痛《いた》ましいことじゃけね。あんたら、おしゃべりせんで、心を込《こ》めて縫《ぬ》いなさい」

といいながら、ていねいに手を動かす母だった。

中津《なかつ》にいたころ、父はもう五十歳近《さいちか》くなっていた。短く刈《か》りあげた頭髪《とうはつ》に、ちらほら白いものも見えはじめた。温厚《おんこう》な風格《ふうかく》に、威厳《いげん》もそなわっている。父の意固地は、年とともにだんだん強くなっていたが、家庭の雰囲気《ふんいき》も、父のリーダーシップが優勢《ゆうせい》になりつつあった。私は、そんな父に頼《たの》もしさを感じていた。

戦争末期になっても、中津《なかつ》は、集中爆撃《ばくげき》は受けなかった。神戸製鋼《せいこう》があるのに、ふしぎである。ただ米軍機は、北九州への行き帰りに、二、三個《こ》パラパラ落としたり、時限爆弾《じげんばくだん》で驚《おどろ》かしたりした。

父は私たちのため、裏《うら》の木立ちの前に太い横木を使った、りっぱな防空壕《ぼうくうごう》を作った。ところが父は、空襲警報《くうしゅうけいほう》が鳴るたびに、私たちを困《こま》らせた。防空壕《ぼうくうごう》に入らないのである。サイレンが鳴ると、父は、おしいれからふとんを出して、奥《おく》ざしきに敷《し》いた。そして、さっぱりしたものに着替《きが》えて、その上に横になる。父は、

「死ぬパルチャ（運命）だったら、穴《あな》に入っても死ぬもんじゃ。わしは、死ぬときアンバン（奥《おく》ざしき）で死にたい。自分の足で穴《あな》にもぐりこむのは、ごめんこうむる」

というのだった。私がどんなにすすめても、ミエちゃんが、泣《な》いて引っぱっても、父は、

「早う行きんさい。アボジはここにいるほうが幸せだし、ここで死ぬのが本望じゃ」

といって、びくともしないのである。結局、父の意固地は、だれもまげることができなかった。

永添《ながそえ》の農家に移《うつ》ってまもなく、父は、裏《うら》の畑にサランを建てた。

「お父さん、サランてなに？」

「うん、書斎《しょさい》と客間みたいなものじゃ」

「お父さん、じゃ、わたしの勉強部屋？」

「うん、いいさ。キマが使え」

私はうれしかった。可部《かべ》で、私の勉強部屋を建《た》て増《ま》しするといった約束《やくそく》を、父は忘《わす》れずに実現《じつげん》させたものだと思って、感激《かんげき》した。私はサランということばもすきだった。——サラン（사랑）は、愛という意味の純朝鮮語《じゅんちょうせんご》でもあるが、このサランとは違《ちが》う。

サランは、南向きの縁側《えんがわ》から障子《しょうじ》をあけて入ると、畳《たたみ》四枚半《まいはん》が敷《し》いてあるだけの建物である。東側に窓《まど》があったが、物不足の時節でガラスが買えなく、障子紙《しょうじがみ》を張《は》った。私はサランに机《つくえ》や本《ほん》箱《ばこ》を運んだ。カーテンを作ったり、絵を張《は》ったり、花をかざったり、精《せい》いっぱい少女らしい雰囲《ふんい》気《き》を演出《えんしゅつ》した。私は満ちたりていた。

帰国して知ったことだが、舎廊《サラン》、または舎廊房《サランバン》とは、韓国《かんこく》の伝統《でんとう》家屋における、男性《だんせい》のための離《はな》れである。母屋《おもや》にあたるアンバンは、女主人が使い、その家の亭主《ていしゅ》は、客の接待《せったい》から寝食《しんしょく》にいたるまで、サランを常用《じょうよう》した。男女七歳不《さいふ》同席《どうせき》の慣習《かんしゅう》が根強い韓国《かんこく》では、男性《だんせい》の日常《にちじょう》生活はすべてサランで行われたのである。

そうすると、永添《ながそえ》で、父がサランを建てたのは、もしかしたら自分のサランバンを持ちたいためだったのかもしれない。私が早合点して自分の勉強部屋にしたので、父がゆずったのかもしれない。韓国《かんこく》のしきたりでは、サランは女性《じょせい》が足を踏《ふ》み入《い》れてはいけないところなのである。そのとき私は、そんなことを全然知らなかった。

それにしても、父の心中など少しも気にしないで、自己《じこ》本位にふるまったことに対し、つくづく申《もう》し訳《わけ》ないことだったと思っている。

私が転校したのとほぼ同じころ、横尾《よこお》タツコさんという女の子が長崎から来た。私はこの横尾《よこお》さんと、すぐ親しくなった。お父さんが神戸製鋼《せいこう》のなにかの技師《ぎし》で、家も同じ永添《ながそえ》である。私の家と飯場の中間くらいのところにある社宅《しゃたく》に住んでいた。もちろん汽車通学もいっしょである。

横尾《よこお》さんはほがらかな性格《せいかく》で、よく笑《わら》い、よくしゃべった。私たちが意気投合したのは、ふたりとも本ずきだったからである。本のとりかえっこをしながら、ずいぶんむさぼり読んだ。そのころ、翻訳書《ほんやくしょ》も好《この》んで読んだ。詩でも散文でも、お互《たが》いに気に入った文章をノートに書きとって、それのとりかえっこもした。ときどき、そんな文章で、演劇《えんげき》のまねもした。今、思い出せるものに「ハックルベリー・フィン」の中の句《く》がある。

「フランス人てのは、人間ですけえ？」

「そうだよ」

「じゃあ、ちくしょう！　ひでえ奴《やつ》だ。どうして人間みてえな口をきかねえんだ。あんた、教えてくだせえ！」

私が、今もこの句《く》をおぼえているのは、私がつらいとき、またはたまらなくいやな人間がいたとき、フ、ラ、ン、ス、人にその人間を代入していたからである。うっぷんをはらすのに、好都合《こうつごう》なセリフだった。

横尾《よこお》さんと親しくなってまもないころ、横尾《よこお》さんの紹介《しょうかい》で、原おじさんに手紙を書いた。その人は、長崎《ながさき》新聞に小説を書いている人で、名を原卯七《はらうしち》といった。六十歳《さい》くらいの人で、足が悪くてよく歩けないということだった。おじさんから、折り返し返事が来た。作家とはきいていたが、手紙も小説のように楽しく文章が若々《わかわか》しかった。そしてなによりも温かみがあふれている。私はまた書いた。おじさんも、私が書くたびに返事をくれた。このようにして、原おじさんとの文通が始まったのである。

私は原おじさんを、私の「あしながおじさん」だと思った。でも「あしながおじさん」と書いたことはない。原おじさんは、足が悪いときいていたからだ。おじさんは私をシリウスさんと呼《よ》んだ。それは、私が、夜、手紙を書きながら、星空のこともたくさん書いたし、私のいちばんすきな星はシリウスだ、といったからである。

私は書きまくった。灯火管制《かんせい》がきびしかったから、ときにはおしいれにスタンドを持ちこんで、長い長い手紙を書いた。そのころ私は、日記に書くべきことを手紙に書きつづった。後には、小説をまねた作文を書いたりした。

原おじさんからも、手紙が度々届《とど》けられた。父と母は、そんな手紙のやりとりをいぶかしがった。ある日、私は呼《よ》びつけられた。

「キマ、このごろ、手紙がたくさん来とるが、だれからかね？」

母がきいた。

「うん、長崎《ながさき》にいる作家なの」

「なにする男が、毎日のように手紙ばっかし書いとるんか？」

そばにいた父がきいた。

「あのね、長崎《ながさき》新聞にね、小説を書く人なの」

「その小説家が、なんで、見たこともない女の子に手紙書いとるんか、というんじゃ」

母より父のほうが、きびしかった。

「お父さん、わたしね、小説の勉強してるんよ。その人にね、小説の書き方を教えてもらってるんよ」

私は両親に、原おじさんがえらい小説家だということ、文章の勉強に絶好《ぜっこう》の機会だということ、原おじさんはやさしくて親切だということを、いっしょうけんめい説明した。結局、両親は、相手が足の悪い六十歳《さい》のおじいさんだということを知って、安心したらしい。やれやれ。文通もむずかしいものだった。

原おじさんには、岡広《おかひろ》先生を思わせるようなところがあった。いつも、なぐさめられ、はげまされた。文通は一年くらい続いた。長崎《ながさき》に原爆《げんばく》が落ちたとき、私は気が気でなかった。終戦後まもなく、横尾《よこお》さんは長崎《ながさき》に帰った。原おじさんの消息をたしかめて知らせると約束《やくそく》したけれど、なんのたよりもなかった。

一九八三年（昭和五十八年）十二月八日、私は活水女学院での講演《こうえん》のため、長崎《ながさき》に行った。そのとき、長崎《ながさき》新聞社をたずねている。わずかばかりの期待だったが、そこには原おじさんの資料《しりょう》は、残っていなかった。その足で原爆《げんばく》公園をたずね、原おじさんの冥福《めいふく》を祈《いの》った。原おじさんが原爆《げんばく》で亡《な》くなったという確証《かくしょう》はないが、そこに行かずにいられない気持ちだった。

たくさん教えられ、たくさんなぐさめられたことを心から感謝《かんしゃ》しながら、私は、長いあいだ目をつむっていた。

359ページ　山本五十六元帥《いそろくげんすい》が戦死——連合艦隊《かんたい》司令長官兼《けん》第一艦隊《かんたい》司令長官として乗っ

ていた飛行機がソロモン諸島《しょとう》上空で米軍機に撃墜《げきつい》され、戦死した。

363ページ　山川草木《さんせんそうもく》——陸軍大将《たいしょう》・乃木希典《のぎまれすけ》（一八四九—一九一二年）作の漢詩「山川草木転《うたた》荒涼／十里風腥《なまぐさし》　新戦場／征馬不レ前《すすまず》人不レ語《かたらず》／金州城外立ニ斜陽ニ《しゃようにたつ》」より。

368ページ　奉安殿《ほうあんでん》——教育勅語《きょういくちょくご》の謄本《とうほん》と天皇《てんのう》・皇后《こうごう》の写真を安置した建物。子どもたちは登下校のおり、最敬礼《さいけいれい》させられた。

〃　鬼畜《きちく》米英——鬼畜《きちく》とは鬼《おに》と畜生《ちくしょう》のこと。残酷《ざんこく》ではじしらずなもの。敵国《てきこく》である米英両国を指していった。

369ページ　千人針《せんにんばり》——布《ぬの》に千人の女性《じょせい》がひと針縫《はりぬ》っては糸を結んだもので、兵士が腹《はら》に巻《ま》きつけていると敵弾《てきだん》もさけて通るとされた。

終戦の日

一九四五年（昭和二十年）八月十五日。その運命の日、私は、病院の一室で、熱を出していた。ただし、入院患者《にゅういんかんじゃ》としてではない。私は、二年生の学業が終わりかけていた三月から、中津市内《なかつしない》にあるN病院に、見習い看護婦《かんごふ》として住《す》み込《こ》んでいた。これには、少しこみいったいきさつがある。

私は、N病院でのことを、今まで、だれにもつぶさに語ったことがない。母にさえ、くわしい話はしていない。N病院での毎日は、今でも思い出したくない日々だからだ。

一九四四年（昭和十九年）といえば、すでに戦局は下り坂になっていた。そして、人手不足は深刻《しんこく》だった。前年には徴兵年齢《ちょうへいねんれい》が繰《く》り上《あ》げられ、＊国民徴用令《ちょうようれい》が朝鮮人《ちょうせんじん》にも適用《てきよう》されるなど、一億《いちおく》総動員《そうどういん》で、老《お》いも若《わか》きも、生きとし生けるすべての人々が、決戦前線に立っていた。朝鮮人《ちょうせんじん》の労働力徴発《ちょうはつ》も最高度に達し、一九三九年（昭和十四年）来の集団募集《ぼしゅう》が徴用令《ちょうようれい》に変わり、この時期に強制連行《きょうせいれんこう》＊で日本に渡航《とこう》した労働人口は百万を越《こ》したという。すでに日本に居住《きょじゅう》していた百万を合わせると、そのころ二百万人を上回る朝鮮人《ちょうせんじん》が日本国内にいたことになる。

父の現場《げんば》は、徴用《ちょうよう》とは関係なく、自由渡航者《とこうしゃ》の人夫でまかなわれた。中津《なかつ》に移《うつ》ったころからこの自由渡《と》航者《こうしゃ》の数がぐんと減《へ》ったようで、人夫集めの役をかっていた母も困《こま》っていた。そのころ、私は飯場の手伝いにあまり行かなくなっていた。父と母で充分《じゅうぶん》だったことや、私も勤労奉仕《きんろうほうし》などで、時間が足りなかったことにもよる。しかし、ときどき行く用事があって、寄《よ》ってみたとき、私は、鷲部《わしべ》や宮ノ原の飯場とは違《ちが》う雰囲気《ふんいき》を感じていた。以前の飯場には、それでも夜になると、歌をうたったり、話し興《きょう》じる笑《わら》い声《ごえ》で、明るさと活気があった。それが、ここでは、どことなく暗く、沈滞《ちんたい》している。人夫さんたちは、過重《かじゅう》労働で疲《つか》れきっていた。それに、ゆううつな話題しかなかった。家族や親戚《しんせき》が、徴兵《ちょうへい》、徴用《ちょうよう》にとられた話、軍属《ぐんぞく》や軍夫にとられると、中国や南方の前線で、虫けらのように命を落とす話などで、弱少民族に生まれた恨《うら》みと嘆《なげ》きのため息をつくのだった。

一九四四年（昭和十九年）の春、ある人夫が嫁《よめ》さんづれで、飯場に来た。スニ（順伊）という名の嫁《よめ》さんは、数え年十六歳《さい》。私より一つ年上である。若《わか》いというより子どもっぽい。この夫婦《ふうふ》は、私たちにショッキングなニュースを伝えた。朝鮮《ちょうせん》では、男の労働力だけでなく、若《わか》い女性《じょせい》が狩《か》り出《だ》されているということだ。彼女《かのじょ》らは、軍需《ぐんじゅ》産業工場に挺身隊《ていしんたい》として連行されるのだが、噂《うわさ》によれば、戦地では日本兵の慰安婦《いあんふ》（従軍慰安婦《じゅうぐんいあんふ》＊）に使われるのだそうだ。

朝鮮人《ちょうせんじん》は、まさか、そんなことになるとは知らなかった。ことば巧《たく》みに強要されて、軍需《ぐんじゅ》工場で働けばお金もうけになる、と思わされた。貧《まず》しい家計のたしになれば、と十代の少女たちが、泣《な》きの涙《なみだ》で連行されたそうだ。まもなく、挺身隊《ていしんたい》イコール慰安婦《いあんふ》のうわさは、村から村に伝わり、人々は怒《いか》りに燃《も》え、恐怖《きょうふ》にふるえた。

スニの一つ年上の姉も村の女の子たちと挺身隊《ていしんたい》に行った。慰安婦《いあんふ》のうわさをきいたスニの両親は、地面をたたいて慟哭《どうこく》した。

そして、スニの村では、女の子の早婚《そうこん》が大はやりになったそうだ。いくらけだものでも、人妻《ひとづま》は連行しないだろう、ということをあてにしたのである。しかし、新郎《しんろう》がいない。朝鮮《ちょうせん》内でも、四百万人以上の男が徴用《ちょうよう》で軍需《ぐんじゅ》産業に使役されていた。村に残っているのは、年寄《としよ》りや体の不自由な者だけである。奇異《きい》なことに、体に障害《しょうがい》をもつ新郎《しんろう》が、もっとも人気があった。なぜかといえば、徴用《ちょうよう》にとられない、という安全保障《あんぜんほしょう》つきだからだそうだ。笑《わら》うに笑《わら》えない悲喜劇《ひきげき》が進行中だった。

そんな中で、スニは三十五歳《さい》のやもめの後妻《ごさい》になった。十五歳《さい》の少女と三十五歳《さい》のやもめ。はたの目には、父と娘《むすめ》のようにも見える。十六歳《さい》になったスニは、妊娠中《にんしんちゅう》だった。黄色い顔をしたスニは、見るからにあまりにもあわれっぽい。そのころ、男の場合は、既婚者《きこんしゃ》でもようしゃなく徴用《ちょうよう》にとられるので、軍需《ぐんじゅ》工場に入れば徴用《ちょうよう》にとられることがないと思い、スニ夫妻《ふさい》は、自分の足で軍需《ぐんじゅ》工場をたずねることにした。そして、行きあたったのが、父の飯場である。実際《じっさい》に、日本国内にいた朝鮮人《ちょうせんじん》に徴用令《ちょうようれい》が出たとき、父の飯場からは、すでに軍需《ぐんじゅ》産業士である人夫が徴《ちょう》集《しゅう》されることは、なかった。スニらの推測《すいそく》はあたっていた。ともかく、その日からスニは、飯場の炊事《すいじ》を手伝い、スニの夫は工事場で働いた。

秋になって、スニは出産した。母は、幼《おさな》い妊婦《にんぷ》が痛々《いたいた》しくて、おなかが大きくなりはじめたころから、私の家の納屋《なや》を改造《かいぞう》した一室に住まわせた。草虫が鳴きしきる晩《ばん》、スニの陣痛《じんつう》が始まった。夜中ごろから、スニはあたりはばからず、泣《な》きさけんだ。

「オンマー、オンマー。サルリョジョー（母ちゃん、母ちゃん。助けて）」

私は、納屋《なや》の周囲をうろうろしながら、胸《むね》をふるわせていた。我《われ》知らず、美しい星空をあおいで手を組んだ。

「スニを、助けてください。あんな苦しみを耐《た》えるには、あまりにも幼《おさな》すぎます。神さま、スニを助けてください」

夜どおし苦しんだスニは、明け方、女の子を産んだ。


二学期に入ってから、授業《じゅぎょう》らしい授業《じゅぎょう》はほとんどなくなった。明けても暮《く》れても勤労奉仕《きんろうほうし》だった。それでも、いちおう学校に集まって、その日の作業場のふりわけがあった。ある日、掲示板《けいじばん》に一枚《まい》の募集《ぼしゅう》広告が張《は》りつけられた。「熊本《くまもと》通信学校　技士《ぎし》候補《こうほ》募集《ぼしゅう》」とあった。担任《たんにん》の西美代子先生の説明では、一定期間モールス信号を習って、軍関係の機関で働くことになるそうだ。モールス信号は、ツツートントンと無線電信に使われる。私は、反射的《はんしゃてき》に興味《きょうみ》を感じた。手紙を書くのがすきで、手旗が上手《じょうず》だった私は、ある種の興奮《こうふん》さえおぼえた。家に帰ると、すぐ両親に話した。

「軍機関ちゅうと軍属《ぐんぞく》になることじゃろうな。ええ話じゃないか」

まず、父が賛成《さんせい》した。

「キマ、そこの試験受けんさい。口にこそ出していわんかったが、あんたが挺身隊《ていしんたい》にとられたらどうしようと思って、このごろは夜もおちおち眠《ねむ》られんかったんよ」

「お母さん、挺身隊《ていしんたい》なんて。スニは朝鮮《ちょうせん》にいたから、あんなになったんじゃないね。ここは、日本なのよ」

「いんや、そうじゃない。どうも戦争のなりゆきがあやしいけね。戦局がせっぱつまると、人力供出《きょうしゅつ》もきびしくなる。朝鮮人《ちょうせんじん》は、いの一番に、危険《きけん》なところ、つまらんところに狩《か》り出《だ》されるに決まっとるよ。それかというて、スニのようにお嫁《よめ》に行かせることもできんし……」

「お母さん、なによ。お嫁《よめ》に行かせるなんて。あんまり、とりこし苦労せんといて」

私は顔を赤くしながら、抗議《こうぎ》した。

私は通信技士《ぎし》になるため試験を受けた。その場所の名前が、どうしても思い出せないのだが、とにかく中津市内《なかつしない》のある所で、近郊《きんこう》の学校から推薦《すいせん》されてきた、数十名の女学生といっしょに受験した。数日後、筆記試験合格者《ごうかくしゃ》の面接《めんせつ》があった。ふたりの試験官がいて、うっかりもらしたのであろうが、彼《かれ》らのことばから私の筆記試験の成績《せいせき》が上々であることを感知した。私は心の中でひそかに喜んだ。

面接《めんせつ》のとき、いろんなことをきかれる中で、本籍地《ほんせきち》が星州《せいしゅう》だと答えたら、

「では、あなたは朝鮮人《ちょうせんじん》かね」

と、確《たし》かめるようにきいた。

「はい」

「日本には、いつ来ましたか？」

「いいえ、来たのでなく、日本で生まれました」

「ふうむ」

試験官は、うなるような声を出した。

面接《めんせつ》の日から数日たって、私は、不合格《ふごうかく》の通知を受けとった。私が落ちたのは、朝鮮人《ちょうせんじん》だから、という理由であることは確実《かくじつ》だ。自尊心《じそんしん》がひどく傷《きず》つけられた。夕方、私は、うすら寒い耶馬渓《やばけい》線《せん》のホームにあるベンチにすわっていた。くやし涙《なみだ》が流れた。私は、あれこれ考えてみた。

通信学校では、無線技士《ぎし》を養成する。技士《ぎし》は、モールス信号を打つ。モールスで打つ無線は、緊急《きんきゅう》と秘密《ひみつ》を要する。だったら、朝鮮人《ちょうせんじん》に秘密《ひみつ》をまかせるはずがない。ああ、そうか。そうだったのか。これが民族差別なんだ。

「くそおっ」

思わず声が出た。ようし、涙《なみだ》なんか流してやらない。もう泣《な》かない。私は、首をしゃんと立てた。

横尾《よこお》さんが、西先生の手紙を持って、ホームにかけつけた。

「山木さん、元気を出して学校に来てください。通信学校に推薦《すいせん》したのは、私の考えが足りなかったからです。ごめんなさい。とにかく会ってお話ししましょう」

どうして西先生があやまらなければならないんだろう。西先生が差別したのではないのに。いいそびれたが、西美代子先生は、おおらかで迫力《はくりょく》を感じさせる人だった。校内の先生の中で、私がもっとも尊敬《そんけい》し、すきな先生である。

父と母は、予想したとおり、怒《いか》りに怒《いか》った。

「ナップンノムドル（悪い奴《やつ》らめ）。甘《あま》いことばで、皇国《こうこく》臣民＊にならせて、口先では内鮮《ないせん》一体＊というとるが、かんじんのところでは、ちゃんと線をひいとる。ナップンノムドル」

しかし、母の怒《いか》りは、だんだん焦燥《しょうそう》と不安に変わっていった。こんな差別のしかただと、いつ挺身隊《ていしんたい》にとられるかわからん、というのである。どうすればいいのか。母は気をもんだ。

私は、西先生に相談した。母があまり心配するから、安全なところがあれば、どこへでも行きたい、といった。西先生は、私の話をききながら、

「悪いわねえ、悪いわねえ」

をくりかえし、目に涙《なみだ》を浮《う》かべていた。

一九四五年（昭和二十年）、正月をむかえ、私は数え年十六歳《さい》になった。二年三学期のある日、

西先生が、病院の見習い看護婦《かんごふ》になる意向があるかときいた。病院長は、日本赤十字病院のなんとかの肩書《かたが》きのある人で、以前大分の分院長だったそうである。だから、母が心配している挺身《ていしん》隊《たい》問題はないだろうし、もしあっても責任《せきにん》を持つ、ということだった。見習いだから、サラリーはないが寝食提供《しんしょくていきょう》という条件《じょうけん》である。母は即座《そくざ》に賛成《さんせい》した。私も、どうせ学校は勉強などしなくなっていたから、三月早々、N病院（正確《せいかく》には医院だった）に移《うつ》り住《す》んだ。このようにして、見習い看護婦《かんごふ》になった私は、終戦の日をN病院でむかえることになったのである。

N病院は、中津市《なかつし》のはずれにあった。塀《へい》も垣根《かきね》もない庭先に小さな川が流れ、その先は見わたすかぎり田んぼが続く沖代平野《おきだいへいや》である。カギ型の大きな建物は、母屋《おもや》と病院を、その直角のかどでくぎっている。庭先から敷《し》かれた石畳《いしだたみ》が枝《えだ》のように分かれて、母屋《おもや》と病院への通路になる。母《おも》屋《や》は平屋だが、病院側は二階建てである。母屋《おもや》の裏庭《うらにわ》には、こぢんまりした二階建ての離《はな》れがあった。それから、病院から見れば裏《うら》になるが、母屋《おもや》に向かってみれば左横のほうに別棟《べつむね》の入院室がある。構《かま》えからして、中津市《なかつし》では、相当大きな個人《こじん》病院である。

病院は、玄関《げんかん》からあがったところが待合室で、廊下《ろうか》をはさんだ正面が薬局、その左に診察室《しんさつしつ》があり、手術室《しゅじゅつしつ》につながる。薬局の右側には、暗室とレントゲン室があった。

N病院は外科が専門《せんもん》だが、私がいたころ、東京から内科専門《ないかせんもん》のH博士《はかせ》が疎開《そかい》して来ていたので、内科の患者《かんじゃ》も多かった。でも、入院室はほとんど外科患者《かんじゃ》だった。

看護婦《かんごふ》は、私より五つ年上のAさん。色白で背《せ》の高いAさんは、外科病院にはちょっとふさわしくない、のんびり型だった。Aさんと私は、待合室の横隣《よこどなり》の四畳半《じょうはん》でいっしょに寝起《ねお》きした。初めての日、私は慣《な》れない仕事に極度に緊張《きんちょう》していたため、くたくたに疲《つか》れた。部屋に落ちついたのは、夜の十一時半過《す》ぎ。それでも私は、包みの中から日記帳をとりだした。すると、Aさんが、

「早く寝《ね》ときなさい。ここは、朝が早いからね」

といった。しかたなく、電気を消して横になった。なかなか寝《ね》つかれず、目がさえていたが、ようやく眠《ねむ》れたと思ったら、もう朝だった。朝といっても、外はまだ暗い。五時である。Aさんが、軽く舌打《したう》ちしながら起きた。

「山木さん、ここでは目ざましがいらんのよ。奥《おく》さんが、そのかわりをしてくれるからね」

といった。

毎朝、五時になると、奥《おく》さんのスリッパの音がする。障子《しょうじ》一枚《まい》へだてた廊下《ろうか》からパタパタパタパタ板をたたくようにひびくスリッパの音は、どんなに深い眠《ねむ》りもさましてしまう。これは、N病院にいるあいだじゅう、一日もくるうことなく、正確《せいかく》にくりかえされた。

さて、日課であるが、なにをどのように説明すればいいのか、今、私は、ためらっている。私は、看護婦《かんごふ》の見習いということであったが、することは雑役婦《ざつえきふ》だった。

五時に起きて掃除《そうじ》をすませるころ、空がしらみはじめる。Aさんが回診《かいしん》の準備《じゅんび》をするあいだ、私は母屋《おもや》の台所で朝ごはんを炊《た》いた。すり鉢《ばち》で味噌《みそ》をすり、かまどに火をくべ、七輪に炭火をお

こし、漬物《つけもの》をとりだす。この家の台所は、とても広かった。茶の間からおりた所に、三角形の板《いた》敷《じ》きの間があった。私は、そこですり鉢《ばち》の味噌《みそ》をすったり、小麦粉をこねたりした。朝の七時過《す》ぎ、私とAさんが小さい据《す》え膳《ぜん》をはさんで食事をするのも、そこだった。雑穀《ざっこく》だらけのごはん軽く一膳《ぜん》、おみおつけ一杯《ぱい》、漬物《つけもの》二切れ。私たちの朝食である。食べるのに一分しかかからない。茶わんを洗《あら》ってからすぐ病院に出る。

Aさんと、ドレッシング箱《ばこ》を持って入院室に行く。外来患者《かんじゃ》の診療《しんりょう》が始まる前、入院患者《かんじゃ》の回《かい》診《しん》がある。N院長が来るまで、私たちは、熱をはかったり、食事、排尿便《はいにょうべん》、睡眠《すいみん》などのようすを調べて、カルテに書きこむ。八時近くなると、院長の診療《しんりょう》が始まる。外科患者《かんじゃ》が主なので、回診《かいしん》は一時間くらいかかった。私はほうたいを巻《ま》いたり、バンソウコウを張《は》ったりした。学校で救急処置《しょち》の訓練《くんれん》を受けるとき、三角巾《さんかくきん》やほうたいの使い方を習ったのが、ここで役に立った。

九時前、病院にもどると待合室には患者《かんじゃ》が並《なら》び、奥《おく》さんが受付を始めている。薬局の窓口《まどぐち》は受付と会計をかねたところで、奥《おく》さんの担当《たんとう》である。H博士《はかせ》は診療室《しんりょうしつ》で内科を診《み》たが、院長は手術《しゅじゅつ》室《しつ》で外科の治療《ちりょう》をし、Aさんは院長に付ききりだった。私は、内科の患者《かんじゃ》が尿《にょう》をとりにいくとき便所に案内したり、薬局で薬を包んだり、流しのよごれ物を洗《あら》ったり、入院室に薬を届《とど》けに行ったりした。手術室《しゅじゅつしつ》に入って、よごれ物の始末をしたり、すみのほうの電気コンロでぐつぐつ煮《に》えている消毒器のピンセットや注射器《ちゅうしゃき》を出し入れするのも、私の役目だった。

十一時になると、母屋《おもや》の台所に行って、小麦粉をこねる。昼食は、毎日のようにすいとんだった。まないたの上に栗《くり》の大きさにまるめた練り粉を並《なら》べて、ぬれぶきんをかけておく。また、しばらく病院にもどって手伝うが、十一時四十五分に台所にもどる。かぼちゃを切って煮《に》た汁《しる》に、練り粉を薄《うす》くのばしながら、すいとんを炊《た》くのである。Aさんと私の昼食は、かぼちゃ二切れと、のびたすいとん三切れに決めてあった。

午後三時、外来診療《しんりょう》が終わると、院長には手術《しゅじゅつ》があったり、往診《おうしん》になるが、Aさんがつきそった。H博士《はかせ》は早目に帰宅《きたく》したようである。私は、夕飯のしたく前まで、洗濯《せんたく》をした。庭の前に流れる小川が洗《あら》い場《ば》である。物資《ぶっし》不足の時節だから、ガーゼもほうたいも再生《さいせい》して使った。手術室《しゅじゅつしつ》のすみの鉢《はち》には、クロールカルキを溶《と》いた消毒液《しょうどくえき》が入っているが、いちおう再生《さいせい》するものは、その中につけておく。川に行くとき、それを引き出すのだが、湯につけたように熱くなっていた。

季節は夏に向かっていたので、私は川の中にざぶざぶ入り、すねまで水につかりながら、洗《あら》った。手術用《しゅじゅつよう》のシーツなど洗《あら》う物《もの》は、けっこう多かった。それが終わると、入院室の裏《うら》の焼却《しょうきゃく》場《じょう》に行って、よごれ物を燃やしたり、そばの埋《う》め穴《あな》に埋《う》めたり、私はスコップをふりまわした。

五時過《す》ぎには、また台所に行って、夕飯のしたくである。このときは、奥《おく》さんもいっしょだった。いわれたとおりに洗《あら》い物《もの》をするか、ゴミを捨《す》てるか、ときどき近くの店にお使いに行ったりする。裏庭《うらにわ》にまわって風呂《ふろ》も焚《た》く。ゴミや紙くずやがらくたも燃料《ねんりょう》にしたので、灰《はい》がたくさんたまった。それをかきだして、十能《じゅうのう》にすくい、野菜畑になった裏庭《うらにわ》の野菜の根元にまいた。ときどき風が吹《ふ》くと、私はすっぽりその灰《はい》をかぶった。

「あれ、これじゃ灰《はい》かぶりのシンデレラじゃない。でも、私には王子様も来てくれないし、黄金の馬車も来ないから、つまらないわねえ」

と、つぶやくと、そんなときでも少し笑《わら》うことができた。

夕ごはんは、満州産の大豆《だいず》と米を五分五分にまぜて炊《た》いた。どうしたわけか、奥《おく》さんはこのごはんを、茶わんに盛《も》らないで、皿《さら》に入れた。だから、とても食べにくかった。鳥がえさをついばむようにはしで大豆《だいず》をつつくのが、いやだったことを思い出す。

夕食がすんでも、私の仕事はまだまだ終わらない。病院は散らかったままである。朝の掃除《そうじ》では、ぞうきんがけをするのが精一杯《せいいっぱい》だから、ほかのかたづけ仕事は、前日にすませなくてはならない。Aさんとふたりで手わけして、診療室《しんりようしつ》、手術室《しゆじゆつしつ》、薬局を、はいまわるようにかたづけ、くずかご、灰皿《はいざら》まできれいにしたころ、風呂《ふろ》の時間になる。私は、いつも最後の番にぬるい風呂《ふろ》を使うのだが、それは、掃除《そうじ》のためでもある。体を洗《あら》うのより、風呂場《ふろば》を洗《あら》うほうが大切だった。

風呂《ふろ》のあとも、べつの仕事が待っている。山と積まれた洗濯物《せんたくもの》を整理することである。手術用《しゆじゆつよう》のシーツをたたみ、再生《さいせい》ほうたいを巻《ま》き、ガーゼもたたむ。もちろん、新しいガーゼを、大小いろいろなサイズに切ってたたむ仕事もある。脱脂綿《だつしめん》でヨードチンキやマーキュロム用の綿球《めんきゆう》を作るのも、時間がかかる。傷口《きずぐち》をふきとるオキシフルやほうさん水用の脱脂綿《だつしめん》は、四角に切りそろえる。これらは、いろいろな大きさの金属製《きんぞくせい》の消毒缶《しようどくかん》に種類別に詰《つ》められる。これを毎朝、業者が来て、滅菌《めつきん》したのととりかえて持っていくことになっていた。

日課が終わるのは、だいたい十一時半。急患《きゅうかん》が来たり、大きい手術《しゅじゅつ》があると、十二時を越《こ》すのは日常茶飯事《にちじょうさはんじ》であった。その上、空襲警報《くうしゅうけいほう》が鳴るたびに、入院患者《にゅういんかんじゃ》の待避《たいひ》を手伝った。コマまわしのコマのようにまわりつづけて、私の肉体は、へとへとに疲《つか》れた。

休みの日などなかった。非常時下《ひじょうじか》、月月火水木金金時代だったから、日曜日はとっくの昔に消えてなくなっていた。一カ月のうち、一度の日曜日は消毒日で、病院は休診《きゅうしん》したが、私の仕事は山ほどあった。その日を大掃除《おおそうじ》の日に決めてあったからである。床《ゆか》をみがき、タイルを流し、ガラスをふいた。棒《ぼう》切れの先に脱脂綿《だっしめん》をくくりつけ、塩酸《えんさん》を含《ふく》ませて、家中の便所の陶器《とうき》のよごれを落とした。ふだん使わない二階の掃除《そうじ》もこの日にする。ときどき医師会《いしかい》などをひらいた二階は、ふすまをはずすと、畳《たたみ》三十枚《まい》くらいの大広間になった。かたくしぼったぞうきんで畳《たたみ》をキュッキュッとふきあげた。下駄箱《げたばこ》の掃除《そうじ》、庭の草とり、台所の鍋《なべ》みがき、野菜畑の手入れ。きりきり舞《ま》いとはこんなときに遣《つか》うことばなのだろうか。早く、早く、早く。きれいに、きれいに。まっ白に、まっ白に。ピカピカ。ツヤツヤ。夕方になると、手足がしびれ、腰《こし》が痛《いた》んだ。

庭で草をむしりながら、はるか沖代《おきだい》平野のかなたを見つめた。あそこに家があるのに。お父さんもお母さんもいるのに。妹も弟も。目がぼうっとかすんだ。

奥《おく》さんは、息つくひまもないほど、次から次へと仕事をいいつけた。だから、めそめそ泣《な》いている時間もなかった。ただ、ただ、動きに動いた。

私は、母を思った。十三歳《さい》の孤児《こじ》で、日本に来た母は、その過去《かこ》を絶対《ぜったい》に語ろうとしなかった。

わかるような気がする。私も母にこんな姿《すがた》を見せたくなかった。手紙を書いた。絶対《ぜったい》に面会に来てはいけません。戦時下の病院は、野戦病院のようにきびしい規律《きりつ》です。着替《きが》えは、横尾《よこお》さんにたのんで届《とど》けてください。私は元気です、と。

この病院には、娘《むすめ》がふたりいたが、ふたりとも病気だった。長女は肋膜炎《ろくまくえん》で、離《はな》れの二階に、次女は肺《はい》が悪いらしく母屋《おもや》の一室で、養生していた。長女には一歳《さい》になった男の子がいた。私は、ときどき子守りをさせられたが、N病院の生活で、子守りだけは楽しかった、と思っている。ほんとうにかわいい子だったし、私によくなついた。

病院の仕事には、少しずつ慣《な》れてきた。私がつらいと思ったのは、本を読む時間も、日記を書く時間もなくなったことである。原おじさんに手紙を書くのも、一週間以上書きためて、ようやく一通になった。みんなが寝《ね》しずまったあと、そっと暗室にしのびこんで書くのだが、疲《つか》れているので少しずつしか書けなかった。

「原おじさん、もう夏ですね。暗室の中が、むし暑く感じられます。

私が机《つくえ》にすわったとたん、一匹《ぴき》の蚊《か》が低空飛行をはじめ、かぼそい鳴き声を出していましたが、ついに私の左手首にとまりました。たたいてやろうと思って、その蚊《か》を見たら、とてもとても小さいんです。やぶ蚊《か》の半分のまた半分くらいのちっちゃい蚊《か》なんです。診療室《しんりょうしつ》から拡大鏡《かくだいきょう》を持ってきて、うつしてみました。なんと弱々しいチビなんでしょう。蚊《か》のように細い足といいますが、その足の繊細《せんさい》なこと。そしてね、羽根《はね》がすきとおるようにきれいなんです。原おじさんにも、見せてあげたい美しさです。この蚊《か》は、ボウフラからかえったばかりのチビのようです。もしかしたら、私が最初のえものかも知れません。

私は、このチビに、ごちそうしてあげることにしました。やぶ蚊《か》だったら、たたいたはずですが、このチビ蚊《か》は痛々《いたいた》しくてあわれです。

ああ、食事が終わったようです。私のやせた手首から、すっと舞《ま》いあがりました。サヨナラ、チビ。そして、原おじさんも、お休みなさい」

このように、たわいのない手紙を原おじさんに書きつづるのが、唯一《ゆいいつ》の救いでもあり、ささえでもあった。

しかし、体のほうが弱ってくるのは、どうしようもなかった。過労《かろう》に栄養不足。ずいぶんやせてしまった。ふくらはぎあたりの足の痛《いた》みで、眠《ねむ》れないこともあった。一日中、立ちどおし走りどおしだから無理《むり》もないと思うのだが、短い睡眠《すいみん》時間を痛《いた》みでとられるのは、二重の苦痛《くつう》だった。そしてときどき、片足《かたあし》をずずずっと引きずるようになった。

N院長とH博士《はかせ》は、東京のS医学専門《せんもん》の同窓《どうそう》だときいた。N院長は、元軍医でもあったが、軍人気質《かたぎ》の、きびしい人だった。H博士《はかせ》は、正反対に、とてもやわらかくてやさしい人柄《ひとがら》である。

ある日、ちょっと患者《かんじゃ》がとぎれたひまに、H博士《はかせ》は、私をベッドに腰《こし》かけさせた。金づちのような小さいゴムハンマーで、私のひざをとんとんとたたいた。そのあと、モンペのすそをまくりあげて、親指ですねの下あたりを、二、三カ所、ぐっぐっと押《お》した。むくんだ足に、H博士《はかせ》の指の跡《あと》が、へこんだまま残っている。

「山木君、つらいだろう。これじゃ、相当痛《いた》むはずだからね。脚気《かっけ》だよ」

「えっ、脚気《かっけ》？」

「栄養不足から来る病気だよ。しっかり食べないといけないんだがなあ。ともかく、治療《ちりょう》しないといけん。ちょっと痛《いた》い注射《ちゅうしゃ》だが、がまんしなさい」

H博士《はかせ》は、私の二《に》の腕《うで》に注射《ちゅうしゃ》を打った。その痛《いた》いこと。キリをもみこまれるようだった。メタポリンという注射《ちゅうしゃ》だった。医薬品も不足だったころ、H博士《はかせ》は、私にメタポリンをずっと打ってくれた。奥《おく》さんは、H博士《はかせ》は共産主義者《きょうさんしゅぎしゃ》だ、とかげ口をきいた。私は、共産主義《きょうさんしゅぎ》がなんなのか知らない。ただ、やさしく親切だったH博士《はかせ》を、今も深い感謝《かんしゃ》の気持ちで記憶《きおく》している。

母に、手紙を書いた。食べざかりになって、配給米では少し足りません。SOS、ときどき栄養補給《えいようほきゅう》おねがいします、と。

横尾《よこお》さんが、せっせとおべんとうを配達した。

「横尾《よこお》さん、ごめんね。お使いばかりさせて」

「いいわよ。学校の近くだし、どうせ毎日来るんだから。お安いご用よ。でも、山木さん、顔色悪くなったわね、きついの？」

「ううん。たびたびの空襲警報《くうしゅうけいほう》でしょう。病院はね、サイレンと同時に非常待機《ひじょうたいき》だから、眠《ねむ》れないのよ。寝不足《ねぶそく》よ。お母さんに、元気だったって、いってちょうだい」

「わかった。オーケー、また来るわよ」

横尾《よこお》さんの友情《ゆうじょう》にも、もっと感謝《かんしゃ》すべきだったと思う。私が、忙《いそが》しく走りまわっているとき、横尾《よこお》さんは、庭に面した部屋の窓《まど》をあけて、包みを置いていった。夜、Aさんとその包みをあける楽しさ。母のおにぎり、寿司《すし》、おはぎは、涙《なみだ》が出るほどうれしく、そしておいしかった。

奥《おく》さんは、一週に一、二回、特別《とくべつ》メニューの料理を作るとき、その夕食を知られないように、大豆《だいず》ごはんをおぼんにのせて、私たちの部屋まで運んだ。Aさんは、ぶつぶつ不平をいった。

「今日はなんなの。スキヤキ？　チリ？　わたしたちの配給の分もあるはずよ」

でも、私はちっとも腹《はら》が立たなかった。日本人のAさんもいっしょに差別されているんだから。それに、さすがの奥《おく》さんも、その日はあとかたづけを免《めん》じてくれたから。

七月のある夜、院長の往診《おうしん》に私がついていった。いつもAさんが行くのだが、そのとき、なぜか院長は私を連れていった。

ある家の奥《おく》ざしきに老婆《ろうば》が寝《ね》ていた。院長は聴診器《ちょうしんき》をあてていたが、家の人に洗面器《せんめんき》に熱い湯を持ってくるようにといった。若《わか》い男の人が台所に行ったあと、院長は軍隊式に指図した。

「このおばあさんは、身寄《みよ》りのない人だが、すでに息が切れておる。遠い親戚《しんせき》が来ているが、男ばかりで、いくら死人でも具合が悪い。だから、君にたのむ。まず、お湯で体をふく。そのあとすべての穴《あな》に脱脂綿《だっしめん》を詰《つ》める。痛《いた》みはないから、このピンセットでガツガツ押《お》しこむように。下着を着せることで、君の任務《にんむ》は終わる。そのあとは、あの人たちがする」

院長は、洗面器《せんめんき》の熱い湯にアルコールを少しそそいだ。そして、脱脂綿《だっしめん》の袋《ふくろ》と、大きな解剖用《かいぼうよう》ピンセットをおいて、さっさと帰ってしまった。親戚《しんせき》のふたりの男も、ふすまをしめて、どこかに行ってしまった。

奥《おく》ざしきには、死人の老婆《ろうば》と私しかいない。私は息をしていたのだろうか。心臓《しんぞう》が凍《こお》っていたのかもしれない。すわったまま、気絶《きぜつ》していたのかもしれない。かなり、時間がたったように思われた。私は、ようやく深い息をはきだした。歯をくいしばった。ひざをにじりよせて、ふとんをはいだ。ゆかた一枚《まい》の老婆《ろうば》は、眠《ねむ》ったようにじっとしている。私は、タオルをしぼってふきはじめた。胸《むね》や背中《せなか》はまだ温《あたた》かい。手の先や足は冷くこわばっていた。ぞっと身の毛がよだつ。耳、鼻、口に脱脂綿《だっしめん》を詰《つ》めた。肛門《こうもん》にも膣《ちつ》にも。老婆《ろうば》は重かった。ようやく下着を着せて、私は老婆《ろうば》に両手をついておじぎをした。髪《かみ》の毛《け》がさかさに立つような寒気がする。私はみぶるいして立ちあがった。ふすまの外では、ふたりの男がたばこを吸《す》っていた。私になにかいったようだが、なにもきこえなかった。

私は、田んぼのあぜ道を無我夢中《むがむちゅう》で走った。でも、思うように足が運べず、ころびそうになった。しゃがみこんだ。前に水が流れている。私は手を洗《あら》った。全身ががくがくふるえている。汗《あせ》びっしょりだ。こらえていたこわさと悲しさが、こみあげてくる。私は泣《な》いた。

ようやく顔をあげて、空を見た。白い月がこうこうと輝《かがや》いている。すこし、気がおちついたようだ。

「お月さま、あなたが、アンデルセンの書いた、『絵のない絵本』に出てくるあのお月さまなら、私をなぐさめてください。こんなにこわかったこと、生まれてはじめてです。

数え年十六で赤ちゃんを生んだスニは、赤《あか》ん坊《ぼう》を背中《せなか》にくりつけて、朝から晩《ばん》まで働いています。満十五歳《さい》にもなっていない私は、病院で体がくだけるほど働いています。そして今夜、名も知らない老婆《ろうば》の死体の始末をさせられました。スニも私も挺身隊《ていしんたい》に行かないためです。私たち朝鮮人《ちょうせんじん》の女の子は、挺身隊《ていしんたい》のかわりにこんな苦労をしています。お月さま、こんなことがあってもいいのですか？　どうして、朝鮮人《ちょうせんじん》は悲しくつらく生きなければならないのですか？　どうして？　どうして……」

とめどのない涙《なみだ》で、私のほおは、ぬれつづけた。原おじさんも思い出した。

「原おじさん、おじさんは、〝艱難汝《かんなんなんじ》を玉にす〟といってはげましてくださいましたよね。でもね、玉になる前にくだけることだってありえますよ」

その後、私はときどき老婆《ろうば》の夢《ゆめ》を見た。汗《あせ》びっしょりになり、うなされるほど、夢《ゆめ》はこわかった。家に帰ってからも、ときどき夜中に叫《さけ》び声《ごえ》をあげ、汗《あせ》びっしょりになる私を、両親はとても心配した。でも、私は、最後まで両親にほんとうのことは話さなかった。

戦前、挺身隊《ていしんたい》にとられた朝鮮人《ちょうせんじん》の女性《じょせい》は二十万人ほどになるが、そのうち、日本軍の慰安婦《いあんふ》にされた女の子は数万人にも及《およ》ぶという。彼女《かのじょ》らの絶望的《ぜつぼうてき》な悲哀《ひあい》をだれぞ知るや、である。それに比《くら》べれば、挺身隊《ていしんたい》をさけるため自分勝手に選んだスニや私の辛苦《しんく》は、ものの数にも入らないかもしれない。しかし、スニと私の苦痛《くつう》も真実であった。

いよいよ八月に入った。連日暑い日が続いた。広島に原爆《げんばく》が落ちた日、院長もH博士《はかせ》も悲痛《ひつう》な顔で、ときどきひそひそ話を交わしていた。広島がなくなったそうだ。信じられなかった。そして、八月九日、長崎《ながさき》にまたその新型爆弾《しんがたばくだん》が投下された。私は原おじさんの無事を案じた。数日の間、気がおちつかない日が続いた。

八月十日の午後、私はいつものように洗《あら》い物《もの》をもって川にざぶざぶ入った。突然《とつぜん》、右足の裏《うら》に鋭《するど》い痛《いた》みを感じた。川の水に鮮血《せんけつ》がひろがった。驚《おどろ》いて、洗《あら》い場《ば》の石にあがってみたら、右足のかかとが切れ、血が吹《ふ》き出ていた。とっさに、よごれてはいたが、そばにあったほうたいで、止《し》血処置《けつしょち》をとった。すんできた川水をよく見ると、割れた一升《しょう》ビンのかけらが底に沈《しず》んでいた。それを踏《ふ》んだらしい。

ケンケン飛びで手術室《しゅじゅつしつ》に帰った私は、止血のため、右足をベッドの上に高くあげて、いすにすわった。院長もAさんも往診中《おうしんちゅう》で、るすだ。病院にはだれもいない。傷口《きずぐち》にあてたガーゼが赤く染《そ》まった。出血が止まらない。傷《きず》が痛《いた》むのでなく、私は激《はげ》しい頭痛《ずつう》を感じていた。院長が帰って、すぐ縫合手術《ほうごうしゅじゅつ》にかかった。五針縫《はりぬ》ったそうだ。私は頭のほうが痛《いた》いと訴《うった》えた。体温計ではかると熱は三十九度あった。私は部屋で休むことになった。悪寒《おかん》らしく、体ががくがくふるえる。そのうち、眠《ねむ》ってしまった。

翌朝《よくあさ》、H博士《はかせ》が診察《しんさつ》して、この熱は傷《きず》のためでなく、過労《かろう》から出ているから、当分休むようにといった。私は、思いがけない休養をとることになった。

次の日の日曜日は消毒の日なので、大掃除《おおそうじ》をする予定だが、私のけがのため、とりやめになった。朝ごはんのあと、奥《おく》さんが大きな布袋《ぬのぶくろ》と針箱《はりばこ》を持って、私たちの部屋に来た。

「山木さん、あんたは足が痛《いた》いんで、手は大丈夫《だいじょうぶ》でしょう。これ、おねがいします。院長と息子《むすこ》の靴下《くつした》ですよ。似《に》たような色を合わせて、つくろってください」

この家の息子《むすこ》は医学生だった。昔の靴下《くつした》は純綿《じゅんめん》だったから、かかとと指先に、よく穴《あな》があいたものである。奥《おく》さんは、それをためておいたらしい。Aさんは、あきれかえっている。

「まあ、ひどいわねえ。病人にこんな仕事をさせるなんて。たしかに、奥《おく》さんは、人をこき使うことの天才よ」

私は、だまって針仕事《はりしごと》をした。かかとに電球をさしこんで、穴《あな》をかがり続けた。熱があるので、針先《はりさき》が軽くふるえた。次の日も、またその次の日も、私は何十足もの靴下《くつした》を再生《さいせい》した。

八月十五日の朝、私の熱は三十七度まで下がったので、少し気分がよくなった。久しぶりに外来に出たが、どうも空気がおかしい。院長もH博士《はかせ》も、深刻《しんこく》な表情《ひょうじょう》である。奥《おく》さんも、外来の受付を十時までに打ちきった。

「今日、なんかあるの?」

私は、Aさんにそっときいてみた。Aさんは、小声で、十二時に重大放送があるからだ、と教えてくれた。

十二時前。外来の患者《かんじゃ》もみな帰り、院長もH博士《はかせ》も母屋《おもや》に行った。奥《おく》さんが、小型金庫を持って薬局から出た。

「Aさん、ちょっと」

といって、手まねきをしたので、Aさんも奥《おく》さんといっしょに母屋《おもや》に行った。病院には、私ひとり残った。変だなと思ったが、私は病気だから呼《よ》ばないのだ、とひとり合点して、部屋にもどった。そして縫《ぬ》いかけの靴下《くつした》を、また、つくろいはじめた。母屋《おもや》も病院も、森閑《しんかん》として、あき家のようである。耳をすましてみた。セミの声だけがやかましかった。

Aさんも来ない。ふだん十二時きっかりに昼食なのに、もう十二時半である。私はそわそわしながら、母屋《おもや》の気配をうかがった。なんの音もきこえない。

一時過《す》ぎ。ようやくAさんが部屋にもどった。目をまっかに泣《な》きはらしていた。

「山木さん。日本が戦争に負けたのよ。無条件降伏《むじょうけんこうふく》だって」

Aさんは、机《つくえ》にうつぶして泣《な》き出《だ》した。

「でもね、山木さん。あなたは大丈夫《だいじょうぶ》だって。朝鮮《ちょうせん》は自由になるんだって、H博士《はかせ》がいったわ」

Aさんは、そういってまた泣《な》いた。私は、しばらく呆然《ぼうぜん》としていた。敗戦した日本と、自由になる朝鮮《ちょうせん》が、頭の中でぐるぐるまわっている。正直にいって、私にはまだよくわからなかった。感激《かんげき》の感情《かんじょう》も湧《わ》かなかった。Aさんのように、日本人はみんな涙《なみだ》を流している。おそらく院長も、

H博士《はかせ》も、奥《おく》さんも、泣《な》いているのだろう。でも私だけは泣《な》いていない。日本人と朝鮮人《ちょうせんじん》の差。こんなとき、私はどうすればいいのだろう。私たちは五カ月間同じ屋根の下で、ひとつ釜《かま》の飯を食べた。私たちは、お互《たが》いになんだったのか。他人？　それとも知人？　いや、日本人と朝鮮人《ちょうせんじん》。そうだ、私たちは厳然《げんぜん》とした異民族《いみんぞく》だったのだ。

夕方、父と母が来た。私は、父が来たのにびっくりした。

「どうしたんじゃ。足、けがしたんか？」

父が、せわしくきいた。

「ガラスを踏《ふ》んで、切ったけれど、もうよくなったんよ」

私は、少し足を引きずりながら、母屋《おもや》の玄関《げんかん》に行った。母といっしょなので、表玄関《おもてげんかん》にまわったのである。

「ごめんください。ごめんください」

何度も声をかけて、ようやく奥《おく》さんが出た。母は、ていねいにあいさつした。

「なんにもできない娘《むすめ》を、あずかってくださり、どうもありがとうございました。けがまでして、ごめいわくをおかけし、申《もう》し訳《わけ》ございません。はなはだ勝手ですが、戦争が終わったので、娘《むすめ》を学校にもどしたいと思います。いかがでしょうか？　連れて帰ってもよろしいでしょうか？」

いつのまにか、院長も出ていた。

「ああ、いいですよ。学生がようがんばってくれました。傷《きず》のほうは、もう心配ないですよ。薬を持たせますから、自家治療《じかちりよう》で大丈夫《だいじようぶ》です」

院長の声は沈《しず》んでいたが、初めてやさしく話してくれた。

暮《く》れかかった中津市《なかつし》の大通りは、ひっそりしていた。敗戦の悲しみに沈《しず》みこんでいるのだろうか。足を引きずっている私に、父は背《せ》を向けた。

「キマ、おぶされ。その足で駅まで行くのは、無理《むり》じゃ」

「お父さん、歩ける。いいのよ」

「キマ、お父さんのいうとおりにしんさい。暗くなったから、だれにも見られんけね。お父さんといっしょに来てよかった、よかった」

母のすすめで、私は、父の背《せ》におぶさった。

「なんじゃ、ミエ子より軽うなっとる。熱もあるじゃないか。家に帰って、しっかり養生せんといけんなあ。もう、安心じゃ。よう、しんぼうしたのう」

寡黙《かもく》な父が、たてつづけにしゃべった。母は、私の手を温かくにぎった。ふっと涙《なみだ》が浮《う》かぶ。私は、父の広い背中《せなか》に、ほおをあてた。


つらい思い出しか残っていない、このN病院を、一九七四年（昭和四十九年）十二月のある日、私はおとずれている。用があって宮崎に行くため、門司《もじ》から日豊線《にっぽうせん》に乗ったが、到着《とうちやく》予定より早く着きそうなので、途中《とちゆう》の中津《なかつ》で降《お》りた。

N病院は、新しい住宅に囲まれていたが、病院だけは、古さそのままに、ひっそり建っていた。病院の看板《かんばん》はとりはずされている。

母屋《おもや》の玄関《げんかん》で声をかけた。出てきたのは奥《おく》さんだった。奥《おく》さんは、むやみに手をふりながら、

「あれあれ、あれまあ」

を連発した。

「ごめんください」

茶の間で向かいあった奥《おく》さんから、N院長が亡《な》くなったあと病院はしめたこと、子どもはみんなほかの都会に住んでいること、入院室はどこかの会社の寮《りょう》になっていることなどをきいた。奥《おく》さんは、あらためてすわり、手をついて、ふかぶかと頭を下げた。

「あなたには、よう働いてもらいました。ろくろくお礼もいっとりませんので。わたしも気性《きしょう》がきついので、つらくあたったと思います。申《もう》し訳《わけ》ありません」

まっ白になった奥《おく》さんの髪《かみ》と、小さくちぢまった背中《せなか》を見ながら、私は深い悲しみを感じていた。

377ページ　徴兵年齢《ちょうへいねんれい》が繰《く》り上《あ》げ——一九四三年に、徴兵年齢《ちょうへいねんれい》が十九歳《さい》に下げられたことをいう。一九二七年の兵役法が、戦争が長期化するとともにつぎつぎに改正され、徴兵《ちょうへい》が拡大された。このとき、朝鮮人《ちょうせんじん》にも兵役法が施行《しこう》された。

377ページ　強制《きょうせい》連行——一九三七年の日中戦争以来、労働力や軍要員が不足したため、一九三八年に国家総動員《そうどういん》法、一九三九年に国民徴用令《ちょうようれい》が制定《せいてい》され、朝鮮《ちょうせん》からの徴用《ちょうよう》や集団連行が各事業主に認可された。一九四四年からは、徴用令《ちょうようれい》を適《てき》用《よう》しての動員が大々的に行われ、集められた朝鮮人《ちょうせんじん》は日本内外の炭坑《たんこう》や軍需《ぐんじゅ》工場《こうじょう》などで労働させられた。その駆《か》り集《あつ》め方《かた》が強制的《きょうせいてき》であったために強制《きょうせい》連行と呼《よ》ばれた。

378ページ　従軍慰安婦《じゅうぐんいあんふ》——一九三二年ごろから始まり、日本人のほか、植民地だった朝《ちょう》鮮《せん》や台湾《たいわん》の出身者、日本軍が駐留《ちゅうりゅう》していた中国、フィリピン、インドネシアなどの現地《げんち》女性が兵士の相手をさせられた。

383ページ　皇国《こうこく》臣民・内鮮《ないせん》一体——日中戦争以来、朝鮮《ちょうせん》では皇民化《こうみんか》政策《せいさく》が進められた。（87ページ・注参照）一九三七年に「皇国《こうこく》臣民の誓詞《せいし》」の学校や官庁《かんちょう》での斉《せい》唱《しょう》が義務《ぎむ》づけられ、日本人と朝鮮人《ちょうせんじん》はすべてに一体であるとする「内鮮《ないせん》一体」が強調された。朝鮮人《ちょうせんじん》に日本人の精神《せいしん》を注入することが目的であった。

対立

終戦は、私の思考体系《たいけい》を、バラバラにくずしてしまった。価値《かち》の転倒《てんとう》、信念の崩壊《ほうかい》、隠《いん》ぺいされた歴史の真実。父と母、親と子の立場といい分のくい違《ちが》い。昨日と今日の激変《げきへん》は、満《まん》十五歳《さい》になったばかりの少女の胸中《きょうちゅう》に、矛盾《むじゅん》、葛藤《かっとう》、対立の渦《うず》を巻《ま》きおこした。

N病院から家に帰ったとき、スニ夫婦《ふうふ》が、心から喜んでくれた。彼《かれ》らの顔は生き生きしていた。

八月十六日の夜、父の飯場では、解放祝《かいほういわ》いのパーティーがひらかれた。足をひきずりながら、私も飯場に行った。焼き肉やお酒が、どっさり準備《じゅんび》してある。父と母は、晴ればれとして、人夫さんたちに酒をすすめた。まず、乾杯《かんぱい》。父が杯《さかずき》をあげた。

「チョソン　ヘバン　マンセ（朝鮮解放万歳《ちょうせんかいほうばんざい》）」

「チョソン　ドㇰリㇷ゚　マンセ（朝鮮独立万歳《ちょうせんどくりつばんざい》）」

人夫さんたちは、上気した声で唱和した。酒がひとまわりすると、人夫さんたちは、陽気に歌いながら踊《おど》り出《だ》した。

アリラン　アリラン　アラリヨ

ふだん涙《なみだ》をさそうような哀調《あいちょう》をおびていたこの三拍子《びょうし》の朝鮮民謡《ちょうせんみんよう》が、その夜は、うきうきした明るい舞踏曲《ぶとうきょく》に変わった。人々は、アリランに合わせて愉快《ゆかい》に踊《おど》り、笑《わら》いさざめいた。母も、スニも、アジュモニたちも、いそいそとして次々にごちそうを運んだ。お祝《いわ》いムードは高まっていく。近所界隈《かいわい》まで、焼き肉のにおいと笑《わら》い声《ごえ》が、ひろがっていった。

しかし、どうしてか、私はその雰囲気《ふんいき》に溶《と》けこめなかった。今、日本人はどうしているのだろうか。泣《な》いているのだろうか。N病院長、奥《おく》さん、Aさんの泣《な》きはらした顔が浮《う》かびあがる。胸《むね》の中に、なにか重いものがふさがっているような気持ちがする。私は、こっそり外にぬけだした。

神戸製鋼《せいこう》の入り口近くにあった飯場の周囲には、人家が多かった。日本人住宅《じゅうたく》や店が並《なら》んでいる。戦争が終わったから、もう灯火《とうか》管制《かんせい》はしなくてもいいのに、家並《やな》みは暗く、人声もしない。深い水底のように静まりかえっている。飯場のあかあかとした灯りや、にぎやかさとは、あまりにも対照的である。

日本は敗戦国になった。そして、私たちの朝鮮《ちょうせん》は、植民地から解放《かいほう》された。当然、喜ぶべきである。N病院での苦しみを思えば、マンセを叫《さけ》び、私もあの人たちと歌い踊《おど》るべきである。なぜ、歌えないのだろうか。

昼間、横尾《よこお》さんが、私に借りた本を返しにきた。私も横尾《よこお》さんの本をまとめて返した。横尾《よこお》さんの目は泣《な》きはれていた。

「お父さんもお母さんも、わたしんとこは、きのうから泣《な》きどおしよ」

横尾《よこお》さんが、淋《さび》しそうに笑《わら》った。すぐ長崎《ながさき》に帰るそうだ。私は、なんといっていいのか、とまどった。日本が負けたというのに、私には、横尾《よこお》さんにいうべきことばが、見つからないのである。尽《つ》きることなく、おしゃべりしていた私たちなのに。

「原おじさんのこと、知らせてね。わたしたち、長く長く、手紙のやりとりしようね」

「ええ、お元気でね。さようなら」

「さようなら」

あまりにも、あっさりとした、別れであった。

日ごろ、影《かげ》と形のようにくっついて歩いた私たちだったのに。おしゃべりがしたくて、わざと汽車に乗りおくれて、沖代《おきだい》平野を歩いて帰ったこともあるのに。そして「あわれ、素足《すあし》の乙女《おとめ》ごよ」と、「あわれの少女」*を歌いながら、夕焼けの沖代《おきだい》平野で、手をとりあい涙《なみだ》を流したこともあるのに。私たちの友情《ゆうじょう》は、こんなに薄《うす》かったのかしら？　ほんとうは、だきあって別れを惜《お》しむべきであった。少女の涙《なみだ》は、こんなとき、惜《お》しみなく流すべきであった。日本人同士、朝鮮人《ちょうせんじん》同士でも、こんな別れ方をするだろうか。私は、淋《さび》しくやるせなかった。

いつのまにか、父がそばに来ていた。

「ここにおったんか。どうした、具合、悪いんか？」

私のひたいに、手をあてた。

「うん、熱は下がっとるな。疲《つか》れたんなら、帰ろうや。わしも、休みたいと思うとったけ」

父と私は歩き出した。

「お父さん、どうしてあんなに騒《さわ》ぐの？　いくら朝鮮《ちょうせん》が解放《かいほう》されても、ここは、日本じゃない。負けた日本人の気持ちも考えるべきよ。ひどいじゃない。礼儀《れいぎ》も遠慮《えんりょ》もわきまえんで、あんなに大声出して、野蛮人《やばんじん》みたい」

私の口から、思いがけずきついことばが、飛び出していた。しばらくおいて、父は口をひらいた。

「キマ、セサン（世の中）のなりゆきは、陽地が陰地《いんち》になり、陰地《いんち》が陽地になるのが順理じゃ。敗れた日本人が、泣《な》いているのが気の毒に見えるのか。キマの心はやさしいけどな、すべて事必《サピル》帰正《キジョン》じゃけな」

「サピルキジョンて、なによ？」

「万事は必ず正理に帰するという意味じゃ。日本は、負けるようになっていたんじゃ。はなっぱしから無理《むり》じゃったけな。それに、悪いことも、ぎょうさんしとるけな。

キマ、わしらが、歌っても踊《おど》っても、マンセを叫《さけ》んでも、なんもすまんと思うことないんじゃ。日本人はなんもいうことはないはずじゃ。わしが、こまい子どものときじゃったけ。朝鮮《ちょうせん》が日本に併合《へいごう》されたとき、絶望《ぜつぼう》のどん底で、朝鮮人《ちょうせんじん》は今の日本人の何倍も泣《な》いたもんじゃ。お前のおじいさんも、何日も何日も泣《な》きよったけのう。自決する人も出たし、なんも知らんわしら子どもも、大人について泣《な》いたもんじゃ」

父の声は、しめっていた。

「そんとき、日本はどうしたか知っとるか？　日本中、ちょうちん行列、旗行列で大騒《おおさわ》ぎしたんじゃ。花火もボンボン打ちあげとったんじゃ」

「まあ、お父さん、それほんとう？　どうしてそんなに、お祝《いわ》いしたん？　戦争して勝ったんじゃないでしょう」

「そりゃ、朝鮮《ちょうせん》というすばらしい宝物《たからもの》がころがりこんだけ、祝《いわ》ったんじゃ。朝鮮人《ちょうせんじん》は亡国《ぼうこく》の涙《なみだ》を流しとるのに、日本人は大喜びで、歌ったり踊《おど》ったりしたんじゃ」

「ひどいわ」

「もっと昔はのう、壬辰倭乱《イムジンウエラン》のときは、朝鮮人《ちょうせんじん》の耳や鼻を切りとって塩漬《しおづ》けにしたのを、豊臣秀吉《とよとみひでよし》に献上《けんじょう》しとるんじゃ。そんなむごたらしい殺し方をしといて、自分らは大酒飲んで祝《いわ》っとるけのう。どっちが、野蛮人《やばんじん》と思うか。京都の耳塚《みみづか》*は、朝鮮人《ちょうせんじん》の耳の墓《はか》じゃ。知らんじゃったろうが」

「まあ、でもお父さん。日本人はだれもそんなこと、知っとらんよ」

「教えとらんから、知らんのじゃ。キマも今まで、日本の学校に行っとっても、そんな話は、きいとらんじゃろうが」

父の語ったことは、ショッキングだった。それでは、日本と朝鮮《ちょうせん》は、昔から仇敵《きゅうてき》なのだろうか。岡広《おかひろ》先生は、隣《となり》同士仲《なか》のいい国だったといったのに。なにが、ほんとうなのだろうか。

飯場の人たちは、さっさと朝鮮《ちょうせん》に帰りはじめた。八月末までに半分に減《へ》った。スニも帰るといったが、人夫さんを送りにいってきた父と母が止めた。仙崎《せんざき》*も博多《はかた》も、帰国船を待つ人で大混《だいこん》雑《ざつ》だそうだ。ヤミの舟《ふね》を買って帰る人もいるが、お金も高いし、危険《きけん》で、すでに遭難《そうなん》した人もいるそうである。順番を待つために、掘《ほ》っ立《た》て小屋《ごや》がたくさん建っているそうだ。それでもスニは、一刻《いっこく》も早く帰りたがった。

九月の半ば、終戦から一カ月目に、父と母の飯場時代も終わりを告げた。最後まで、ひきとめられていたスニも、いそいそと発《た》った。永添《ながそえ》の朝鮮人《ちょうせんじん》は、私たち家族だけポツンと残った。朝鮮《ちょうせん》が解放《かいほう》されたというのに、自由になったというのに、私の家には、そのころ虚脱感《きょだつかん》がただよっていた。

私の足の傷《きず》は、家に帰って数日たつうちによくなってきて、熱も下がった。母は、朝鮮《ちょうせん》にんじんを煎《せん》じて飲ませ、父は、サランの風通しをよくするため、窓《まど》に網戸《あみど》をつけたり、縁側《えんがわ》にすだれをかけたりした。安らかだった。私は、肉親のありがたさを、しみじみ感じていた。

終戦から、三日目か四日目の日、母は私を連れて、近所のNさんの家に行った。ひっそりとしたその家は、まっ昼間というのに、雨戸がしまっている。私は、

「Mちゃあん」

と、なんども呼《よ》んだ。Mちゃんは、弟のユン坊《ぼう》と同じ年の男の子である。いっときして、よう

やくMちゃんのお父さんが出てきた。何日もヒゲをそっていないらしく、顔一面くろぐろとしている。

「なんですか?」

Mちゃんのところのおじさんは、ぶっきらぼうにきいた。母は、背《せ》すじをしゃんとのばして、前に出た。

「この前のお返しをいただきに来ました。今も、朝鮮人《ちょうせんじん》は殺してもいいと思っていますか? それをききに来ました」

「……」

「あのとき、うちの息子《むすこ》を、どうするつもりだったんですか? たいへんな剣幕《けんまく》でしたけね。まさか、あのときのこと、忘《わす》れたんじゃないでしょうね。朝鮮人《ちょうせんじん》の一匹《ぴき》二匹《ひき》殺しても、なんの罪《つみ》にもならんというたでしょう。ほんとうに罪《つみ》にならんのですか?」

おじさんは、黙々《もくもく》と首をたれている。

「なんとかいってください」

母はせかした。私は、なんのことかよくわからなかった。私のいないあいだ、Mちゃんのお父さんが、私たち家族を殺すといったのだろうか。そんなことはありえない。Mちゃんとユン坊《ぼう》は、とても仲《なか》よしの遊び友だちだもの。

「朝鮮人《ちょうせんじん》は、犬や豚《ぶた》にしか見えなかったんですか? いくら朝鮮《ちょうせん》が日本の植民地だからといって、あんたらは、人間を殺してもいい法律《ほうりつ》を持っとりますか？　なんとかいってもらいましょう」

しばらく間をおいて、おじさんは、

「日本は、負けた」

と、うめくように、吐《は》き出《だ》した。

「あんたらは、朝鮮人《ちょうせんじん》の命なんか、ハエの命くらいに思うとったでしょうが。今も、あんたは、朝鮮人《ちょうせんじん》を一つ切りに殺せますか？」

「……すまん」

おじさんは、苦しそうに見えた。

「そうですか。それなら、私がやったとおりに、あやまってもらいましょう」

母の強い口ぶりに、おじさんは、もっと深く首をたれた。私は母のそでをひっぱった。母はピクッともしない。突然《とつぜん》、おじさんが、がくっとすわりこんだ。土間にひざをついたおじさんは、地面に手をついた。肩《かた》が波打っている。私は、息が詰《つ》まるような思いだった。

母は静かにいった。

「日本人は、この何十年間、朝鮮人《ちょうせんじん》を動物や虫けらのように扱《あつか》いましたけね。朝鮮人《ちょうせんじん》は日本人と同じ人間ですよ。わたしらが、どれくらい辛《つら》い涙《なみだ》の歳月《さいげつ》を生きてきたか、あんたらは、知っとらんでしょう。

朝鮮《ちょうせん》のことわざでは、〝人の目に涙《なみだ》を流させたものは、自分の目から血を流す日が来る〟とい

HO

いますけね」

そういい残すと、母は私の手をひいて帰った。

私は、あとからいきさつをきいた。日ごろ、家の前の農業用水路で、Mちゃんとユン坊《ぼう》は、よく遊んだ。梅雨《つゆ》あがりで水がふえたある日、ふたりは仲《なか》よく遊んでいたが、なにかのことで、けんかになった。ふたりは、押《お》しくらをしていたが、Mちゃんが足をすべらして、ころんだ。着物がよごれて、足にすり傷《きず》ができた。そして、すこうし、血が出た。Mちゃんは、血を見たとたん、わあわあ大声で泣《な》きながら家に帰ったそうだ。目撃者《もくげきしゃ》は、ミエちゃんである。

ところが、夕方、Mちゃんのお父さんが、私の家にどなりこんできた。手には日本刀を下げて。

「ここの坊主《ぼうず》、出てこい。暴力《ぼうりょく》をふるうガキは、わしがゆるさん」

驚《おどろ》いて、母が飛び出した。

「まあまあ、Nさん。わたしのいうことをきいてください。子どものけんかは、どこの世の中にもあることですし、Mちゃんのけががたいしたことなかったというんで、わたしも胸《むね》なでおろしていたところです。それでなくても、お宅《たく》に行こう思うとりました」

「なにい。たいしたことないとだれがいうた。お前ら朝鮮人《ちょうせんじん》が、みんなグルになっとるんか」

「いいえ、そんなことありません。家には娘《むすめ》しかおらんでしたし、わたしも、今、帰ったところです」

「それじゃ、暴力幇助《ぼうりょくほうじょ》した、そのあまっ子も出せ」

「子どもを、どうするつもりですか？」

「文句《もんく》いわずに引き出せ。朝鮮人《ちょうせんじん》一匹《ぴき》二匹《ひき》殺しても、なんの罪《つみ》にもならん。一つ切りにしてやる！」

おじさんは、ほんとうに殺しかねない剣幕《けんまく》だった。妹と弟は、土間のすみで、ぶるぶるふるえていたそうだ。母は、

「どうか、かんべんしてください。わたしがあやまりますから、気を静めてください」

何度も頭を下げて詫《わ》びた。

「あやまるんなら、土下座《どげざ》してあやまれ」

おじさんは、日本刀で、母のあごをしゃくりながら、どなった。

そして、母は、土下座《どげざ》をしてあやまったそうだ。

日本刀。日本刀は、そんなことに使ってもいいものだったのだろうか。

戦争が終わって、飯場もなくなり、父の仕事もなくなった。私もミエちゃんも、二学期から学校に行っていない。私たち五人家族だけが、朝晩顔《あさばん》を合わせる毎日だった。新しいお客さんが、いるにはいた。ドリである。ドリは、飯場の残りものをもらっていた、のら犬である。妹と弟が、ドリと呼《よ》んだから、ドリになった。でも、宇品《うじな》のドリとは違《ちが》い、どことなくだらっとしてみっともない犬だった。飯場をしめたとき、ドリは当然のことのように、私の家に移《うつ》り住《す》んだ。ミエ

ちゃんとユン坊《ぼう》は大喜びである。ひがな一日、家の裏表《うらおもて》をドリといっしょに、飛びまわっている。

しかし、大人の父と母は深刻《しんこく》だった。これからどうするかということで、いい争いすることも多くなった。大人と子どもの中間の年齢《ねんれい》だった私は、じっと両親の気配をうかがいながら、それなりに考《かんが》え込《こ》み、悩《なや》みぬいた。

いつものことながら、両親の意見は対立する。父は、星州《ソンジュ》に帰って農地を買うつもりである。母は、田舎《いなか》には行かない、と断然《だんぜん》、いいはった。天涯孤独《てんがいこどく》の母は、星州《ソンジュ》にいっても、身寄《みよ》りの親戚《しんせき》もいなければ、知り合いもいない、といった。母は、釜山《プサン》、大邱《テグ》、京城《けいじょう》のどこかで、反物商《たんものしょう》をしたいそうである。それが、子どもの教育のためにも、最善《さいぜん》だといった。

父は、裸一貫《はだかいっかん》で日本に流れてきた二十五年前のことを思い出すらしい。

「わしらが愚昧《ぐまい》じゃったけ、命とおんなじような土地をとられたけ。ほんまに、先祖《せんぞ》に申《もう》し訳《わけ》ないことじゃった。わしは、その無念《むねん》さを忘《わす》れちょらん。日本の客地に来て、一年三百六十五日、雨の日風の日いとわず、汗《あせ》を流してしんぼうしたのも、いつか、その土地をもう一度手に入れる希望があったからじゃ。臥薪嘗胆《がしんしょうたん》。わしの気持ちをだれが知っとるか」

父は、深くたばこをふかした。

「わしは、今まで、そのために生きてきた。その土地をとりもどさんと、死んでも目がつむれん思いじゃ」

「じゃ、子どもは、みんな百姓《ひゃくしょう》させるつもりですか？　農事は、飢《う》え死《じ》にこそせんかも知らないが、うだつの上がらない生業《なりわい》ですよ。わたしは、子どもにそんなことさせません」

「なにをいうとるか。朝鮮《ちょうせん》は古来から、農業が天下の大本じゃ。それが、生きるということじゃ」

「今は、時代が変わっとりますけね。子どもには、新しい教育を受けさせるべきです」

「わしも、子どもに農事を強要せん。それはわしのやりたいのぞみじゃ」

「どうして、そんな自分勝手がいえますか。じゃ、子どもはだれが責任《せきにん》持ちますか？」

「どうせ、子どもは親のもとを発《た》つことになっとる。力の及《およ》ぶかぎり、仕送りでもするんじゃ。都会に住んどっても、帰る土地があることは、子どもにも心強いことになるんじゃ。なんで、それが、わしの自分勝手か」

「タンシン（あなた）ひとりで、農事ができますか。農業は人手がいるんですよ。わたしは、絶《ぜっ》対《たい》に行きません」

日がたつにつれ、両親の意見の違《ちが》いはせばまるどころか、どんどんひろがり、感情的《かんじょうてき》な争いにまで発展《はってん》した。

「タンシンは、人に見せびらかしたいんでしょうが。地主にでもなって、故郷《こきょう》に錦《にしき》を飾《かざ》って、いばりたいのが本音でしょう。でも、わたしは、土地にお金をつぎこむようなことは、絶対《ぜったい》にしませんよ」

「どうしてだ。おまえの金か」

「どうして、タンシンのお金ですか。わたしも、汗《あせ》流しとりますけね。わたしと子ども三人住む家と店、商売の元手を、もらいます。残りの分で、勝手にしてくださいい」

「そんな、はした金で、なにができるんか。おまえは、なんかというと、商売を鼻にかけるが、朝鮮《ちょうせん》では、両班《ヤンバン》は商売せんのじゃ。大きな声出すな。はずかしいと思え」

「商売が、なんではずかしいんですか。そんな、古くさい頭が問題じゃけ。アイゴ、わたしのパルチャ（運命）よ」

母は、胸《むね》を打った。

毎日毎日くりかえされる両親の対立したいい分をききながら、私の胸《むね》の中に、いいしれない反《はん》抗《こう》の芽《め》が首をもたげてくるのを感じた。どうして、父も母も自分たちの主張《しゅちょう》にしか、思いが及《およ》ばないのだろうか。私は百姓《ひゃくしょう》になりたくない。商人にもなりたくない。どうして私たちの意見を、きいてくれないのだろう。どうして、私たちの希望は、そっちのけにしているのだろう。そもそも、ふたりは、あまりにも自己中心的《じこちゅうしんてき》ではないか。

両親は朝鮮《ちょうせん》に帰るという。朝鮮《ちょうせん》は解放《かいほう》されたから。朝鮮《ちょうせん》は独立《どくりつ》するから。周囲の朝鮮人《ちょうせんじん》は、みな、喜びいさんで帰っていった。飯場の人々も、スニも。彼《かれ》らにとって、朝鮮《ちょうせん》は、帰るところである。父や母にとっても、帰るところである。彼《かれ》らは、もともと、そこで生まれ、そこに住んでいたのだから。

では、私にとって朝鮮《ちょうせん》とはなにか。朝鮮人《ちょうせんじん》を両親とする私には、朝鮮《ちょうせん》は、血統《けっとう》のルーツであり、祖国《そこく》である。しかし、私にとって朝鮮《ちょうせん》は〝帰る〟ところではない。〝行く〟ところである。私は、朝鮮《ちょうせん》をよく知らない。行ったこともない。朝鮮《ちょうせん》は、私にとって未知《みち》の世界である。不確実《ふかくじつ》の世界である。祖国《そこく》ということだけで無条件《むじょうけん》の愛着を感じるには、私の体験や知識《ちしき》は、あまりにも足りなさすぎた。

幼《おさな》いころ、チョウセンジンといじめられて泣《な》いたこともある。朝鮮人《ちょうせんじん》だから、無線技士《むせんぎし》にもなれなかった。挺身隊《ていしんたい》にとられないように、見習い看護婦《かんごふ》の修業《しゅぎょう》もした。だのに、どうして私には、心からの歓喜《かんき》が湧《わ》いてこないのか。私は、非愛国者《ひあいこくしゃ》なのだろうか。いや、そんなはずかしいことは、ありえない。私は、母の娘《むすめ》であるから。では、不安定な将来《しょうらい》におびえているのか？　弱虫。卑怯者《ひきょうもの》。いやいや、私には父と母がいる。私は両親に守られている。少なくともこわがってはいない。だったら、このすっきりしない気持ちはなんだろう。私は、悶々《もんもん》と悩《なや》みつづけた。

両親には、帰国は動かすことのできない決定事項《じこう》になっている。ただ、その後の身のふり方について、来る日も来る日もいい争っていた。私は、両親の意見の対立に、いや気がさしはじめた。耳をふさぎたかった。ときには、父と母に嫌悪感《けんおかん》さえ感じた。そして、そんな私自身をも嫌悪《けんお》した。

十月も半ば過《す》ぎ、すっかり秋らしくなった。しかし、そのころの私は、赤く熟《う》れた柿《かき》を見ても、すっきり晴れた空を見ても、ただぼんやりしていた。私は、ほとんどサランに引《ひ》きこもったままである。孤独《こどく》という意味がわかるような気がした。原おじさんとの文通がとぎれたのも、大きな悲しみだった。
横尾《よこお》さんと、とりかえっこしていた読書ノートから、なぐさめになる句《く》を選んだ。それを白紙に書きうつして、壁《かべ》にピンでとめた。
「若《も》し
幸福をあたえたくないのなら
悩《なや》みよ！
わたしをかしこくせよ」
「上を見て　微笑《ほおえ》んで
心から　もっと　人を愛しましょう
そして、
強くかしこくなりましょう
決行すべき事が　多くありますから」
たしか、ゲーテの句《く》ではなかったかと思う。
「我々《われわれ》には　いろいろ理解《りかい》できないことがある。生き続けて行け。きっと　わかってくるだろう」
こんな句《く》もあった。

懊悩《おうのう》の末、とある日、私は決然として、両親の前に立った。

「お父さん、お母さん。もう、いいからやめといて。星州《ソンジュ》にも、釜山《プサン》、大邱《テグ》、京城《けいじょう》、そのどこにも、わたしは行きません。わたしは、朝鮮《ちょうせん》に行きません。お父さん、お母さん、みんな、帰っても、わたしは、日本に残ります。絶対《ぜったい》に行きません」

そのときの両親の驚《おどろ》きを、どう表現《ひょうげん》すれば、いいのだろうか。

それは、爆弾宣言《ばくだんせんげん》であった。

406ページ　「あわれの少女」――フォスター作曲・大和田建樹《たけき》作詞《さくし》。
408ページ　耳塚《みみづか》――豊臣秀吉《とよとみひでよし》の朝鮮侵略《ちょうせんしんりゃく》のとき、朝鮮人《ちょうせんじん》の耳や鼻を切り落とし、塩漬《しおづ》けにして秀吉《ひでよし》に送り、敵《てき》をうちとった戦功《せんこう》の証《あかし》とした。その耳や鼻を埋《う》めて供《く》養《よう》したものが耳塚《みみづか》だという。京都市の豊国神社わきに現存《げんぞん》する。
409ページ　仙崎《せんざき》――山口県の仙崎港《せんざきこう》。福岡県《ふくおかけん》の博多港《はかたこう》・京都府の舞鶴港《まいづるこう》とともに、祖国《そこく》へ帰還《きかん》する朝鮮人《ちょうせんじん》の集結地であった。

証票《ジンピョ》

私の帰国拒否《きょひ》は、父と母を狼狽《ろうばい》させた。今まで対立していた両親は、急に共同戦線を張《は》って、私を説得《せっとく》しにかかった。親と子は、何日も議論《ぎろん》を交わした。

まず、両親の帰国を主張《しゅちょう》する最初の論理《ろんり》は、朝鮮人《ちょうせんじん》は朝鮮《ちょうせん》で住むのがあたり前だ、というのである。私も原則的《げんそくてき》には、そうだと思う。しかし、朝鮮人《ちょうせんじん》が日本に住んではいけない、ということもないのである。日本人がハワイに住むこともあるし、ドイツ人が日本に来て住むこともできる。現《げん》に、中津《なかつ》にはドイツ人の宣教師《せんきょうし》がいるではないか、というのが、私の反論《はんろん》である。

両親の第二の論理《ろんり》は、外国に外国人として住むことがいかにつらいか、ということだった。これに対して、私のいい分は、いくつもあった。

「お父さん、お母さん。朝鮮《ちょうせん》は独立国《どくりつこく》になるんでしょう。そしたら、わたしたちは今までと違《ちが》うんよ。外国人としての権利《けんり》が持てるのよ。これまでのように、日本人の思いどおりにしたり、バカにしたりすることが、できんことになるんよ。

お父さん、お母さんには、淋《さび》しいのが問題なら、東京や大阪に行って、暮《く》らしたらいいじゃない。そこには、朝鮮《ちょうせん》に帰らない人がたくさんいると思うよ」

第三の説得論理《ろんり》は、日本は戦争に負けて、日本人のことだけでもたいへんなのに、朝鮮人《ちょうせんじん》が日本で住みつづけることをいやがる、というのだった。私は、少しむっとした。

「お父さんも、お母さんも、日本に来たくて来たんじゃないっていったでしょう。それに、強制《きょうせい》で連れてこられた人だって、いっぱいいるでしょう。日本が得《とく》なときは朝鮮人《ちょうせんじん》をひっぱってきて、いらなくなったら帰れなんていわれんよ。日本は、朝鮮人《ちょうせんじん》に責任《せきにん》をとるべきよ。原因《げんいん》は、日本じゃけね。わたしは、日本はそんな理不尽《りふじん》な国じゃない、と思うわ。信じて疑《うたが》わない」

次の論理《ろんり》は、日本は戦争に負けたから、たちなおるまでどれくらい時間がかかるかわからない。自分たちの先も見えないのに、朝鮮人《ちょうせんじん》をかまう余裕《よゆう》がない、というのである。

「朝鮮《ちょうせん》だっておんなじよ。いや、もっとたいへんだと思うわ。解放《かいほう》になったって、ごったがえしよ。国が安定するまで、時間かかるわよ。解放《かいほう》や独立《どくりつ》がわたしたちの生活をすべて安全にしてくれる、ということじゃないでしょう」

「それは、そうじゃ」

父があいづちを打ってくれた。私は急に勇気が湧《わ》いて、私のほうから両親を説き出した。

「お父さん、お母さん。わたしたち東京か大阪のような都会に行きましょう。朝鮮《ちょうせん》に帰るのは、もう少しゆっくり考えてもおそくないのよ。今すぐ帰らんでもいいじゃない。今、帰国しても、朝鮮《ちょうせん》にはわたしたちを待っている人が、いるわけでもないし。

それにね、わたしたちは朝鮮《ちょうせん》のことばもよく知らんのよ。ユン坊《ぼう》やミエちゃんは小さいからまだましだけど、わたしはどうなるの？　お母さんはわたしを連れてかえってどうするつもりなの？」

「朝鮮《ちょうせん》には朝鮮《ちょうせん》の学校がある。そんな心配はせんでもいい」

「でも、お母さん、朝鮮《ちょうせん》は長いあいだ日本に差別されておったから、今はなにもかも日本より遅《おく》れとるんよ。学校も日本の学校がいいし、学問も、今は日本が進んでいると思うんよ。もう少し、ようすを見た上で帰ってもいいじゃないね」

こんな内容を押《お》したり押《お》されたりするうちに、父は少しずつ、私の側に立つようになった。

「キマのいうことにも一理はあるけ、子どもじゃいうて、頭からけなすことはないんじゃ」

しかし、母は、絶対《ぜったい》に帰るというのだ。

私が、いくら哀願《あいがん》してもだめだった。しかし、私の抵抗《ていこう》も頑固《がんこ》だった。母は、十五歳《さい》になったばかりの娘《むすめ》である私の反対に、少なからず当惑《とうわく》していた。

ある日、母は、ひとり、部屋で泣《な》いていた。しきりに、はなをかむので、風邪《かぜ》をひいたのかと思ったら、ほおが涙《なみだ》でぬれていた。

「お母さん、どうしたの？」

母は、少し笑顔《えがお》を見せた。

「うん、いろんなこと思うとったんや。わたしのパルチャ（運命）をな。悲しい運命に生まれついとるからねえ。キマより小さいときに日本に来て、いろんな辛苦《しんく》をなめつくしとるけね」

「でも、朝鮮《ちょうせん》が独立国《どくりつこく》になったのだから、少しはむくわれたんじゃない？」

「そうだねえ。この日のために命を落とした人も、牢屋《ろうや》で苦しんだ人も、どんなに多かったことか。あんたのおじいさんにも、独立《どくりつ》した朝鮮《ちょうせん》を見てほしかった。牢屋《ろうや》に入れられても生きていた人たちは、この日が見られたのに」

母は声を詰《つ》まらせた。

「わたしは、朝鮮《ちょうせん》に帰っても、だあれも待っとらんけね。おじいさんの墓《はか》もないし。それを思うと胸《むね》がはりさける気がする」

母は、また涙《なみだ》を流した。

「おじいさんが、あんなふうに亡《な》くなられんかったら、わたしのパルチャも、地に落ちることはなかったのに」

おじいさんについて、母は、しんみり語り出した。私は、小学校一年生のとき、母のひざにだかれて母の幼《おさな》い日の話をきいたことを思い出した。そのとき私は、母が幼《おさな》いとき孤児《こじ》になったことに強烈《きょうれつ》な衝撃《しょうげき》を受けたのをおぼえている。

この日、母の語り口は静かだったが、目には怒《いか》りの炎《ほのお》が燃《も》えていた。母の悲しい涙《なみだ》や憤《いきどお》りの涙《なみだ》に、私自身、何度も涙《なみだ》をさそわれた。それにしても、母が語った日本人の残酷《ざんこく》さは信じられない思いだった。

父が、二、三日どこかに出かけて、帰ってきた。私たちは、また話し合った。結局、父と母は、二つに分かれることに合意していたらしい。というのは、父は私と当分のあいだ日本にいることにし、母は子どもふたりを連れて、ひと足先に帰るということだった。そのため、父は仕事先の下見に行ったのだった。神戸製鋼《せいこう》で知り合った日本人が、父の誠実《せいじつ》さと鋳物《いもの》工場の経歴《けいれき》をかって、福岡《ふくおか》にある彼《かれ》の鉄工所で働かないか、とさそったことがあるので、父はそこに行って話をつけたのだ。うまくまとまったらしく、父は上きげんだった。

私たちの話し合いは急転した。母と弟妹を送ったあと、私は、父と福岡《ふくおか》に移《うつ》り住《す》むのである。

母は、残していく娘《むすめ》にそれでもなお、注文をつけた。

「朝鮮《ちょうせん》のためになる勉強をするんだよ」

母は、私に、朝鮮《ちょうせん》に帰らない理由を文書で書け、といった。その文書は、証票《ジンピョ》になるそうである。

「ジンピョてなんなの?」

「証票《ジンピョ》は、証拠《しょうこ》になるしるしだよ。朝鮮《ちょうせん》と日本のあいだは、いままでどおりに行き来ができるかどうかわからんし、なにかのことで、お互《たが》いに、はぐれることだってあるけね。長いこと会えんかもしれんしね。お父さん、お母さんが亡《な》くなって、あんたらきょうだいが、お互《たが》いにお互《たが》いを確認《かくにん》せにゃならんことがあるかもしれんしね。朝鮮《ちょうせん》では、長い離別《りべつ》のときは、同じ指輪をひとつずつ持つとかして、証票《ジンピョ》にしたもんよ。キマが帰国したくないと意固地を張《は》ったから、家族が別れることになったけ、その理由を書いた文書を、証票《ジンピョ》にするけね」

　さて、なにを書くべきか。私は、N病院でのことを思い出した。それは、休診日《きゅうしんび》の夜だった。H博士《はかせ》が、夜、病院に来て、N院長と診療室《しんりょうしつ》で話すのをきいたことがある。暗室で原おじさんに手紙を書こうとしていた矢先《やさき》に、ふたりの声がしたので、急いで戸をしめた。電気を消して息をひそめていたが、暗室があまり暑いので、少し戸をあけた。そして、ぬすみぎきするつもりではなかったが、ふたりの話をきいてしまった。

　なんの話の末か、N院長は、朝鮮《ちょうせん》のことを語っていた。軍医として行っていたらしい。淡々《たんたん》とした話しぶりだったが、私には衝撃《しょうげき》だった。朝鮮《ちょうせん》は、非衛生的《ひえいせいてき》で悪い病気が多いこと、迷信深《めいしんぶか》くて病気になっても医者より巫女《みこ》を呼《よ》ぶこと、貧《まず》しくて家も食物もそまつなこと、文盲《もんもう》の多いこと、交通の不便なことなど、いかに朝鮮《ちょうせん》が未開《みかい》であるかを語っていた。朝鮮《ちょうせん》に行ったことのない私の脳裏《のうり》には、N院長のことばで描《えが》かれたイメージが、こびりついていた。

　私は書いた。

　今すぐ、朝鮮《ちょうせん》に帰らない理由
一、朝鮮《ちょうせん》は、まだ未開《みかい》だからです
一、朝鮮《ちょうせん》は、貧《まず》しいからです

一、朝鮮《ちょうせん》は、不潔《ふけつ》で不衛生《ふえいせい》です
一、朝鮮《ちょうせん》は、迷信《めいしん》から抜《ぬ》け出ておりません
一、朝鮮《ちょうせん》は、文明の施設《しせつ》が不足です
一、朝鮮《ちょうせん》は、なにもかも不便です
一、朝鮮《ちょうせん》は、日本よりおくれています
だから、私は、日本で勉強したあと、帰ります。

母は、できたら読んでみなさい、といった。私が読んでいくうちに、母の顔色が変わった。次の瞬間《しゅんかん》、私は目がくらんだ。母が、平手でほおを打ったのである。そばにいた父が、私をささえた。母は、紙をひったくると、ビリッビリッと破《やぶ》った。あおざめた母は、すぐにはことばが出ないらしく、いっときして、きつい口調でいい渡《わた》した。

「わたしの娘《むすめ》が、こんな情《なさ》けない子だとは知らなかった。もういい。なんもいらん。あんたの勝手にしんさい。お母さんと呼《よ》ばなくてもいいから」

「お母さん、それ、わたしのつくりごとじゃないんよ。ほんとうに……」

のどが詰《つ》まって、ことばがつげない。

「もう、いい、といったじゃないね。うそだとはいっとらんよ。朝鮮《ちょうせん》はそのとおりじゃ。そんなくさった精神《せいしん》では、この次、わたしが年とって、貧《まず》しくて、きたなくなったら、そして力がなくなったら、あの人はわたしのお母さんじゃないよ、と背《せ》を向ける人間にしかなれん。早々と見切りをつけたほうが、いいんじゃ」

「お母さん、そんなこと。どうしてわたしが、お母さんをお母さんでないといえるの。それと違《ちが》う、違《ちが》うんよ」

私は泣《な》きながら、しゃべった。

「おんなじじゃ。朝鮮《ちょうせん》と朝鮮人《ちょうせんじん》の関係は、親と子の関係のようなもんじゃ。人間は、お金持ちや美人だけ選んで親にするんじゃないだろうが。いくら貧《まず》しくても、いくら足りなくても、祖国《そこく》じゃ。自分の国じゃ。それは変えることができん。

祖国《そこく》というものは、貧《まず》しいからこそ、おくれているからこそ、見捨《みす》てられんのじゃ。それが、できるような人間は、いつでも親も見捨《みす》てることができるんじゃ」

「お母さん、お母さんを見捨《みす》てるなんて、そんなことできんよう。そんなことしないよう」

私は手ばなしで泣《な》いた。

「親と子の血のつながりが切れんように、国と民のつながりも、切れんのじゃ。朝鮮《ちょうせん》は、長いあいだ踏《ふ》みにじられとるけ、今、傷《きず》だらけじゃ。それが、いやだというんか。それがいやな人間は、自分の親にも背《せ》を向けるという理致《りち》が成り立つんじゃ。そんな奴《やつ》は、人間のくずじゃ」

私は、母にすがりついた。

「お母さん、お母さん」

私たちは泣《な》いた。父も泣《な》いた。

いくらか感情《かんじょう》が静まったあと、私は母に手をついてあやまった。

「お母さん、強情張《ごうじょうは》ってごめんなさい。わたしもお母さんといっしょに、朝鮮《ちょうせん》に帰ります」

帰国船

私たちは急に忙《いそが》しくなった。すでに十一月も終わりに近づいていた。うすら寒い季節感が私たちの気持ちを、いっそうせきたてる。父は福岡《ふくおか》の仕事をことわりに、母は帰国船の情報《じょうほう》をききに博多《はかた》へ、ふたりそろって出かけた。妹と弟は、あいかわらずドリと遊びほうけている。

母によると、荷物はひとり一個《こ》しか持てないそうだ。母は、本は一冊《さつ》も入れないように、といった。私は、岡広《おかひろ》先生のときから書きつづけた日記と、原おじさんの手紙を、ミカン箱《ばこ》に入れて、大切に保管《ほかん》していたが、それを燃《も》やす決心をした。

裏《うら》の防空壕《ぼうくうごう》のそばでたき火をして、その火で燃《も》やした。紙はメラメラと燃《も》えあがった。あっけなく灰《はい》になっていく紙きれを見ながら、私は、自分の身が焼かれる思いだった。長い時間をかけて、一枚《まい》一枚《まい》ていねいに燃《も》やした。涙《なみだ》がポロポロ落ちた。すっかり灰《はい》になったあと、畑の土をたっぷりかぶせた。

持っていく荷物造《にもつづく》りが始まった。

おしいれから救急袋《ぶくろ》をとりだしてみた。三角巾《さんかくきん》とほうたいが、入っている。母と相談して、解《げ》熱剤《ねつざい》、消化剤《しょうかざい》、下痢《げり》止《ど》め、痛《いた》み止《ど》め、簡単《かんたん》な外科用の薬剤《やくざい》を買って、詰《つ》めた。

HO

母は毛糸で服を編《あ》みはじめた。私の家には、そのころも毛糸がたくさんあった。さすが、母の手並《てな》みはすばらしかった。そして、とても早い。妹と弟には、人混《ひとご》みの中でもすぐ見つかるように、明るい色の帽子《ぼうし》も編《あ》んだ。私も、家族全員のえりまきをガーター編《あ》みで編《あ》みあげた。

だれがなにを持っていくか、荷物の配分は、何度も変えてようやく決まった。母が反物商《たんものしょう》をした残りの生地が相当あったので、父の大きな行李《こうり》には、それを詰《つ》めた。母の行李《こうり》には、みんなの大切な服や、下着、銀のさじなどをまとめた。私のリュックには、自分の持ち物のほかに、妹と弟の分も入れた。妹は、リュックいっぱいに、博多《はかた》で食べる米や食料品を背負《せお》い、数え年四歳《さい》の弟も、小さいリュックに、いり豆《まめ》とハッタイ粉を運ぶことにした。

十二月になっていたから、博多《はかた》で乗船を待つあいだ使う寝具《しんぐ》もいる。父の行李《こうり》の上にふとんを、母の行李《こうり》には毛布《もうふ》をのせた。それでも、両手に持つ包みは別にある。それぞれ、肩《かた》にくいこむほどの重さである。

なるべくたくさん着こむことにした。父と母と私は、腰《こし》に銭帯《ジョンデ》をくくりつけて、お金を分けて持ち運ぶことにした。服や荷物に名札《なふだ》も付けた。

母は、家を処分《しょぶん》しようとしてほうぼうあたってみたが、捨《す》て値《ね》で売ろうとしても買い手がいなかった。家のことでいつまでも足を止めているわけにはいかないので、とうとう、そのまま、捨《す》てて発《た》つことにした。

十二月十二日、空が冷たくすみきっていた朝、私たちは、永添《ながそえ》を発《た》った。ふたつの鍋《なべ》いっぱいにおにぎりを作って入れた。鍋《なべ》に入れたのは、博多《はかた》でそれを使うためである。水筒《すいとう》も肩《かた》にかけた。

数日前から、ドリはあまり食べなくなっていた。家族の行動に異常《いじょう》を感じとったのか、しょんぼりしている。私たちがいなくなったら、ドリはどうするのだろうか。もとののら犬になるかもしれない。私たちが発《た》つ日、ドリの食器に食べ物をどっさり入れてやった。ドリは、どこに行ったのか、見あたらない。

汽車に乗りおくれるといけないので、私たちは急いだ。見送りは、だれもいない。私たちは、耶馬渓線《やばけいせん》のいちばん後ろの列車に乗った。荷物を置いてデッキに立った。汽車が、ゆっくり動いてホームを抜《ぬ》けだそうとしたとき、不意にドリがあらわれた。汽車がどんどんスピードを出すのにつれて、ドリは走ってついてくる。妹と弟は、大きな声で、

「ドリー、ドリー」

と呼《よ》んでいる。ドリは必死に走っている。永添《ながそえ》から沖代《おきだい》平野への下り坂に向けてしばらく行くと、小さい鉄橋にさしかかる。下には、水路が流れている。必死で走っていたドリは、鉄橋の前でハタと立ち止まった。渡《わた》れないらしい。ドリが、どんどん遠くなる。妹と弟は、

「ドリー、ドリー」

と、泣《な》き叫《さけ》んでいる。ドリは、空に向かって、ケケーン、ケケーン、と悲しい声をあげた。そして、首をありったけのばして鳴くドリの姿《すがた》は、小さく小さくなっていった。

博多《はかた》について乗船するまでの約一週間、私たちはむしろを敷《し》きつめた貨物列車の中ですごした。私たちのほかにも何家族かいっしょだったが、名前も顔もおぼえていない。

玄海灘《げんかいなだ》から吹《ふ》きあげる風は、冷たかった。人々はたき火を燃《も》やしながら、よもやま話に花を咲《さ》かせた。父の日本滞在《たいざい》二十五年はだんぜんトップで、人々は一種の敬意《けいい》をはらっているようだった。ここではみんなが朝鮮語《ちょうせんご》でしゃべるので、なんの話かよくわからないのが残念だった。

博多《はかた》は、終戦直後は大混雑《だいこんざつ》だったそうだが、私たちが着いた十二月には、おちついて秩序《ちつじょ》ももどっていた。釜山《プサン》と博多《はかた》を行き来する船は、日本人引《ひ》き揚《あ》げ者《しゃ》と朝鮮人帰国者《ちょうせんじん》をかわるがわる運ぶのである。釜山《プサン》と仙崎《せんざき》でも、同じような輸送《ゆそう》が続いているらしい。

母は、私たちの乗船は数日後になる、といった。食料も一週間分くらいだから、ちょうどよかった。毎朝、ふたつの鍋《なべ》に炊《た》いたごはんで、昼と晩《ばん》のおにぎりまで作った。

妹と弟は、ピンクと青の帽子《ぼうし》をかぶって、とびまわっている。私は、あちこちで拾いあつめた古新聞や雑誌《ざっし》を貨車の中でまんべんなく読みながら、時間をつぶしていた。

ある日の午後、妹と弟が、大声を出してとびこんできた。

「お姉ちゃん、キチクを見たよ」

「うん、ボクも見た。チチクがいるよ」

ふたりに手をとられて出てみると、米兵のMP*が、パトロールをしているところだった。ああ、あれが鬼畜《きちく》のアメリカ人か。じかに見るのは私も初めてだ。口をもぐもぐ動かすのがヤギかヒツジのようで、少しこっけいに見えた。きりっとした軍服に帯銃《たいじゅう》。腕章《わんしょう》と鉄帽《てつぼう》には、白字でMPと書いてある。しかし、ちっともこわく見えないし、いかめしくもないのである。はて、あれが私たちが竹槍《たけやり》を突《つ》きさしながら敵意《てきい》を燃《も》やした、鬼畜《きちく》だったのか。口の中には、なにを入れているのだろう。まもなく、ジープでもう何人かのMPが来ると、さっきのMPと交替《こうたい》した。アメリカ人て、どうしてあんなに似《に》ているんだろう。私の目では見わけがつきそうもない。新しく来たMPも、口をもぐもぐさせている。

妹と弟を残して、私は貨車にもどった。しばらくして、妹と弟がまた大声を出して、かけこんできた。

「お姉ちゃん、これをキチクがくれたよ」

「チ、チ、チチクがくれた」

「チチクじゃないよ。キチクだよ」

大騒《おおさわ》ぎしながらさしだしたのは、チューインガムだった。いい香《かお》りである。私は紙をはいで、うすべったいガムを一枚《まい》ずつ、ふたりの口に入れた。

「これはね、かむだけよ。のんだらいけんよ」

私もひとつ、かんだ。甘《あま》かった。三人顔を見あわせながら、もぐもぐ、もぐもぐ。ああ、そうか。あのMPがヤギのようにもぐもぐしていたのは、チューインガムだったのか。ひとりでに笑《わら》いがこみあげてくる。

「やさしいチチクさんだったね」

といったら、妹が私をさえぎった。

「お姉ちゃん。キチクよ」

「うん。こわいときはキチクだけどね、やさしいから、チチクよ」

その午後、私たちは、チチクさんのチューインガムで幸せだった。

母は、私たちが日本語ばかり遣《つか》うので、少しでも朝鮮語《ちょうせんご》を遣《つか》わせたがった。まず、お父さん、お母さんを、「アボジ」「オモニ」と呼《よ》ぶように教えた。でも、私たちは、アボジ、オモニでは、しっくりこない。それに少し、はずかしい。妹も弟も、てれくさそうな顔をしている。あらたまったときにはちゃんといえるが、ふだんは、やっぱりお父さん、お母さん、になってしまう。

母は困《こま》ったように笑《わら》った。

「いいね、日本にいるあいだは、かんべんするけね。日本を離《はな》れたら、まちがうごとにしっぺひとつずつだよ」

「うん、いいよ。しっぺだ、しっぺだ」

大笑《おおわら》いしながら、母と指きりで約束《やくそく》した。

十二月十九日の早朝、私たちは、ついに、乗船することになった。四時ごろ、埠頭《ふとう》に並《なら》んだ。あたりはまっ暗だ。海風が冷たく身ぶるいがする。食料の荷物係だった妹と弟は、身軽になっている。だまって、神妙《しんみょう》に手をつないでいた。しゃべる人は、あまりいない。一種の緊張感《きんちょうかん》がただよっていた。

私たちが乗る船は、徳寿丸《とくじゅまる》だった。巨大《きょだい》な船体は、信頼感《しんらいかん》と威圧感《いあつかん》を感じさせた。

いよいよ、発《た》つのか。私の胸《むね》には、静かな水輪のようなざわめきが、ゆっくりひろがっていった。

434ページ　ＭＰ――日本に駐留《ちゅうりゅう》したアメリカ軍の警察《けいさつ》。military policeman の略《りゃく》。

ああ、祖国《そこく》よ

暗いうちから長いあいだ待たされたあと、ようやく列が前のほうに動きだした。ぶるぶるふるえながら、肩《かた》にくいこむ荷物をどうしようもなかった、苦しい時間だった。船上に立ってやれやれと上を見あげたとき、東の空がぼうっと白みはじめていた。

どこから、こんなにたくさんの人たちが来ていたのだろう。船室にも、甲板《かんぱん》にも、人があふれている。何百人くらいだろうか。いや、千人や二千人になるのかもしれない。私には、その数が推定《すいてい》できなかった。私たちの入った船室は、通路を中に両側が畳敷《たたみじ》きになっていた。船壁《ふなかべ》には、まるい窓《まど》がたくさんついている。もっと下のほうにも、私たちの上のほうにも、人々は列を作って入った。私は気が高ぶって、あたりのことに気を配ることができなかった。家族の居場所《いばしょ》をたしかめたあと、甲板《かんぱん》にかけあがった。

午前八時半ごろ。朝日は、ふだんどおりおだやかにいるべき場所に座《ざ》している。船員だけが忙《いそが》しく手を動かし、走るように歩く。

ブウワワアアン　ブウワワアアン

徳寿丸《とくじゅまる》の巨体《きょたい》は、徐々《じょじょ》に動きだした。いよいよ日本との別れだ。いや、祖国《そこく》への出発だ。私は、

HO

博多《はかた》の埠頭《ふとう》とそのあたりの山々に、目をこらしていた。船の動きにつれて場所を移《うつ》りながら、またたきもせず見つめた。あたかも、この世の見おさめでもするように。

のろのろした動き方でも、やはりスピードは出ているのだろう。陸地が、だんだん遠くなる。もう、そこらあたりが陸と海だということしか、見わけられなくなった。私は、心の中で、

「日本よ、さようなら」

といった。涙《なみだ》がつーっと流れた。

空には、明るい太陽がのぼっていた。私は軽いめまいを感じた。昨夜、ほとんど眠《ねむ》っていないのである。船室におりて、荷物にもたれて目をつむった。疲《つか》れていた。

「テマド（対馬島《つしまじま》）だ、テマドだ」

という声で、少し目をあけた。デッキにかけあがる人たちがいる。私はそのまま眠《ねむ》った。どれくらい時間がたったのだろうか、母がゆりおこした。妹も弟も眠《ねむ》っていたが、起こされた。私たちは、しぶしぶ起きあがって、それでも、おにぎりはおいしく食べた。

午前中は眠《ねむ》っている人が多かったが、昼すぎから、船室は、大声でしゃべる人、歌をうたう人などで、さわがしくなった。病人も出た。私の救急袋《ぶくろ》は、おおいに役立った。

ある青年が、ハーモニカを吹《ふ》いた。おや、と思った。「蛍《ほたる》の光」である。江田島《えたじま》の飯場で、金子さんが人夫さんたちと朝鮮語《ちょうせんご》で歌っていた、それである。何人かが、ハーモニカに合わせて

歌った。

ハーモニカを吹《ふ》きおわると、その青年は、大声で演説《えんぜつ》を始めた。朝鮮語《ちょうせんご》でしゃべるので、なんのことかわからない。続いて青年は、日本語で話した。

「同胞《どうほう》のみなさん。わたしたちは、今、祖国《そこく》に向かっています。祖国《そこく》は、解放《かいほう》されました。祖国《そこく》は、独立国《どくりつこく》になります。わたしたちの喜びを、愛国歌*であらわしましょう。愛国歌を知っていますか？　愛国歌が歌えますか？　これまで私たちは、この歌をかくれて歌いました。同胞《どうほう》のみなさん、今日は、天下晴れて歌おうではありませんか」

船室は、拍手《はくしゅ》と歓声《かんせい》でどよめいた。私のように、歌えない人も多かった。青年は愛国歌を教えにかかった。歌詞《かし》をどうにかまねられるようになると、曲は「螢《ほたる》の光」だから、すぐ歌えた。

トンへムルガ　ペクトゥサニ　マルゴダルトロㇰ
ハナニミ　ボウハサ　ウリナラ　マンセ
ムグンファ　サムチョルリ　ファリョガンサン
テハンサラム　テハヌロ　キリボジョンハセ

青年は、歌の意味も説明してくれた。

東海の水　白頭山《ペクトウサン》　かわき尽《つ》くるまで
神守りたまいて　我《わ》が国《くに》　万歳《マンセ》
無窮花《むくげ》三千里の華麗《かれい》な江山《かわやま》
大韓人《だいかんじん》の大韓《だいかん》よ　永遠《とわ》に安かれ

くりかえしくりかえし歌った。人々は、感激《かんげき》で上気していた。

祖国《そこく》。祖国《そこく》とはなにか。私の五体にも熱い血がかけめぐっている。のどが痛《いた》くなるほど歌いつづけた。


午後四時過《す》ぎ、だれかが叫《さけ》んだ。

「釜山《プサン》だあ、釜山《プサン》だあ」

またたくまに、船室は興奮《こうふん》の渦《うず》になった。我先《われさき》にデッキにかけあがる人。船室の窓《まど》にかけよる人。子どもたちが、驚《おどろ》いて泣《な》き出《だ》した。

ちょうど窓《まど》のそばにいた父が、私をひきよせて、よく見えるようにささえてくれた。はるか、はるか遠くに、ぽつりと姿《すがた》をあらわした陸地。あれが祖国《そこく》なのか。

私たちが近づくのか。祖国《そこく》が近づくのか。

落陽の中に、陸地の姿《すがた》は鮮明《せんめい》に浮《う》かびあがる。私の胸《むね》はゆれた。

しかし、祖国《そこく》の山々は、やせほそり、赤くはげているではないか。うっそうとした森林はないのだろうか。今朝、発《た》ったばかりの九州の山には、あおあおとした深い茂《しげ》みがあったのに。

「アボジ、山に木がないみたい」

「そうじゃ。朝鮮《ちょうせん》の山には岩が多いけのう。それに、植林がようできとらんようじゃ」

生後十五年四カ月になって初めて見た祖国《そこく》の印象は、赤くはげた山から受けた、貧《まず》しさであった。いかにも傷《きず》ついているような、痛々《いたいた》しさであった。

にもかかわらず、私は、目前にひろがる大地に、わきあがるような希望を感じた。新しく立ちあがる祖国《そこく》に、力を感じた。やせている山河《さんが》に、いとおしむような激情《げきじょう》をおぼえた。母がいったのは、このことだったのか。貧《まず》しいからこそ、足りないからこそ、もっと執着《しゅうちゃく》を感じるのが祖国《そこく》かもしれない。

船の上から、下から、愛国歌の合唱が湧《わ》きあがった。マンセ、マンセ、がこだました。

ああ祖国《そこく》よ、祖国《そこく》よ
大韓人《だいかんじん》の大韓《だいかん》よ、永遠《とわ》に安かれ
大韓人《だいかんじん》の祖国《そこく》よ、永遠《とわ》に栄《さか》えあれ

441ページ　愛国歌――十九世紀から二十世紀初頭にかけて、韓国《かんこく》では数多くの愛国歌がうたわれていた。これはイギリスの民謡《みんよう》"Auld Lang Syne"の曲に歌詞《かし》をつけたもの。作者は未詳《みしょう》。この歌詞《かし》に安益泰《アンイクテ》が作曲したものが現在《げんざい》の愛国歌である。

あとがき

読んでくださった方々に感謝《かんしゃ》します。

珠《たま》をつなぐ思いで、ひとつひとつの話を語り終わった今、私はある感慨《かんがい》にひたっています。ここに綴《つづ》った体験は大部分が痛《いた》かったもので成り立っています。ところが、私が今感じているのは、一種の安堵感《あんどかん》です。歳月《さいげつ》が苦痛《くつう》をとりのぞいてくれたのでしょうか。いいえ、そうではありません。私に新しい希望が湧《わ》いているからです。先年、日韓《にっかん》両国の二十一世紀委員会が行った意識調《いしきちょう》査《さ》によると、十六歳以上《さいいじょう》の日本人アンケート応答者《おうとうしゃ》のうち、二一パーセントは日韓間《にっかんかん》の植民地関係の事実を知らないということでした。平素《へいそ》から、私は、日韓関係《にっかんかんけい》の発展《はってん》は、相互理解《そうごりかい》がもとになるべきだと思っていました。私の物語をとおして、ひとりでも多くの人が日韓間《にっかんかん》の事実を理解《りかい》し、温かい共感を持つようにという、祈《いの》りにちかい期待を持っています。真珠《しんじゅ》は身を切る痛《いた》みをとおして珠《たま》を結ぶといいますが、私たち一家の遠い日の傷跡《きずあと》が、珠《たま》になって届《とど》けられてほしいと思います。在日韓国人《ざいにちかんこくじん》や朝鮮人《ちょうせんじん》のもとへ。苦しかった同時代を生きた日本人のところへ。とくに、今の若《わか》い人たちのもとへ。

いよいよ本の形にまとまることになり、私は感謝《かんしゃ》すべき人を次々と思《おも》い浮《う》かべています。まず、本にすることを熱心に勧《すす》め、とりはからってくださった、福音館の松居直《まついただし》会長に心から感謝《かんしゃ》しています。それから、わざわざソウルまで打ち合わせに来られ、韓国《かんこく》の風物を確認《かくにん》したうえ、すばらしい絵を描《か》いてくださった帆足次郎先生《ほあしじろうせんせい》にお礼を申しあげます。

私が、この本を書きはじめたときから、ずっとはげましてくださった旧友《きゅうゆう》の岩崎京子《いわさききょうこ》さんと永《なが》井《い》萠二《ほうじ》さんに、変わらぬ友情《ゆうじょう》を送ります。

私の記憶《きおく》を確《たし》かめるため、広島の現地《げんち》に行ったときお世話になった元江田島《もとえたじま》小学校校長の道下《みちした》靖夫《やすお》さん、宮ノ原の金炳龍《キムピョンヨン》さん、可部《かべ》の岡山貞雄《おかやまさだお》さんに感謝《かんしゃ》を捧《ささ》げます。

最後に、福音館編集部《へんしゅうぶ》の方々には並《な》み並《な》みならぬお世話になりました。厚《あつ》くお礼申しあげます。

一九九三年四月

イ サンクム

文庫版《ばん》のためのあとがき

『半分のふるさと』が出てから十四年がたちました。このたび、文庫版《ばん》になって新しい読者に会えることをうれしく思います。

ふりかえると、その間にいろいろなことがありました。本文の人名は実名なので、ほとんどの人々と再会《さいかい》したり、文通が開けました。とくに、小学校時代の先生がたに会えたのは感謝《かんしゃ》です。岡広《おかひろ》先生はすでに亡《な》くなられていたので、ご子息とお墓参《まい》りに行きました。坪田《つぼた》譲治《じょうじ》文学賞（第九回）受賞のときは、小学五年の受け持ち菅《かん》イハヱ先生が車椅子《いす》でご家族の介護《かいご》を受けながら愛媛《えひめ》の松山から、六年受け持ちの川本トシエ先生は江田島《えたじま》から、岡山市《おかやまし》の式場までお越しくださいました。四年受け持ちの高橋ハルコ先生は手術後《しゆじゆつ》の静養中《せいよう》ということだったので、あとで私が広島のご自宅《じたく》を訪ねています。江田島《えたじま》では、教育委員会主催《しゆさい》の講演会《こうえんかい》があり、男子組まで交えた盛《せい》大《だい》な同窓会《どうそうかい》で昔話の花が咲《さ》きました。

中津《なかつ》時代の親友横尾さんは、野間児童文芸新人賞（第三十一回）受賞のためソウルから来る私より、先に東京のホテルに来て待っていました。彼女は私が昔、書き送った手紙を五十年近く大切に保管していて、そのとき返してくれました。その後、彼女の住んでいる福岡《ふくおか》に行き、いっしょに長崎《ながさき》にある原おじさんのお墓参《はかまい》りをしています。西美代子先生からも手紙をいただきました。

また、たくさんの読者からも手紙をいただいています。慰《なぐさ》めや励《はげ》ましのあたたかい共感とともに、多くの方から、「子どものころのことをよく覚えていますね」といわれました。記憶力《きおくりょく》はいいほうでしたが、その日のできごとや泣いたこと笑ったことなど、たんねんに書きとめた日記のおかげだと思います。小学校二年のときから書き続け、終戦時にはミカン箱いっぱいほどたまりました。ときたま読み返していたので頭にも胸《むね》にも刻印《こくいん》されていたのでしょう。まるで引き出しの奥から取り出すように思い出せたのです。読者の手紙のなかには、中津《なかつ》の病院のはなしは、名前を伏せてイニシャルにしてあるがなぜか？　と、真偽《しんぎ》をなじるような文面もありました。私はその方にこんな趣旨《しゅし》の返事を送っています。〈ご当人はすでに亡くなられたと思いますが、ご家族や子孫の方はどこかに住んでいられるでしょう。身に覚えのないその方たちが傷《きず》つかないように配慮《はいりょ》しました〉と。

日本の教師団体《だんたい》や文学関係の集会で話す機会も多くありました。ソウルの日本人学校にも招《まね》かれています。話しあうことで理解《りかい》しあう貴重な時間でした。一九九七年以降《いこう》、東京書籍《しょせき》の中学校教科書『新しい国語2』に本文の一部「チマチョゴリ」が収録されたので、多くの子どもたちにも届いています。心ある教師《きょうし》が、授業をとおして作った感想文の文集や、作者あての手紙が小包で送られるようになり、それもすでにミカン箱いっぱいの分量です。一九九九年一月に東京の海城学園中学、十月には香川県《かがわけん》教育委員会の招請《しょうせい》で高松で講演《こうえん》したときは、子どもたちと直に話しあいました。彼らは「歴史はよく知らなかったけれど、ぼくらはおとなになっても、そんな歴史はつくりません」と明るく約束してくれたのです。感動の体験でした。『半分のふるさと』の読者にもっともなってもらいたかったのは、次世代の若《わか》い人たちです。日本の子どもは、植民地時代があったことを知っても、ひがんだりひるんだりしないと信じてやみません。

『半分のふるさと』を書いたのは、教科書問題で日韓《にっかん》関係がこじれていた八〇年代を終えた時期です。植民地時代に余儀《よぎ》なく朝鮮人の子として、日本で生まれ育った私の成長記を子どもの目線で語ることは、私が負うべき運命だと思って書き進めたのです。その折、福音館からは多大な励《はげ》ましと勇気をいただきました。最初の書名は「キマちゃんだったころ」でしたが、編集者の勧《すす》めで「半分のふるさと」に変わりました。韓国人《かんこくじん》にとっての〝半分〟は北朝鮮《きたちょうせん》を意味します。分断された民族の悲哀《ひあい》と同胞《どうほう》への愛情《あいじょう》がこもった重い言葉です。それを日本に対して表現《ひょうげん》することに、しばし戸惑《とまど》いを感じました。でも最終的に「半分」に決めたのは、自分の個人史《こじんし》の事実であり、日本人へ握手《あくしゅ》の手をさしのべたい気持ちが動いたからです。

最近、日韓《にっかん》両国の間で、ドラマ、スポーツ、音楽など文化交流の場が広がっていますが、握手《あくしゅ》を交わす機会が多いほど理解《りかい》も深まることでしょう。たとえ一方では、未解決《みかいけつ》の硬直《こうちょく》した政治《せいじ》問題があっても、民間人や若《わか》い人たちの草の根のなかに握手《あくしゅ》の輪が広がれば前途《ぜんと》は明るいと思います。

文庫版《ばん》に寄《よ》せて、私もまたあたたかい握手《あくしゆ》の出会いを期待します。

二〇〇七年八月

イサンクム

《この作品のなかの歴史的事実・統計等に関しては、主に次の本を参考にしています》

金達寿『朝鮮』岩波書店　東京　一九五八
山辺健太郎『日本統治下の朝鮮』岩波書店　東京　一九七一
朴殷植『朝鮮独立運動之血史』瑞文堂　ソウル　一九七三
李炫熙『韓国史大系日本強占期』三珍社　ソウル　一九七三
慎鏞廈『三・一独立運動』独立記念館韓国独立運動史研究　ソウル　一九八九

著者　イ サンクム（李 相琴）

1930年、広島県に生まれる。1955年、ソウルの梨花女子大学教育学科を卒業。のち、同大学大学院修士課程、延世大学大学院博士課程を修了。1987年、お茶の水女子大学学術博士学位を取得。1957年以降、母校梨花女子大学の教壇に立ち、1995年に定年退職。同大名誉教授。主な著書に『幼児文学論』、『韓国近代幼稚園教育史』、『愛の贈り物——小波方定煥の生涯』など。2022年逝去。

画家　帆足次郎（ほあし じろう）

1924年、大分県に生まれる。東京芸術大学美術学部油画科卒業。さし絵の仕事に『ひとのからだ』『ちずあそび』（以上岩崎書店）、『ぼくらのすむ町』（ポプラ社）、『シートン動物記』（偕成社）、『新任先生と柿どろぼう——子どもたちの目の輝きをもとめて』（銀河社）など多数ある。2009年逝去。

福音館文庫　N-18

半分のふるさと――私が日本にいたときのこと

2007年11月20日　初版発行
2023年3月10日　第6刷

著者　イ サンクム
画家　帆足次郎
発行　株式会社 福音館書店
〒113-8686 東京都文京区本駒込6-6-3
電話　営業 (03) 3942-1226
編集 (03) 3942-2780
装丁　辻村益朗＋大野隆介
印刷　精興社
製本　積信堂

NDC 289／464ページ／17×13センチ
ISBN978-4-8340-2302-2　https://www.fukuinkan.co.jp/
＊この作品は、1993年に小社より単行本として出版されたもので、
文庫化にあたり加筆、修正を施しました。

福音館文庫
物　語

白鳥のトランペット
E・B・ホワイト作／E・フラシーノ画／松永ふみ子訳

声の出ない白鳥ルイが、トランペットを声代りに鳴り響かせ、冒険に！世界中の子どもたちに親しまれているピューリッツァー賞作家による、スウィングしたくなるように楽しい児童文学の新しい古典。（S-58）

天の鹿
安房直子作／スズキコージ画

鹿撃ちの名人、清十さんの三人の娘たちはそれぞれ、牡鹿に連れられ、山中のにぎやかな鹿の市へと迷いこむが……。末娘みゆきと牡鹿との、〝運命のひと〟を想うせつなさあふれる物語〔解説堀江敏幸〕。（S-59）

山のトムさん ほか一篇
石井桃子作／深沢紅子・箕田源二郎画

北国の山中で開墾生活をはじめたトシちゃんの家に、ネズミが出没！その退治のためもらわれてきたネコ、トムのおかげで一家には笑いが絶えなくなり――。短篇「パチンコ玉のテボちゃん」も収録。（S-60）

愛の一家 あるドイツの冬物語
A・ザッパー作／M・ヴェルシュ画／遠山明子訳

ペフリング一家は陽気な音楽教師の父親と思慮深く優しい母親、そして個性豊かな七人の子どもたちの大家族。つましい暮らしの中で、家族が助け合って明るく生きる姿を描く。家庭小説の傑作！（S-61）

魔女の宅急便 その4
角野栄子作／佐竹美保画

十七歳になったキキ。淡い恋も、たしかな想いへと育ちはじめていた。離ればなれのとんぼさんと会えないことに、落着かない気持になったキキは、暗い森にはいりこんでしまうのだったが……。（S-62）

鬼の橋
伊藤遊作／太田大八画

妹を亡くし失意の日々を送る少年篁は、ある日妹が落ちた古井戸から冥界の入り口へと迷い込む。そこで出会ったのは……。第三回児童文学ファンタジー大賞受賞作、待望の文庫化。（S-63）

はじまりのはじまりのはじまりのおわり
アヴィ作／T・トゥサ画／松田青子訳

カタツムリのエイヴォンとアリのエドワードは「冒険を探すための冒険」の旅に出ます。道中、たくさんの不思議に出会いながら、枝の根元から先までの短くて長い冒険はゆっくり続きます。（S-64）

福音館文庫
物語

ハッピーノート
草野たき作／ともこエヴァーソン画

学校でも塾でも、友だちを前に本当の気持ちを口に出せずにいる6年生の聡子。塾で好きになった男の子と仲良くなろうとがんばるうちに、次第に周囲の人との関係も変わっていきます。（S-65）

魔女の宅急便 その5
角野栄子作／佐竹美保画

もう新米魔女ではない十九歳のキキ。たくさん友人もできたけれど、遠距離恋愛中のとんぼさんとは、すれちがい気味。そんな折、魔法が弱まり、ジジとも言葉が通じにくくなってしまい……。（S-66）

魔女の宅急便 その6
角野栄子作／佐竹美保画

とんぼさんと結婚したキキは、いまや男女の双子のお母さん。活発な姉のニニ、物静かな弟のトトはそれぞれ冒険を経験し、ひとり立ちの日を迎える——。だれもが知る日本児童文学、ついに完結！（S-67）

風のローラースケート——山の童話
安房直子作／小沢良吉画

動物と人間の入会地である峠の茂平茶屋周辺を舞台に、その幻想的な交流を「ほんとうにほんとうに楽しく」書いたと作者が生前述懐した、新美南吉児童文学賞受賞の連作童話集。〔解説 やなせたかし〕（S-68）

犬のバルボッシュ パスカレ少年の物語
アンリ・ボスコ作／J・パレイエ画／天沢退二郎訳

『夢の鍵』を手に、馬車にゆられ、山道をゆき、愛犬のバルボッシュとともにマルチーヌ伯母さんの故郷を目指す伯母さんと少年パスカレ。夢のような旅路のはてに二人が見たものは……。（S-69）

えんの松原
伊藤遊作／太田大八画

帝の住まう内裏のとなりに鬱蒼と広がる松の林。そこは「えんの松原」とよばれる怨霊たちのすみかだった。音羽は、東宮・憲平に祟る怨霊の正体を探るべく、深い闇のなかへと分け入っていく。（S-70）

美乃里の夏
藤巻吏絵作／長新太画

美乃里の十歳の夏休みは、同い年で同じ名前の少年・実との出会いから始まった。小さな銭湯でのひと夏の出来事と、突然の別れを通して、少女の心の成長を描く。（S-71）

福音館文庫
古典童話

ピーター・パンとウェンディ
J・M・バリー作／F・ベッドフォード画／石井桃子訳

ある夜、ウェンディたちは「ネヴァーランド」へ飛び立ちます。妖精、海賊、人魚、それに人食いワニ――永遠の少年ピーターと一緒に、陽気で、むじゃきで、きままな者たちだけの冒険が始まります。（C-8）

ロビンソン・クルーソー
D・デフォー作／B・ピカール画／坂井晴彦訳

世界中の子どもたちから熱烈な支持を受け、足かけ四世紀にわたって読みつがれている孤島物語の傑作。読みやすい訳文に、一七二五年刊行のフランス語版から復刻した美麗な挿絵をそえた決定版。（C-9）

西遊記（上）
呉承恩作／瀬川康男画／君島久子訳

ご存じ孫悟空の物語。天宮を騒がせ、お釈迦様に五行山下に閉じこめられた悟空は、五百年後に縁あって三蔵法師に救われ、猪八戒、沙悟浄とともに、天竺雷音寺へと取経の旅にのぼります。（C-10）

西遊記（中）
呉承恩作／瀬川康男画／君島久子訳

幾山河、厳しい取経の旅をつづける一行の行く手を阻む魔物は数知れず、身を挺して三蔵を護る健気な悟空、ときに欲に溺れて道を外す猪八戒、生真面目な沙悟浄―四人の苦難と活躍やいかに。（C-11）

西遊記（下）
呉承恩作／瀬川康男画／君島久子訳

手を替え品を替え襲いかかる妖怪変化の群れ。偽悟空の出現に万策つき果て、菩薩の助けを求める悟空。そして、妖しい美女の誘惑を退け、八十一の災厄患難を切り抜けた一行は、遂に雷音寺へと。（C-12）

あしながおじさん
J・ウェブスター作／坪井郁美訳

長い間、多くの読者に愛されてきた作品の決定版。逆境にめげず、常に前向きに生きてゆく主人公ジュディーの快活なユーモア、純真な心は、永遠に読者の心の中で生き続けるでしょう。（C-13）

若草物語
L・M・オールコット作／T・チューダー画／矢川澄子訳

南北戦争時代のアメリカ。戦地に赴いた父親のいない家庭を賢い母親と四人の姉妹、メグ、ジョー、ベス、エイミーが隣人の善意に助けられながら健気に守りぬきます。家庭小説の名作中の名作。（C-14）

福音館文庫

古典童話

ふしぎの国のアリス

L・キャロル作／J・テニエル画／生野幸吉訳

チョッキを着たへんてこなウサギを追いかけて、不思議な世界に迷いこんだアリスが出会う、奇妙なできごとの数々……。ユーモアとナンセンスにあふれた古典中の古典を、初版の挿絵とともに。（C-15）

トム・ソーヤーの冒険

マーク・トウェイン作／八島太郎画／大塚勇三訳

アメリカ国民文学の父マーク・トウェインが、少年時代の経験をもとに創り出した、不滅の少年冒険物語。子どもたちの自在な夢とあこがれを十二分に充たしてくれる、痛快無比なエピソードの数々。（C-16）

海底二万海里（上）

J・ベルヌ作／A・ド・ヌヴィル画／清水正和訳

「なにかばかでかい物」に海上で出会ったという報告が、いくつかの船からなされた。クジラよりはるかに大きく速いという。追跡してみると、それは謎の男ネモ艦長の潜水艦ノーチラス号だった。（C-17）

海底二万海里（下）

J・ベルヌ作／A・ド・ヌヴィル画／清水正和訳

人間を避け、陸地を離れ、海底に生きる男、ネモ艦長。読者は主人公のアロナックスと共に、太平洋、インド洋、大西洋、さらに南極へと人類がこれまで見たことのない驚異と神秘の世界に導かれる。（C-18）

鏡の国のアリス

L・キャロル作／J・テニエル画／生野幸吉訳

鏡をすりぬけて、アリスはその背後にある鏡の部屋に楽々と入っていきます。物語はアリスをチェスの一こまにして、それが女王になるまでの課程を描いているといわれていますが、果たして……。（C-19）

ガリヴァー旅行記（上）

J・スウィフト作／C・E・ブロック画／坂井晴彦訳

十五センチほどの小さな人たちの住むリリパット国で大活躍したガリヴァーは、今度は身の丈が十八メートルもある巨人の国に漂着します。緻密なペン画を添えた完訳で本物の「ガリヴァー」を。（C-20）

ガリヴァー旅行記（下）

J・スウィフト作／C・E・ブロック画／坂井晴彦訳

巨人国から帰ったガリヴァーは、次には飛ぶ島（現在のUFO？）で奇妙な体験をしたり、なんと江戸時代の日本を訪れたりします。そして最後には、馬の統治する国に迷い込んでしまいます。（C-21）

福音館文庫
昔話

雪の夜に語りつぐ
笠原政雄 語り／中村とも子 編
笠原政雄さんは新潟県長岡市に住んでいた昔話の語り手です。中村とも子さんが五年の歳月をかけて聞き集めた昔話の数々とそれにまつわる思い出話に耳をかたむけてください。（F-10）

カマキリと月
M・ポーランド作／L・ヴォイト画／さくまゆみこ訳
南アフリカに古くから住む人々の世界観やものの見方をよりどころにした、豊かでおおらかな八つのお話。変化に富む自然を背景に、主人公の動物たちの生き生きとした暮らしや冒険を描きます。（F-11）

コヨーテ老人とともに
ジェイム・デ・アングロ作・画／山尾三省訳
幼いキツネ坊やが旅をしながらさまざまな経験をつみ、成長していく旅物語。先住民の文化に深い理解を持ち、共感を抱く言語学者による、昔話が豊富に組み込まれた独特の魅力を持つ世界です。（F-12）

吸血鬼の花よめ
八百板洋子編・訳／高森登志夫画
ブルガリアはバルカン半島に位置し、古くから東西文化交流の場でした。昔話もオリエントとヨーロッパ相互の影響をうけた独自の楽しいものが多くあります。選りすぐった十二話を収録。（F-13）

だまされたトッケビ
神谷丹路編・訳／チョン スンガク画
韓国にはトッケビといういたずらずきで、憎めない不思議なおばけがいるそうです。どうも人間がすきみたいです。愉快なトッケビのお話が十五話つまった昔話集です。（F-14）

カナリア王子
カルヴィーノ再話／安野光雅画／安藤美紀夫訳
魔法の本のページをめくると、王子はたちまち黄色いカナリアに。カルヴィーノが再話したイタリア民話の中から、表題作「カナリア王子」ほか、美しくも恐ろしい選りすぐりの七編を。（F-15）

黒いお姫さま
ブッシュ採話／佐々木マキ画／上田真而子訳
悪魔に願って子を授かった王様とお妃様。生まれた姫は美しく成長しますが、予言通り十五歳の誕生日に死んでしまいます。夜中になると、真っ黒になった姫が棺から……。ドイツの昔話十一篇。（F-16）

福音館文庫

ノンフィクション

少年動物誌

河合雅雄作／平山英三画

さまざまな動物たちの息づかいが人間の生活のすぐ傍らに感じられた丹波篠山。その豊かな自然の中でくりひろげられた少年と動物たちとの交流を、生き生きと描き出した珠玉の短編集。（N－1）

幼ものがたり

石井桃子作／吉井爽子画

記憶の堆積の下から、昨日のことのように鮮やかに浮かび上がる幼時の記憶の断片。そのひとつひとつを丹念に拾い上げ、明治末年の生活を幼い心に映じたままに再現した希有の自伝文学。（N－2）

小さな反逆者

C・W・ニコル作／鈴木晶訳

冒険家・ナチュラリストとして知られる著者の、三歳から十三歳に至る回想記。自然や動物が大好きで夢見がちの少年は、異端者扱いといじめのなかで、自らを「反逆者」として鍛えていきます。（N－3）

TN君の伝記

なだいなだ作／司修画

足軽の子に生まれ、ルソーに学び、人間の自由を求めつづけた思想家・TN君とはいったい誰？　明治という時代の面白さと、現代にまでつながる問題をあざやかに浮き彫りにする、伝記文学の傑作。（N－4）

カナダ・インディアンの世界から

煎本孝　作

凍てつく雪原に、来る日も来る日もトナカイを狩るカナダ・インディアン。本書は、その魂に自然の力を宿し、季節と共にその内なる力を育みつつ生きていく人々の、たぐいまれな記録である。（N－5）

流れのほとり

神沢利子作／瀬川康男画

一九三一年の夏、麻子の一家は、炭坑技師である父さんの赴任地、樺太に向かいます。柳蘭の花咲く北の原野を汽車でゆられていったその先に、麻子を待っていたのは、きらきら光る川でした。（N－6）

冬のデナリ

西前四郎　作

大学を中退した米国人ヒッピーと日本人の若者が出会い、大きな夢に向かって歩きはじめた。冬のアラスカ。零下五十度。風速五十メートル。高度六千メートル。厳冬期マッキンレー初登攀の記録。（N－7）

福音館文庫
ノンフィクション

南島紀行
斎藤たま 作／杉田徹 写真
奄美の島々をめぐる旅の記。島には一人住まいのおばあさんが多い。家々に宿をもらいながら、子どもの遊びを、古い歌を聞く。……密度の濃い、ほんものの旅の魅力がここにあります。（N-8）

フクロウ物語
M・バケット作／岩本久則画／松浦久子訳
「野生動物リハビリセンター」をしているぼくの家にある日モリフクロウが連れてこられる。とってもかわいくて、一家四人はとりこになってしまうのだが、思いがけない騒動が起こり、大混乱に。（N-9）

へくそ花も花盛り
大道あや 語り・画
六十歳のとき初めて絵筆を持ち、素朴画家として花を咲かせた大道あやの語りによる回想記。広島での被爆など悲しみ苦しみをつきぬけた、お日さまの光あふれる数々の絵は、とにかく楽しい。（N-10）

空白の日記(上)
K・レヒアイス作／一志敦子画／松沢あさか訳
作者の子ども時代の体験にもとづいた自伝的作品。豊かな自然につつまれたオーストリアの農村にナチス・ドイツの影がしのびより、少女レナのまわりからも強制収容所に送られる者がでてくる。（N-11）

空白の日記(下)
K・レヒアイス作／一志敦子画／松沢あさか訳
爆撃はついに村まで迫り、レナの兄クリストフも召集され、村の若者の何人かが戦死した。日々、恐怖と悲しみを体験しながら、レナは「希望」をすてることなく戦争の終わる日までを綴っていく。（N-12）

北の森の十二か月(上)
N・スラトコフ作／N・チャルーシン画／福井研介訳
みどりの森の国には、すばらしい動物がすんでいる。そして森ではふしぎなことがおこる……。ロシアの森での長年の観察をもとに、ナチュラリストのたしかな眼で、詩情豊かに描かれた物語。（N-13）

北の森の十二か月(下)
N・スラトコフ作／N・チャルーシン画／松谷さやか訳
森はふしぎでおもしろい！　耳をすませば、森の生きものたちの声がきこえてくる……。生きものについての正確な知識にもとづいて書かれた物語には、エコロジーの思想も反映されている。（N-14）

福音館文庫
ノンフィクション

ソフィアの白いばら
八百板洋子 作
激動の一九七〇年代、ブルガリアに留学したYOKOが出会ったのは、ベトナムなど世界各国から集まった若者たちだった。みずみずしい感性にあふれたこの青春の記録は、時をこえて感動を呼ぶ。（N－15）

箱船にのった鳥たち
キット・チャブ作・画／黒沢優子訳
カナダにあるチャブ夫妻の野鳥病院「鳥の箱船」の記録。ケアシノスリのイックなど、心に残るたくさんの鳥たちのエピソードを通して、私たちは野生動物の救護のあり方を深く考えさせられます。（N－16）

積みすぎた箱舟
G・ダレル作／S・バウアー画／羽田節子訳
二十世紀半ば、青年ナチュラリストがカメルーンに赴き野生動物を採集した旅の記録。大自然に抱かれた魅力的な生き物たちや現地の人々の様子を生き生きと描く、自然保護の先駆者ダレルの処女作。（N－17）

半分のふるさと
イ サンクム作／帆足次郎画
日本で生まれ育った朝鮮人の作者にとって、日本は「半分の故郷」だった。日本への愛憎を胸に、家族や祖国への想いをこまやかにつづる。坪田譲治文学賞、産経児童出版文化賞・JR賞受賞作。（N－18）

以下続刊